Amt für multikulturelle Angelegenheiten
der Stadt Frankfurt am Main (Hrsg.)

Feste der Welt – Welt der Feste
– Ein interkulturelles Lesebuch –

von Claudia Emmendörfer-Brößler

2. überarbeitete und ergänzte Auflage

Vorwort zur 2. überarbeiteten Auflage

Dr. Nargess Eskandari-Grünberg, Dezernentin für Integration der Stadt Frankfurt am Main

Feste sind ein unverzichtbarer Bestandteil jeder Kultur.

Frankfurt ist mit seinen etwa 170 hier lebenden Nationen eine internationale multikulturell geprägte Großstadt. Entsprechend international ist auch das städtische Festleben, da die Migrantinnen und Migranten aus den verschiedensten Ländern der Welt ihre Kulturen und Traditionen mitgebracht haben.

Das Lesebuch „Feste der Welt – Welt der Feste" möchte viele verschiedene Feste aus den verschiedenen Kulturen der Welt vorstellen. Es soll unterhalten und informieren, um Migranten und ihre Kulturen besser zu verstehen. Die Feste dienen der Begegnung der Kulturen untereinander und machen Kulturen transparent.

In dieser neuen Ausgabe wird es einige Ergänzungen und Aktualisierungen mancher Feste geben, der Kalender und der Leitfaden sind weiterhin vorhanden.

Feste werden von den Migrantinnen und Migranten gefeiert, um ihre kulturellen Traditionen und Bräuche aus der Heimat weiterzuführen, sich weiterhin mit ihrem Heimatland verbunden zu fühlen und sich ihrer Wurzeln bewusst zu werden.

Feste sollen den Zusammenhalt innerhalb des eigenen Volkes festigen, sie wirken gemeinschaftsstiftend und -erhaltend.

Die vorgestellten Feste beeindrucken durch die äußerst lebendige Beschreibung und zeigen, wie sehr die festlichen Traditionen sich im Laufe der Zeit verändern. Auch bei Festen, die uns in Deutschland vertraut sind, wie Nikolaus oder Weihnachten, werden solche Veränderungen deutlich. Das amerikanische Halloween etwa macht anschaulich, wie Feste ihre eigene „Migrationsgeschichte" besitzen können. Wir erhalten einen lebendigen Einblick, wie Feste in der Heimat und hier bei uns gefeiert werden und welche Unterschiede es dabei gibt. Man kann über Feste lesen, die im Heimatland prunkvoll inszeniert und öffentlich über mehrere Tage hinweg gefeiert werden, hier jedoch unbemerkt in Bürger- oder Vereinshäusern stattfinden. Dennoch verdeutlichen die Festbeschreibungen in diesem Buch, dass die Feierlichkeiten eindrucksvolle Ereignisse für Feiernde und Besucher sind und der Glanz der großen Inszenierungen im Heimatland immer wieder durchscheint.

Unter dem Eindruck des Neuen verändern sich Feste, da verschiedene Kulturen sich in einem generationenübergreifenden Prozess untereinander vermischen und gegenseitig beeinflussen.

Auch die Beschreibungen einiger deutscher Feste, wie zum Beispiel Karneval, zeigen den Einfluss der Migration auf alle Lebensbereiche unserer Gesellschaft auf: Seit vielen Jahren sind auch Migrantinnen und Migranten in den Karnevalsvereinen aktiv. In Frankfurt fuhr sogar beim Karnevalsumzug ein Motivwagen mit Figuren des türkischen Schalks Nasreddin Hodscha und der Spaßmacher des türkischen Schattentheaters, Hadschivat und Karagöz, mit.

Das Lesebuch „Feste der Welt – Welt der Feste" führt in einmaliger Weise durch die Fülle kultureller Feste in Deutschland, berichtet von der Geschichte der deutschen Traditionen genauso wie von dem Reichtum an kulturellen Festen aus aller Welt und deren jeweiliger Geschichte, die damit bekannt gemacht werden. Wir lesen von religiösen und populären Festen, Stadtfesten und Festen, die traditionell dem landwirtschaftlichen Jahr verbunden sind, von Festen mit alter Geschichte und Festen neueren Ursprungs.

Die starke Nachfrage nach dem Lesebuch sowie die ungebrochene Bedeutung des Festlebens als Bestandteil der individuellen und speziellen Herkunftsgeschichten haben eine Aktualisierung des Lesebuchs geradzu zwingend nahegelegt.

Neben der Aktualisierung der bestehenden Festbeschreibungen hat die Autorin Claudia Emmendörfer-Brößler in dem vorliegenden Lesebuch weitere jüngere Festbeispiele neu aufgenommen.

Der jährlich seit 1993 erscheinende Kalender wird ebenfalls nach wie vor im Rahmen des Projektes „Feste der Welt – Welt der Feste" herausgegeben und stellt quasi eine visuelle Zugabe zur lebendigen Beschreibung des Lesebuchs dar.

Wir wünschen beim Lesen der anschaulichen Texte viel Spaß und viele neue Anregungen und Einblicke in andere, vielleicht noch fremde Kulturen.

Inhaltsverzeichnis

VORWORT: Dr. Nargess Eskandari-Grünberg, Dezernentin für Integration   5
EINLEITUNG: Julia Bernstein und Jörn Rebholz   11

◾ VERSCHIEDENE LÄNDER – VERSCHIEDENE KALENDER [1]
     Von Sonnen-, Mond- und Luni-Solar-Kalendern   17

◾ NEUJAHRSFESTE [2]
     Die Farbe Rot bringt Glück: Chinesisches Neujahr in Frankfurt   23
     Die Kornelkirsche in der bulgarischen Silvesternacht   27
     „Guten Rutsch" ins Neue Jahr in Deutschland   30

◾ GRENZENLOSES FASCHINGSTREIBEN [3]
     Venezianischer Karneval   34
     Karneval in Spanien   37
     Fastnacht in Ungarn   38
     Fasching in Deutschland – Rheinischer Karneval   41

◾ FRÜHLINGSFESTE [4]
     Sommertag in Deutschland: Ei und Brezel sind immer dabei   45
     Aus Zarathustras Zeiten stammt das iranische Nouruz-Fest   48

◾ FASTENFESTE [5]
     Das islamische Fest des Fastenbrechens   52
     Das Kathina-Fest in einem deutschen buddhistischen Kloster   54
     Erst fasten, dann verkleiden: das jüdische Purim-Fest   57

◾ OSTERN [6]
     Semana Santa, die Heilige Woche im spanischen Sevilla   60
     Griechisch-orthodoxer Gottesdienst in einer evangelischen Kirche   63
     Eine lange Osternacht im koptisch-orthodoxen Kloster im Taunus   66
     Polnische Frauen müssen sich am Ostermontag in Acht nehmen   69
     Osterhase und Osterfeuer – Symbole und Traditionen in Deutschland   72

■ JESUS-, MARIEN- UND HEILIGENFESTE IM CHRISTENTUM [7]

Martinsgans und Mantelteilung beim deutschen Sankt-Martins-Fest   76

Portugals Schutzheiliger Antonius findet Verlorengegangenes   79

Ein Schulfest für den serbisch-orthodoxen Heiligen Sava   82

Das San-Miguel-Fest in Spanien   85

Santiago-Fest in Peru: ein Segen für die Tiere   87

Das Johannisfest in Porto   90

Der Gute Jesus vom Guten Ende: Candomblékult und Katholizismus
in Brasilien   91

Mariä Himmelfahrt in Portugal   94

Gesegnetes Wasser in der Kirche und am Fluss:
das Fest der Taufe Christi in griechisch-orthodoxen Gemeinden   95

■ WALLFAHRTEN [8]

Eine Wallfahrt zur Marija von Bistrica in Kroatien   100

In die Kirche hineinhüpfen: Die Echternacher Springprozession   104

Endlich die Jungfrau sehen! El Rocío, eine spanische Pfingstwallfahrt   106

■ KINDERFESTE [9]

Nasreddin Hodscha, ein türkischer Schalk   110

Beim türkischen Kinderfest kommen die Kinder an die Macht   113

Kodomo-no-hi, das japanische Kinderfest   115

■ TOTENFESTE KÖNNEN AUCH GANZ FRÖHLICH SEIN [10]

Gruselmasken und wilde Partys zu Halloween   117

Allerseelen in Italien: Die Toten beschenken die Kinder   120

Zuckerskelette auf den Gräbern in Mexiko   123

Radonica, Totengedenktag in Russland   126

Deutschland: Trauern um die Toten   128

Brennende Kerzen für die armen Seelen in Polen   131

■ STADTFESTE [11]

Der König der Spielleute in Ribeauvillé   133

Konkurrierende Stadtviertel beim Palio im italienischen Siena   136

Ein Blumenmeer in Medellín, Kolumbien   139

■ ERNTEFESTE [12]

Erntedank in Stadt und Land   142

Das Onam-Fest in Südindien und Deutschland   145

Im Kibbuz, in der Synagoge, im Kindergarten:
Überall ist Schawuoth   148

Das indische Pongal-Fest in einem hessischen Bürgersaal   151

■ FESTE IN DER WINTERZEIT [13]

Woher kommt der Nikolaus?   154

Die Schweizer jagen den Klaus   156

Das deutsche Weihnachtsfest vor 100 Jahren   159

Die schwedische Heilige Lucia singt in deutschen Altenheimen   162

Die zahnlose Hexe Befana in Italien   166

In Spanien beschenken die Heiligen Drei Könige   167

Jeden Tag eine Kerze anzünden:
das jüdische Chanukka-Fest   169

■ ZU BESUCH IM JÜDISCHEN KINDERGARTEN [14]

Ungesäuertes Brot zu Pessach   172

An Sukkot wird eine Laubhütte gebaut   176

■ ISLAMISCHE FESTE [15]

Warum es Sunniten und Schiiten gibt: das Aschura-Fest   178

Das islamische Opferfest: eine gemeinsame Geschichte
in Bibel und Koran   181

Moulid, ein Geburtstagsfest für den Propheten Mohammad   182

■ WER SIND DIE ALEVITEN? [16]

Das Kulturfest für Pir Sultan Abdal   186

Am Hıdırellez-Fest treffen sich Hızır und Elias am
Sternenhimmel   189

■ HINDUISTISCHE FESTE [17]

Das Holi-Fest: Buntes Farbpulver flimmert in der Luft   192

Dashara und Durga Puja   195

9

■ NOCH MEHR FESTE [18]

Ullambana in einer Frankfurter Pagode: das buddhistische Fest
des Dankes gegenüber Eltern und Vorfahren   197

Wenn der Fluss voller Krabben ist: Ngondo in Kamerun   202

Das ghanaische Odwira-Fest, eine Präsentation der
Königinnen und Könige   205

Niman-Kachina, ein Fest der Hopi-Indianer zur
Sommersonnenwende   207

Die Sternenprinzessin: Tanabata-Matsuri in Japan   210

Radralley der italienischen Eisverkäufer Deutschlands   213

Loi Krathong, ein thailändisches Fest zu Ehren der Mutter des Wassers   216

A penny for the guy: Guy Fawkes Night in Großbritannien   219

Tod der Erde, ein Fest der Masiren (Berber) in Marokko   221

Ein internationales ökumenisches Pfingstfest in Frankfurt am Main   223

DANKSAGUNG   226

HINWEISE ZU DEN KAPITELFOTOS   229

Einleitung zur 2. überarbeiteten Auflage

Julia Bernstein und Jörn Rebholz

Gibt es Länder ohne Feste? Nein, das ist kaum vorstellbar, denn Feste gehören zu jeder gesellschaftlichen Ordnung. Sie sind fester Bestandteil des Lebensrhythmus aller Menschen auf der ganzen Welt, grenzüberschreitend, in allen Ländern, in allen Regionen. Dort, wo Menschen gemeinsam leben, feiern sie Feste: weltweit zu unterschiedlichsten Zeiten, aus den verschiedensten Anlässen, als jeweils besondere Festgemeinschaften mit entsprechenden Ritualen und Zeremonien. Trotz aller Unterschiede ist damit eine grundlegende Gemeinsamkeit benannt. In diesem Buch wird eine internationale Auswahl von Festen vorgestellt. Die Besonderheit dieses Buches besteht darin, dass erstmals auch Feste beschrieben werden, wie sie von Migrantinnen und Migranten gefeiert werden. Es zeigt sich, dass durch Zuwanderung bestehende Festkulturen deutlich vielfältiger geworden sind. Auch der Wandel der Feste tritt hervor. So wird das griechisch-orthodoxe Fest der Taufe Christi (siehe Seite 95) seit Generationen in Griechenland gefeiert. Aber in Frankfurt am Main wird dieses Fest, angepasst an die hiesigen Verhältnisse, erst zelebriert, seit griechische Zuwanderer vor Ort leben.

Dimensionen des Festes

Feste stehen gewöhnlich dem Alltag gegenüber und verweisen dadurch auf die Grenzen des Üblichen, der alltäglichen Regeln, sowie ihre Ausnahmen. Im Fest werden Vorstellungen über gesellschaftlich verbreitete Normalitäten ausgedrückt. Das Selbstverständliche wird anschaulich. Nicht selten wird die alltägliche Welt gespiegelt, ja sogar verkehrt. Karneval oder Fasching (siehe ab Seite 34) sind gute Beispiele hierfür.

Durch ihren festlichen Rahmen übertragen sich im Fest die Kenntnisse über soziale Welten: Es werden gemeinschaftliche Erinnerungen an bestimmte Situationen oder gemeinschaftliche Bilder aus der Vergangenheit im Hier und Jetzt wachgerufen: Mit dem buddhistischen Ullambana-Fest (siehe Seite 197) wird gemeinschaftlich der Mutter des größten Schülers Buddhas gedacht. Den Vorfahren verstorbener wie lebender Mütter und Eltern soll durch dieses Fest besonders gedankt werden. Gleichzeitig können durch Feste freie, kreative Räume entstehen, die eine Abwechslung zum routinierten oder auch stressigen Alltag darstellen. Sie schaffen emotionale Bezüge oder bieten gemeinschaftliche Unterstützung für die Feiernden an, zum Beispiel bei Totenfeiern (siehe ab Seite 117).

Mittels ihres symbolisch-rituellen Charakters können Feste immer wiederkehrende Zeitabschnitte wie etwa Jahres- oder Wochenzeiten voneinander trennen oder den Beginn bzw. das Ende von individuellen Lebensphasen markieren. Regelmäßig wiederkehrend sind die Feste im Jahreslauf: Neujahrsfeste (siehe ab Seite 23) gehören zu ihnen ebenso wie Frühlingsfeste (siehe ab Seite 45) oder Erntefeste (siehe ab Seite 142). Feste, die individuelle Lebensphasen markieren, sind meist nur einmalige Ereignisse. Dazu zählt das Geburtstagsfest, das eine individuelle Lebensphase markiert, aber alljährlich gefeiert wird. Einmalig gefeierte Reifefeste (zum Beispiel das Vollmündigkeitsfest, die Konfirmation oder die Jugendweihe) gehören ebenso dazu wie das Hochzeitsfest, zumeist der Höhepunkt im individuellen Festleben, das mittlerweile hin und wieder mehrmals im Leben gefeiert wird.

Durch ihren Zeit strukturierenden Charakter verweisen die Feste auch auf unterschiedliche Zeitrechnungen, denen verschiedene Kalendarien wie z.B. der Mond- oder der Solarkalender zugrunde liegen und nach denen sich die Festzeiten in aller Regel richten. Über sie wird im einleitenden Kapitel (ab Seite 17) informiert.

Ein wichtiger Bestandteil eines jeden Festes ist die Festgemeinschaft. Feste zeigen sich mehrdimensional: Sie variieren nach Gruppen, Regionen, Nationen, Geschlechtern und Religionen. Sie symbolisieren Jahreszeiten, Tageszeiten, Traditionen, Feiertage und den Alltag sowie Phasen des Gesund- und Krankseins. Für alle Religionsgemeinschaften – für die der Weltreligionen wie der kulturellen Minderheiten – haben Fest- und Feiertage eine existenzielle Bedeutung. Ganz im religiösen Kontext stehen zum Beispiel die Wallfahrten (siehe ab Seite 100) oder das Fasten (siehe ab Seite 52), dessen Anfang und Ende stets festlich gerahmt sind.

Einige Feste brauchen den öffentlichen Raum wie das Straßen- oder das Stadtfest (siehe ab Seite 133), andere wiederum werden zurückgezogen, im privaten Rahmen gefeiert. Viele werden lange und ungeduldig erwartet, sorgfältig vorbereitet und prächtig zelebriert. Kinder sehen voller Erwartung jenen Festtagen entgegen, die mit Geschenken verbunden sind. Prächtige Festkleidung muss hervorgeholt, Musikstücke müssen einstudiert, Räumlichkeiten festlich dekoriert und nicht zuletzt Zeremonien und Rituale einstudiert und geprobt werden. Andere Feste, mit denen wir uns nicht identifizieren können, werden von uns – wenn überhaupt – gleichgültig beobachtet und nicht zu „unserem" Fest erklärt, weshalb wir sie teilnahmslos und vielleicht sogar als befremdlich erleben.

Feste grenzen die Gemeinschaft symbolisch ab, indem sie durch die zentrale Betonung der Wir-Gruppe unvermeidlich auch auf die Nicht-Dazugehörigen bzw. das Fremde hinweisen: Wer ist zum Fest eingeladen und darf mitfeiern? Das kann eine hoch sensible und heikle Frage sein. Diese Gruppendynamik zeigt sich beispielsweise beim Essen als sozialem Akt: Die zum Tisch Zugelassenen besitzen symbolisch den Status von

Dazugehörigen. Die meisten Feste setzen voraus, dass die Feiernden Vorstellungen über die Regeln und den Ablauf des Festes teilen und dem Rahmen entsprechend feiern. Es gibt aber auch Feste, die gerade die individuelle Kreativität oder den Ausdruck persönlicher Identität betonen und dadurch Identifizierung ermöglichen.

Neben der *Festgemeinschaft* ist der *bedeutungsvolle Anlass*, wie zum Beispiel eine besondere Tat eines Heiligen, an die sich die Gemeinschaft durch das Fest erinnert, ein zweiter wichtiger Bestandteil jedes Festes. Die *besonderen äußeren Formen*, wie Rituale und Zeremonien, zum Beispiel ein öffentlicher Umzug durch die Straßen, sind das dritte Merkmal. Alle drei Bestandteile finden sich in unterschiedlichen Ausprägungen in jedem Fest.

Charakteristisch für Feste ist ihre Wandelbarkeit. Feste ändern sich und werden verändert – auch nach Zeit und Ort. Das Feiern bestimmter Feste kann auch aufgegeben werden – neue Feste können entstehen. So lassen sich religiöse, familiäre oder auch individuell erfundene und nur in engem Freundeskreis begangene, vielleicht auch längst vergessene, nicht mehr gefeierte Feste, unterscheiden. Oft basieren sie auf dem Prinzip sozialer Kontinuität, ergänzen das Setting jedoch um moderne Aspekte. Auch die älteste Tradition war zu ihrem Entstehungszeitpunkt und -ort eine (meist kulturelle oder religiöse) Innovation. Im Festakt selbst bestätigt sich die Gemeinschaft, sie hält den kollektiven Eindruck wach, das Fest und seine Bedeutung sei unabänderlich und werde entsprechend gefeiert. Gleichzeitig spiegeln Feste soziale Welten und markieren gesellschaftliche Veränderungen. Insbesondere in Zeiten erheblichen Wandels, wie sie eine Gemeinschaft etwa durch die Erfahrung der Migration erlebt, können Feste für das Wir-Gefühl der Gruppe bestätigend und stabilisierend sein. So kennzeichnen Feste etwas Widersprüchliches: Während sie den Eindruck von dem, „was sich gehört", als das Unabänderliche aufrechterhalten, sind sie doch erstaunlich offen für Veränderungen und Wandel. Sie erlauben der Gemeinschaft einen fließenden Übergang zu den gesellschaftlichen Bedingungen, die sich fortwährend ändern.

Feste und Diversität

Als Beispiele für sich verändernde – und für relativ junge – Feste können die „Parade(n) der Kulturen" oder auch „multikulturelle Straßenfeste" gelten, die in den Großstädten seit einigen Jahren gefeiert werden. Durch ihre Buntheit, Vielfalt und den Trubel, den sie verbreiten, werden sie Ausdruck des multikulturellen Lebens und zum „Fest für Alle" in der weltoffenen Stadt erklärt. Sie stehen für den gemeinsamen, durchmischten, multikulturellen und globalisierten Raum. Werden Akteure aus beteiligten Kulturvereinen zur Parade befragt, so wird diese positiv wahrgenommen, wie das folgende Meinungsbild zeigt: *„Solche Feste haben für uns immer eine besondere Bedeutung. … Wir feiern ja das, was wir schon immer kennen, aber unter anderen Bedingungen in dieser Realität…Außerdem* sind es immer Berührungsflächen oder besser gesagt Treffen mit unterschiedlichen, anderen Gruppen, die sich auch für unsere kulturellen Feste interessieren, und wir können uns so austauschen."

Im Zitat wird die Identifikation mit der Parade anschaulich. Es zeigt weiter, wie das, „was wir schon immer kennen", auch unter veränderten Bedingungen gefeiert wird und dass eine Öffnung gegenüber anderen einen Austausch ermöglicht.

Ein anderes Beispiel für die mehrfachen kulturellen Zugehörigkeiten in unserer gegenwärtigen Gesellschaft ist die folgende Frage eines Mannes an seinen jüdischen Freund aus der ehemaligen Sowjetunion: „Wirst Du gefillte Fisch zu Weihnachten zubereiten?". Diese Aussage gibt Anlass, über mehrfache kulturelle Zugehörigkeiten nachzudenken, die Menschen in ihrem Alltagsleben wie in ihren Festen zum Ausdruck bringen. Das Alltagswissen und der erste Eindruck täuschen häufig und schnell ist die Antwort parat: Menschen, die „gefillte Fisch" zum Fest zubereiten, feiern als Juden sicherlich kein Weihnachtsfest und jene, die Weihnachten als „unser Fest" empfinden und es feiern, bereiten „gefillten Fisch" nicht unbedingt als feierliches und symbolisches weihnachtliches Gericht zu. Ein Blick nach Polen mit seiner überwiegend christlichen Bevölkerung zeigt aber, dass am Weihnachtsabend (24. Dezember) sehr wohl Fischgerichte, d.h. durchaus auch „gefillter Fisch", serviert werden, jedoch kein Gänse-, Schweine- oder Rinderbraten – was an den darauf folgenden Weihnachtsfeiertagen (25./26. De-

zember) schon wieder ganz anders aussieht. So ist der „Weihnachtskarpfen" als Gericht für Christen am Heiligen Abend in Mittel- und Osteuropa jedenfalls weit verbreitet und steht im Kontext der Adventszeit – einer Fastenzeit, die mit einem Fischgericht am 24. Dezember endet. Das Beispiel zeigt, wie ein christlicher Weihnachtsbrauch variiert und von unterschiedlichen Gruppen flexibel gehandhabt wird. Ebenso lassen klischeehafte Vorstellungen über vermeintlich einheitliche ethnisch-kulturelle Zugehörigkeiten keinen Raum für Widersprüche, die unsere soziale Wirklichkeit in einem hohen Maße prägen. Reaktionen wie: „Sind Sie eigentlich nicht jüdisch?" Oder: „Feiern Sie als Juden Weihnachten?" veranschaulichen den Versuch, klare Grenzen zu ziehen, die im gelebten Alltag oft verschwimmen.

Was in der Außenperspektive noch als widersprüchlich erscheint, wird aus der Binnenperspektive als selbstverständlich betrachtet. Insbesondere Angehörige von Migrantengruppen erleben oft eine zwiespältige Situation, wenn sie aufgefordert werden, sich eindeutig nur einer kulturellen Gruppe zuzuordnen. Dem stehen vielfältige kulturelle Identitäten und miteinander verwobene Zugehörigkeiten entgegen – nicht selten widersprechen sie einander sogar: Menschen können beispielsweise die russische Sprache sprechen, russische Kulturpraktiken pflegen, wären aber beleidigt, würde man sie als „Russen" bezeichnen; sie können Schweinefleisch konsumieren und sich dennoch als jüdisch fühlen und jüdische Feste feiern.

Diese Widersprüchlichkeiten gelebter Wir-Bezüge treten dann hervor, wenn Migrantinnen und Migranten verschiedenen Zugehörigkeiten und Loyalitäten zu mehreren Gruppierungen gerecht werden müssen. Die Loyalitätsfrage erweist sich angesichts allgegenwärtiger Globalisierungsprozesse als problematisch. Ist es möglich, dass Migrantinnen und Migranten nur *eine,* besonders hervorgehobene, Loyalität zu nur *einem* Nationalstaat oder *einer* kulturellen Gruppe haben? Ihr Alltagsleben, ihre Handlungen, Verhaltensmuster sowie Denkweisen und eben auch ihre Feste können mehrfache, nationale Grenzen überschreitende „Sowohl-als-auch"-Zugehörigkeiten oder „Weder-noch"-Zugehörigkeiten aufweisen.

In früheren sozial- und kulturwissenschaftlichen Forschungen wurde der Begriff „Kultur" als *„etwas Kontinuierliches und Wesensmäßiges: die gemeinsame Sprache, Bräuche, Werte etc."* begriffen. Im Unterschied zu solchen, Kultur eher festschreibenden theoretischen Ansätzen, wird in gegenwärtigen Studien davon ausgegangen, dass Menschen keine abgeschlossene Kultur „mit sich tragen", sondern verschiedenste kulturelle Elemente kreativ nutzen und in ihren Alltag integrieren. Menschen werden in kulturelle Kontexte hineingeboren, sie beeinflussen und ändern diese aber auch durch ihr alltägliches Handeln.

Kulturelle Elemente entstehen durch geteilten Alltag, durch Dialog und Konflikt. Sie sind gekennzeichnet durch ständige Veränderung. Sie sind weniger – obwohl das oft und gerne so beschrieben wird – ein „geschlossener Container", in den man hineingehen, „kulturelles Inventar" mitnehmen und wieder herausgehen kann.

Kulturelle Identität ist somit zu verstehen als persönliche Wahrnehmung von einem Selbst in Beziehung zu Anderen oder von einem Selbst als Individuum und Mitglied einer sozialen Gruppe. Jeden Moment werden kulturelle Muster in sozialen Zusammenhängen verändert. Deshalb können Identitäten nicht als ursprüngliche, unveränderliche Wesenseinheiten betrachtet werden. Vielmehr tritt angesichts zunehmender medialer Verflechtungen und globaler Verkehrsströme und der damit einhergehenden kulturellen Durchdringungen der vielfältige, sich überlappende, vermischende und mehrdeutige Charakter von Identitäten hervor. Es ist heute Normalität, dass Menschen im Alltag zwei oder mehrere Identitäten leben und sich mühelos in mehr als einer Rolle zu Hause fühlen können.

Vor diesem Hintergrund entstehen mehrdeutige Identitäten von Migrantinnen und Migranten, die sich nicht ohne weiteres einer (Herkunfts- oder Aufnahme-) Nation oder Kultur zuordnen lassen, sondern Formen sind, die sich nationenübergreifend herausbilden und transnationale Netzwerke entstehen lassen. Diese neue, globalisierte Realität ermöglicht das Aufbrechen alter Bilder. Migrantinnen und Migranten wie Nicht-Migrantinnen und Nicht-Migranten können an mehr als *einer* Gesellschaft teilnehmen. Für Migrantinnen und Migranten sind Herkunftsland und Aufnahmegesellschaft kein zweipoliger Gegensatz. Sie leben vielmehr in mobilen, grenzüberschreitenden Alltagssituationen. Soziale Netzwerke werden in mehreren unterschiedlichen Ländern geknüpft bzw. erhalten.

Sogenannte „transnationale Räume" entstehen, in denen mannigfaltig miteinander verzahnte Netzwerke bestehen. In diesen werden soziale Beziehungen, Ideen, Alltagshandlungen und Ressourcen ungleich ausgetauscht, organisiert und umgewandelt.

Weltweite Migrations- und Globalisierungsprozesse rufen veränderte Identitätsbezüge und Wir-Gruppen-Verständnisse hervor und verändern unseren Alltag wie unsere Feste. Diese gesellschaftlichen und damit auch kulturellen Veränderungsprozesse brechen auch die gängige, statische Vorstellung von Integration als eindimensionaler Anpassung „von Herkunftskultur an Aufnahmekultur", die nur oder vor allem von Migrantinnen und Migranten erwartet wird, auf. Im Gespräch mit den Autoren fragt ein Migrant: „Wann geschieht die Integration? Das ist nur ein Begriff, weil es keinen Tag gibt, an dem ich aufwache und mir denke: ‚Na, heute bin ich integriert...'"

Angesichts der skizzierten Veränderungen werden Feste aus aller Welt in unseren Familien, bei unseren Nachbarn, im nächsten Ort – vor allem in den Ballungszentren – vorbereitet und gemeinsam gefeiert. Wir leben in einer Welt global geteilter gesellschaftlicher und damit kultureller Veränderungsprozesse, die neue Herausforderungen an das gemeinsame Leben stellen, das auf gegenseitigen Zugeständnissen – manchmal auch bestimmten Erwartungshaltungen – beruht. Unser Alltag ist von diesen Prozessen genauso durchdrungen wie unsere Feste, wie sie auf den folgenden Seiten zusammengetragen sind. Die hier formulierten Beschreibungen geben somit einen Einblick, eine Momentaufnahme des vielfältigen Erscheinens unterschiedlichster Feste, die trotz aller gelebter Unterschiedlichkeit eben auch immer auf das Gemeinsame beim Feiern verweisen.

Sie vermitteln einen lebhaften Eindruck davon, wie Vielfalt gelebt wird – im Fest und damit auch in unserem Alltag.

Referenzen:
Breckner, Roswitha: Ambivalente Wir-Bezüge in ost-west-europäischen Migrationsbiographien. Konstruktionen kollektiver Zugehörigkeit in gesellschaftlichen Polarisierungsprozessen. In: Sozialer Sinn, H 1(6), 2005, S. 71-92.
Maurer, Michael (Hrsg.): Das Fest. Böhlau Verlag: Köln, Weimar, Wien 2004.

Julia Bernstein, Dr. phil., Jg. 1972, studierte Soziologie, Kulturanthropologie und Kunstgeschichte in Israel und promovierte anschließend am Institut für Kulturanthropologie und Europäische Ethnologie der Goethe-Universität Frankfurt am Main. Zurzeit ist die Migrationsforscherin und Künstlerin als Dozentin im Institut für vergleichende Bildungsforschung und Sozialwissenschaften an der Universität Köln tätig.

Jörn Rebholz, M.A. EIE, Jg. 1964, studierte Kulturanthropologie und Europäische Ethnologie, Erziehung und Internationale Entwicklungen in Frankfurt am Main. Er arbeitet heute beratend für Unternehmen und Organisationen in den Bereichen Personal- und Talentmanagement, Diversity-Management und Unternehmenskultur.

Verschiedene Länder – verschiedene Kalender

1

Von Sonnen-, Mond- und Luni-Solar-Kalendern

In welchem Jahr, Jahrhundert oder Jahrtausend leben wir? Die Antwort darauf kann ganz unterschiedlich ausfallen, je nachdem, welchen Kalender wir benutzen. So etwas Selbstverständliches wie das Datum infrage zu stellen, scheint irritierend. Aber in vielen Kalendersystemen stimmen weder Tag noch Monat noch Jahreszahl mit unserem in Deutschland üblichen gregorianischen Kalender überein. Das kommt daher, dass es so viele Kalendersysteme gibt. Noch vor zehn Jahren hieß es „die Menschheit trete in das dritte Jahrtausend ein". Die ganze Menschheit? Nein!

Nach dem jüdischen Luni-Solar-Kalender befinden wir uns bereits im sechsten Jahrtausend und der Beginn des dritten Jahrtausends liegt weit in der Vergangenheit. Gegen Ende 2012 schreibt man bereits das Jahr 5773 nach Erschaffung der Welt und nähert sich damit dem siebten Jahrtausend. Nach tibetischem und buddhistischem Kalender ist die spektakuläre Zahl 2000 bereits Vergangenheit, nach ihnen befinden wir uns im Laufe des Jahres 2012 im Jahr 2140 und 2555.

In Ländern, wie Indonesien und dem Iran, die ausschließlich nach dem islamischen Mondkalender rechnen, denkt noch niemand an eine Jahrtausendwende. Dort schreibt man ab dem 15.11.2012 das Jahr 1434, gerechnet nach dem Auszug des Propheten Mohammad von Mekka nach Medina. Dieser Mondkalender ist auch für Muslime in Deutschland von Bedeutung, denn nach ihm werden die religiösen Feiertage berechnet. Da der Mondkalender jährlich um etwa elf Tage kürzer ist als der Sonnenkalender, wandern das Neujahrsfest und alle anderen religiösen Feste langsam von der Winterzeit über den Herbst in den Sommer, in den Frühling und wieder in den Winter.

Allein in dem multikulturellen Kalender „Feste der Welt – Welt der Feste" gibt es zehn verschiedene Neujahrsfeste, die nur beispielhaft für viele weitere stehen.

© Viktor Mildenberger / pixelio.de

Kalender

Das deutsche Wort „Kalender" stammt von dem lateinischen „calendarium" (Schuldbuch) ab. Die Römer zahlten ihre Zinsen am ersten Tag des Monats, der „calendae" hieß. Calendae lässt sich wiederum von dem Verb „calare" ableiten, das „rufen" bedeutet. Denn der Monatsbeginn wurde ausgerufen.

Der islamische Kalender, ein Mondkalender

Er beginnt mit der Hidschra, das ist der Auszug des Propheten Mohammad von Mekka nach Medina im Jahre null nach islamischer Zeitrechnung und im Jahre 622 nach christlicher Zeitrechnung. Der islamische Kalender ist ein Mondkalender. Das Mondjahr ist 10,875, d.h. elf Tage kürzer als das Sonnenjahr. Das bedeutet, dass die Monate und damit auch die islamischen Feste oder der Geburtstag jedes Einzelnen durch die Jahreszeiten wandern. Nach 32½ Mondjahren liegt ein Geburtstag etwa wieder am gleichen Tag wie nach der Zeitrechnung des solaren Jahres. In der neun-

ten Sure des Korans ist in den Versen 36 und 37 zu lesen:

„Siehe, die Anzahl der Monate bei Allah sind 12 Monate ... Siehe, das Verschieben (der Monate ...) ist eine Mehrung des Unglaubens. Die Ungläubigen sind hierdurch irregeführt. Sie erlauben es in einem Jahr und verwehren es in einem andern Jahr, damit sie die Anzahl der von Allah geheiligten (Monate) ausgleichen und so erlauben, was Allah verwehrt hat."

Diese Sätze werden als Verbot aufgefasst, zusätzliche Schaltmonate einzufügen, um das Mondjahr dem astronomischen Jahr anzugleichen.

In islamischen Ländern ist der islamische Kalender üblich. In manchen wird parallel dazu der gregorianische verwendet. Am 15.11.2012 ist der 1. Muharram, also Neujahr des Jahres 1434 nach der Hidschra. Die Festdaten variieren von Land zu Land um ein oder zwei Tage, da sie von der Sichtung des Neumondes abhängen. Ein neuer Tag beginnt übrigens nicht um 0 Uhr, sondern bei Sonnenuntergang. In iranischen Taschenkalendern kann man nebeneinander drei verschiedene Kalender finden: den islamischen, den gregorianischen und den altpersischen[1] nach Zarathustra, dessen neues Jahr, Nouruz, immer am 21.3. beginnt.

Der jüdische Kalender, ein Sonnen–Mond–Kalender

Nach dem jüdischen Kalender beginnt mit dem 17./18. September 2012 das Jahr 5773. Er beginnt 3761 vor unserer Zeitrechnung, also vor der Geburt Christi, bei der Erschaffung der Welt. Er ist ein Luni-Solar-Kalender. Das heißt, er berücksichtigt die Mondphasen

und den Sonnenzyklus. Es ist ein äußerst kompliziertes System. Da es nach dem Mondkalender in drei Jahren 33 Tage, also mehr als einen Monat Differenz zum Sonnenjahr gäbe, werden im jüdischen Kalender innerhalb von 19 Jahren sieben Jahre mit 13 Monaten zwischengeschaltet.[2] Die Feiertage wandern auch hier, aber nur um wenige Tage.

Der traditionelle chinesische Kalender, ein Sonnen–Mond–Kalender

Der chinesische Kalender ist auch ein Luni-Solar-Kalender mit 365 Tagen und zwölf Mo-

© http://www.chinesenewyear.me/chinese-new-year-2010-horoscope.html

1 Dieser persische Sonnenkalender ist bei der Berechnung der Schaltjahre noch genauer als der gregorianische.
2 Wer sich intensiv mit der Entstehung und dem Aufbau des jüdischen Kalenders beschäftigen möchte, sollte das Büchlein von Ludwig Basnizki, Der jüdische Kalender, Frankfurt 1989, Athenäum Verlag, lesen.

naten mit abwechselnd 29 oder 30 Tagen. Jahr und Monate beginnen mit dem Neumond. Bereits etwa 1000 Jahre v. Chr. wussten die chinesischen Gelehrten, dass die tatsächliche Länge des Jahres 365,25 Tage umfasst. Deshalb fügten sie in regelmäßigen Abständen einen 13. Monat hinzu. 1912 wurde in China der gregorianische Kalender eingeführt, der alte wird aber unter der Landbevölkerung und für die traditionellen Feste weiter verwendet. Als Beginn des chinesischen Luni-Solar-Kalenders wird das Jahr der Maus 2637 (die Regierungszeit des Herrschers Huang Di) vor unserer Zeitrechnung angesehen. Seitdem wiederholen sich alle zwölf Jahre die Tierkreiszeichen. Denn im chinesischen Kalender wird jedem Jahr ein Tier zugeordnet, zwölf Jahre lang. Alle, die im Jahr 2012 geboren werden, sind im Jahr des Drachen geboren, ebenso die, die 2000, 1988, 1976, 1964 usw. geboren wurden, also im Abstand von zwölf Jahren. Dem Jahr des Drachen folgen das Jahr der Schlange, des Pferdes, der Ziege, des Affen, des Huhns, des Schweins, der Ratte, des Rindes, des Tigers, des Hasen, und dann beginnt der Zyklus von Neuem mit dem Drachen.

Der indische Kalender

In Indien gibt es verschiedene lokale Kalender, darunter sind sowohl Sonnen- als auch Mondkalender. Da die indischen Fürstentümer lange voneinander isoliert waren, entwickelten sich verschiedene Kalenderberechnungen. Im Süden des Landes ist der Saka-Kalender verbreitet, dessen Zählung der Jahre am 15.3.78 v. Chr. beginnt. Andere Kalender sind älter und beginnen, wie der Kaliyua-Kalender, bereits 3102 v. Chr. Der buddhistische Kalender beginnt im Todesjahr Buddhas 544 v. Chr. 2012 beginnt somit das buddhistische Jahr 2555. Es gab so viele verschiedene Kalender gleichzeitig, dass die indische Regierung am 22.3.1957 einen nationalen Einheitskalender einführte. Die lokalen Kalender können weiterhin benutzt werden für die Berechnung religiöser Bräuche.

Der neue Kalender basiert auf dem bereits erwähnten Saka-Kalender. Das Jahr beginnt am Tag nach der Frühlingstagundnachtgleiche: am 1. Tschaitra, so heißt der erste Monat. Das Jahr hat 365 Tage, es ist also ein Sonnenjahr, und im Schaltjahr hat es 366 Tage. Die Schaltjahre sind die gleichen wie im gregorianischen Kalender. Allerdings haben in diesem indischen Kalender die ersten sechs Monate dann 31 Tage. Der gregorianische Kalender wurde bereits 1757 in Indien eingeführt. In Zeitschriften und Zeitungen findet man heutzutage häufig doppelte Datumsangaben; nach dem gregorianischen und dem nationalen, zuweilen auch einem lokalen Kalender.

Der julianische Kalender – ein Sonnenkalender

Zur Zeit Julius Cäsars verwendete man den römischen Kalender, der zu Anfang aus zehn Monaten bestand und die Jahreslänge mit 304 (!) Tagen bemaß. Im 7. Jh. v. Chr. wurde er reformiert und umfasste dann 355 Tage in zwölf Monaten. Auch in dieser Berechnung war das Jahr zu kurz (um etwa zehn Tage) und die Monate begannen durch die Jahreszeiten zu wandern.

Cäsar hielt sich damals häufig in Ägypten, dem Zentrum der antiken Wissenschaften, auf. Dort lernte er den ägyptischen Kalender kennen, der schon seit Jahrhunderten mit 365,25 Tagen die Jahreslänge bemaß. Julius Cäsar beschloss, ihn auch in Rom einzuführen, da der römische Kalender zu viele Fehler aufwies. Cäsar beauftragte den Astronomen Sosigenes, den von den Ägyptern übernommenen Kalender um die Schaltjahre zu ergänzen.

Die Drehung der Erde um die Sonne, also das Sonnenjahr, dauert tatsächlich ca. 365 ¼ Tage. Dem trug der julianische Kalender durch die Schaltjahre Rechnung. Der Schalttag sollte im Februar, dem letzten Monat des römischen Kalenders, eingeführt werden. Im nach Julius Cäsar benannten julianischen Kalender gab es alle vier Jahre ein Schaltjahr. Das waren zu viele zusätzliche Tage. Damit war das berechnete Jahr jährlich um etwa 11 Minuten und 14 Sekunden zu lang. In ca. 128 Jahren führt das zu einem Tag Differenz. Der julianische Kalender differiert heute um 13 Tage vom gregorianischen Kalender.

Der julianische Kalender hatte bis 1582 für die gesamte christliche Welt Geltung, dann führte Papst Gregor XIII. wegen Streitigkeiten um das Datum des Osterfestes den gregorianischen Kalender per Verordnung ein.

Die orthodoxen und orientalischen Kirchen hielten vorerst am julianischen Kalender fest. Im 20. Jahrhundert haben dann einige orthodoxe Kirchen den gregorianischen Kalender eingeführt, zum Beispiel die armenische Kirche.

Der gregorianische Kalender – ein Sonnenkalender

Papst Gregor XIII. (1571–1585) verfügte, dass die inzwischen eingetretene Differenz zwischen dem julianischen Kalender und dem astronomischen Jahr von damals zehn Tagen ausgeglichen werden sollte. Auf den 4. Oktober 1582 folgte sofort der 15. Oktober und künftig sollten alle durch 100 teilbaren Jahre (mit Ausnahme der durch 400 teilbaren) keine Schaltjahre mehr sein. Durch diese Regelung hat der gregorianische Kalender weniger Schalttage als der julianische.

Der gregorianische Kalender ist ein Sonnenkalender. Ein Jahr ist so lang wie der Umlauf der Erde um die Sonne, sprich 365,2422 Tage. Da der gregorianische Kalender mit aufgerundeten 365,25 Tagen pro Jahr rechnet, weicht er mit dieser Berechnungsgrundlage jährlich nur etwa 25 Sekunden von der tatsächlichen astronomischen Dauer ab. Aber diese Differenz ergibt erst in ca. 3333 Jahren etwa einen Tag. Heutzutage beträgt der Fehlbetrag drei Stunden, also müssten wir Silvester schon um 21 Uhr feiern.

Der katholische Teil Deutschlands führte den gregorianischen Kalender zu unterschiedlichen Monaten im Jahr 1583 ein und der protestantische Teil änderte seinen Kalender erst im 17. Jh. Bis zu diesem Zeitpunkt wurden viele Verträge doppelt datiert. Zum Beispiel heißt es beim Westfälischen Frieden, der den Dreißigjährigen Krieg beendete: Osnabrück, den 27. Juli/6. August anno 1648.

Bei einigen christlichen Festen spielt aber auch der Mond eine Rolle. Manche Festtage richten sich nach ihm und fallen nicht jedes Jahr auf das gleiche Datum. Ostern wird (seit dem Konzil von Nicäa 325) immer nach dem ersten Frühlingsvollmond nach Frühlingsbeginn (21.3.) gefeiert. Von diesem Datum hängen Pfingsten (50. Tag nach Ostern), Christi Himmelfahrt (40. Tag nach Ostern), Fronleichnam und Fasching ab.

Dennoch feiern nicht alle christlichen Kirchen am gleichen Datum Ostern. Wie kommt das?

Der meletianische Kalender

Einige Kirchen berechnen ihre Festtage nach dem meletianischen Kalender, der im Grunde eine Mischform darstellt. Die griechisch-orthodoxe, syrisch-orthodoxe, rumänisch-orthodoxe Kirche u.a. berechnen die fixen Daten, also Weihnachten, Epiphania etc., nach dem gregorianischen Kalender und die variablen nach dem julianischen. So kommt es, dass die orthodoxen Griechen zwar mit den Deutschen am 24./25.12. Weihnachten feiern, aber ihr Osterfest gemäß dem julianischen Kalender etwa zwei Wochen später als das deutsche stattfindet.

Wieder andere Kirchen hielten ganz an dem julianischen Kalender fest. Deshalb feiern z.B. die russisch-, die serbisch- und die eritreisch-orthodoxe Kirche Weihnachten und somit den gesamten unbeweglichen Festzyklus 13 Tage später als die Christen (ev./kath.) in Deutschland: also am 7.1.

Von linearen und zyklischen Zeitvorstellungen

In den meisten Kalendern treffen wir auf die Vorstellung von einer linearen, in die Zukunft gleitenden Zeit. Zu unterschiedlichen Ereignissen, der Geburt Christi, dem Tod Buddhas, dem Amtsantritt eines Herrschers oder gar der Erschaffung der Welt, beginnt die Zeitrechnung und fließt auf der Zeitachse in eine scheinbar unendliche Zukunft. Manchmal findet die Zählung der Jahre auch ein abruptes Ende. So begann in Japan bis vor nicht allzu langer Zeit bei jedem neuen Kaiser die Rechnung beim Jahre null.

Bei den Kalendern anderer Völker, zum Beispiel in Afrika, gab es keine lange Jahreszählung, mythische und reale Zeitzählung verschmolzen miteinander. Ganz anders und gerade uns Menschen der westlichen und nördlichen Industrieländer recht unbekannt sind zyklische Zeitvorstellungen wie die im traditionellen chinesischen Kalender. Hier wiederholen sich alle zwölf Jahre die Tierzeichen und noch dazu sind die Jahre in Zyklen zu je 60 Jahren zusammengeschlossen. Danach kehrt man wieder zum Anfang zurück und die Zählung beginnt von Neuem.

Neujahrsfeste

2

Das chinesische Neujahrsfest zeigt den Beginn des neuen Mondjahres an. Es wird wie alle traditionellen chinesischen Feste nach dem chinesischen Mondkalender berechnet.

Dieses Neujahrsfest ist auch in anderen Ländern ein Feiertag, z.B. in Vietnam, Korea, Hongkong, Thailand und Taiwan. Nachdem 1911 in China der gregorianische Sonnenkalender eingeführt worden war, begann das neue Jahr offiziell am 1. Januar. Deshalb wurde das lunare Neujahrsfest von „Yuandan" (Neujahrsfest) in „Chunjie" (Frühlingsfest) umbenannt. Aber die neue Bezeichnung hat sich bis heute nicht durchgesetzt und das lunare Neujahrsfest ist das größte Fest in China geblieben.

Die Farbe Rot bringt Glück: Chinesisches Neujahr in Frankfurt

Die Vorbereitungen für das Fest beginnen schon im letzten Monat des alten Mondjahres. Die Menschen feiern am 23. Tag des letzten Monats den Abschied vom Herd- oder Küchengott Zaoshen. Ein Bild dieses Gottes hing das ganze Jahr über in der Küche in der Nähe des Herdes. Die Menschen glauben, dass er an diesem Tag in den Himmel geht, um dem Jadekaiser, einem hohen Gott, alles zu berichten, was er das Jahr über in der Familie sah und hörte. Damit er nur Gutes und „Süßes" berichtet, betupfen manche seinen Mund auf dem Bild mit süßem Brei, andere geben ihm süße, klebrige Bonbons mit auf den Weg, damit seine Lippen zusammenkleben, wenn er Schlechtes über die Familie berichten will.

Chinesisches Neujahrsfest in Paris © picture alliance (dpa)

Am Abend des Abschiedstages verbrennen die Familien das Bild des Küchengottes und glauben, dass er mit dem Rauch in den Himmel zieht, um am Silvesterabend wieder zurückzukehren. Erst dann werden sie ein neues Bild von ihm aufhängen.

Die restlichen sieben Tage des alten Jahres sind ausgefüllt mit Putzen, Waschen und Einkaufen. Die Wohnungen, Häuser und Geschäfte werden gründlich gesäubert. Am Ende ist auch in der hintersten Ecke und unter dem schwersten Möbelstück kein Krümelchen Staub mehr zu finden. Wer es sich leisten kann, streicht die Wände neu oder bringt eine neue Tapete an.

Am letzten Tag des Jahres schieben sich in den Städten große Menschenmengen durch die Straßen und über die Märkte. Viele suchen

noch ein letztes Neujahrsgeschenk und kaufen Nahrungsmittel für die festliche Tafel sowie neue Türbilder.

Die Tür ist der Ort, so glauben viele Chinesen, durch den nicht nur Menschen, sondern auch Götter und schlechte Geister ins Haus gelangen. Deshalb heften die Bewohner an die Türen und Türpfosten bunte Drucke von Glücks-, Reichtums- und Türgöttern. Letztere sollen den Eingang bewachen. Daneben hängen sie rote Papierstreifen, deren schwarze Kalligrafien Glück verheißen. In schwarzer Tusche steht z.B. geschrieben: „Öffne die Tür und sieh Freude." Auch in den Geschäften hängen Türbilder. Ein beliebtes Motto lautet: „Erfolgreich in allen Angelegenheiten" oder „Alles läuft glatt und reibungslos" (Wanshi hengtong).

Alle Chinesinnen und Chinesen haben für das Neujahrsfest mindestens drei Tage Urlaub und fahren in ihren Heimatort zu ihren Familien. In ganz China herrscht reger Reiseverkehr. Auch die Auslandschinesen reisen ein, um ihre Familien zu besuchen.

Der Silvestertag gehört ganz der Familie. Die Frauen haben je nach Wohlstand und Region eine besondere Neujahrstafel zusammengestellt. Es gibt Gemüse, Reis, eine Art Maultaschen (Pekinger Spezialität), süßes Schweinefleisch, Huhn, Ente, Sojasoße, Mohnkuchen und vieles mehr. Unter anderem steht auch eine Platte mit Fisch auf der Silvestertafel. Dieser Fisch darf nicht angerührt werden, was den kleinen Kindern oft sehr schwerfällt. Das chinesische Wort für Fisch heißt „Yú", es bedeutet gleichzeitig auch „Reichtum", „genug übrighaben". Deshalb isst man den Fisch erst am nächsten Tag, damit es im neuen Jahr nie an Essen mangelt.

Am Abend gehen alle nach draußen, um am Feuerwerk teilzunehmen. Es werden meterlange Reihen aneinandergebundener Feuerwerkskörper abgebrannt. Je mehr Zuschauer, je lauter das Knallen, desto besser ist die Stimmung bei Erwachsenen und Kindern. Der Krach macht Spaß und soll die Dämonen vertreiben, aber auch die Glücksgötter und den zurückkehrenden Küchengott begrüßen.

Anschließend bekommen die Kinder von ihren Eltern rote Umschläge mit ein wenig Geld geschenkt. Rot ist die Farbe des Glücks. Dieses Geschenk ist ein Symbol dafür, dass den Kindern bis zum nächsten Neujahr das Geld nie ausgehen möge. Den Rest des Abends verbrin-

gen viele Familien vor dem Fernseher, da das Programm in dieser Nacht besonders kurzweilig ist. Ärmere Familien spielen zusammen, singen und erzählen sich Witze und Geschichten.

Am Neujahrstag soll nicht gearbeitet werden, selbst die Speisen haben die Frauen schon am Tag zuvor zubereitet. Am ersten Tag im neuen Jahr besuchen die Familien ihre Großeltern, die älteren Onkel und Tanten. Das ist für die Kinder besonders aufregend, da sie nach der Verbeugung (Kotau) vor den Älteren immer ein kleines Neujahrsgeschenk erhalten. Einen roten Umschlag mit Geld, ein kleines Spielzeug oder gar ein neues Kleidungsstück.

Am zweiten Tag im neuen Jahr besuchen sich dann auch entferntere Verwandte oder Freunde.

Während das Neujahrsfest in den Städten drei Tage dauert, feiern manche Dörfer bis zu fünfzehn Tage lang. Auf den Straßen finden Paraden und Tänze statt. Spielwarenhändler mit selbst gebautem Spielzeug ziehen umher, so können sich die Kinder von ihrem Neujahrsgeld etwas kaufen.

Viel kürzer ist das Neujahrsfest in der Regel für die chinesischen Migrantinnen und Migranten in Deutschland. Wenn das Fest auf einen Wochentag fällt, nehmen sie sich gar nicht oder nur einen Tag arbeitsfrei. Am darauffolgenden Wochenende veranstalten die Migrantenvereine dann die offizielle Feier, zu der alle eingeladen sind.

Im Grunde könnten die hier lebenden Chinesen dreimal Silvester feiern: Am 31.12. zusammen mit den Deutschen; am 14.2.2010,

Das chinesische Neujahrsfest in Frankfurt am Main   © Avinash Pandey

dem offiziellen ersten Tag des chinesischen Neujahrsfestes, zu dem die meisten chinesischen Migranten nur am Abend, also nach der Arbeit, ein besonderes Essen zubereiten. Vor allem Familien mit Kindern lassen es sich dennoch nicht nehmen, die Wohnung und die Fenster gründlich zu putzen und mit roten Papierstreifen mit Glückwünschen zu dekorieren, den Kindern die begehrten roten Tüten mit Geld zu schenken und mit ihren Verwandten zu telefonieren.

Am darauffolgenden arbeitsfreien Wochenende findet dann endlich das offizielle Fest des Migrantenvereins und damit zum dritten Mal

Silvester statt. Allerdings kann keines dieser Feste an Länge und Intensität das im Herkunftsland übertreffen. Zu dem offiziellen Fest des chinesischen Migrantenvereins in Frankfurt kamen mehrere Hundert Gäste, darunter Menschen aus China, Hongkong, Taiwan, Vietnam, Korea, Deutschland und den USA, die in dem mit Girlanden dekorierten Saal eines Bürgerhauses Platz nahmen, um gemeinsam zu feiern. Über dem Saaleingang und über der Bühne sind große, rote Bänder mit goldenen Schriftzeichen angebracht, auf denen der Verein allen ein glückliches neues Jahr wünscht. Mit Glückwünschen zum Jahr des Tigers (2010)

– in einem Zwölfjahresrhythmus werden die chinesischen Jahre zwölf Tieren zugeordnet – beginnt auch der Vorsitzende seine Eröffnungsrede, die wie alle Reden an diesem Abend vom Hochchinesischen ins Deutsche und Kantonesische (für die Leute aus Taiwan, Hongkong und Vietnam) übersetzt wird.

Nun folgt eine abendfüllende Show, zusammengestellt von einer elfköpfigen chinesischen Unterhaltungstruppe aus San Francisco, einer vietnamesischen Band aus den Niederlanden und Talenten aus dem eigenen Verein. In bunten Kostümen tanzen und singen Männer und Frauen in verschiedenen Sprachen. Traditionelle Lieder wechseln sich mit Countrymusik und populären Schlagern ab. Neben modernen Tänzen in Glitzerkostümen gibt es auch Volkstänze zu sehen, wie z.B. einen grazilen Pfauentanz, den eine Migrantin aus dem Verein vorführt.

Den Abschluss des Programms bildet eine Szene aus einer Peking-Oper, wie sie auch in China zur Neujahrszeit aufgeführt wird. Beglei-

tet von zwei Hausmädchen und zwei Dienern erscheint die erste Konkubine, die ranghöchste Nebenfrau des Kaisers Tang Ming Huang (8. Jh.) auf der Bühne. Sie ist in der damals üblichen Tracht gekleidet, ihre Ärmel reichen fast bis auf den Boden, und ihr Gesicht ist mit weißer und rosa Farbe stark geschminkt. Ihr Lied handelt davon, dass sie hier auf den Kaiser wartet, der zu ihrem Rendezvous nicht erscheint. Jede Blickveränderung, jede Geste ihrer Finger und Füße hat eine Bedeutung.

In diesem Jahr gab es keinen traditionellen Löwentanz, wie er in den Städten und Dörfern in der Neujahrszeit üblich ist. Der Verein hatte nicht genug Geld, um sowohl eine Akrobatengruppe für den Löwentanz zu engagieren als auch die chinesische Unterhaltungstruppe aus San Francisco zu finanzieren. Und so fiel die Wahl auf die Künstler aus den USA, die dem Publikum einen bunten, sehr abwechslungsreichen Abend bereiteten, der mit anschließendem Tanz bis in die Morgenstunden reichte.

Die Kornelkirsche in der bulgarischen Silvesternacht

In vielen ländlichen Gebieten Bulgariens wird das Neujahrsfest noch in traditioneller Weise gefeiert.

Bereits am Vormittag des 31. Dezember kneten die Frauen Brotteig, aus dem sie reichverzierte Brotlaibe (Gebildbrote) und gedrehte Kringel für die abendliche Festtagstafel backen. Auf die runden Laibe werden kunstvoll geformte Ornamente aus Teig gesetzt.

Die Brote sind geschmückt mit Blumen- und Rankenornamenten oder Darstellungen aus der Landwirtschaft. Die Frauen zeigen ihre Kunstfertigkeit in den Figuren der Hirten, Holzfäller, des Sämanns, in den Tierfiguren und den Abbildungen von landwirtschaftlichen Geräten.

Am Abend decken die Frauen den Tisch für das Festessen in der Familie. Entsprechend

27

ihrem Wohlstand servieren sie einen ganzen Schweinskopf oder Schweinskopfsülze und manchmal noch ein gebratenes Hähnchen oder eine Pute. In Schälchen stellen sie Feldfrüchte und Getreide neben das Fleisch. Von allem, was man im letzten Jahr geerntet hat, wird etwas auf den Tisch gestellt: Walnüsse, Feigen, Eingemachtes, gedörrtes Obst, Honig, gekochter Weizen mit Zimt und Nüssen und nicht zu vergessen die frischgebackenen Gebildbrote. Je reicher der Tisch gedeckt ist, so glaubt man, desto fruchtbarer wird das nächste Jahr sein.

Wenn alle Familienmitglieder Platz genommen haben, erhebt sich das Familienoberhaupt. In der Hand eine Pflugschar, gefüllt mit Kohle und ein wenig Weihrauch, geht er durchs Zimmer. Alle Dinge auf dem Tisch sowie jedes Familienmitglied werden beweihräuchert. Deshalb wird der Silvesterabend auch Weihrauchabend genannt.

Über den Nahrungsmitteln spricht das Familienoberhaupt folgenden Satz: „Was in diesem Jahr wenig war, soll im nächsten Jahr reichlich sein." Dann hebt er das Neujahrsbrot hoch und bricht es in so viele Stücke, wie Familienmitglieder und Gäste zu-

Survaki, das bulgarische Neujahrsfest   © Bulgarisches Fremdenverkehrsamt, Frankfurt am Main

gegen sind, sowie zwei weitere Stücke, eines für die Toten und eines für die Jungfrau Maria. Anschließend zerteilt er Baniza, ein mit Schafskäse und Eiern gefülltes Blätterteiggebäck. In die Baniza werden Münzen und kleine knospende Kornelkirschzweige als Glücksbringer eingebacken. Jeder erhält ein Stück davon. Je nach Inhalt des Stückes wird die Zukunft der Person gedeutet. Eine Münze bedeutet Reichtum und ein Kornelkirschzweig mit vielen Knospen verheißt Fruchtbarkeit für Mensch und Vieh. Man findet in der Baniza oft auch kleine Zettel, auf denen viel Erfolg, eine schöne Reise oder ein neues Auto prophezeit werden.

Nach dem Essen setzte sich früher die ganze Familie um den Kamin und wahrsagte bis in die Nacht hinein. Es gab unzählige Bräuche, um das Wetter, die Ernte, Gesundheit, Nachkommenschaft und vieles andere mehr für das neue Jahr vorauszusagen. Heutzutage verbringt man die Zeit meist mit Gesprächen und Spielen.

In den späten Stunden nach Mitternacht werden ungeduldig die Glückwünsche der Survakari erwartet. Die Survakari sind junge Burschen, die von Haus zu Haus ziehen und den Leuten Gesundheit, ein langes Leben und Erfolg wünschen.

Sie tragen die dorfeigene Tracht und eine Pelzmütze, die mit künstlichen Blumen und mancherorts auch mit Popkorn geschmückt ist. Kommen die Survakari an ein Haus, so klopfen sie an, singen ein Lied, wünschen ein „frisches, saftiges Jahr" und klopfen den Bewohnern und manchmal auch dem Vieh mit ihren geschmückten Kornelkirschruten auf den Rücken. Dadurch soll die Fruchtbarkeit und die Lebensenergie der Kornelkirsche auf Mensch und Vieh übertragen werden. Die Ruten sind verziert mit Wollfäden, ungesponnener Wolle, aufgefädelten Mandeln, Popkorn, gedörrtem Obst, Peperoni, Plätzchen, Nüssen, Buchs und Efeu.

Als Belohnung für die Berührung mit der Rute und die anschließend aufgeführten Reigentänze überreicht die Frau des Hauses den Sängern Nahrungsmittel, Brotteigkringel und Münzen.

Das Survakane, so nennt man das Schlagen mit der Rute, wird auch in den Städten ausgeübt, dort meist von kleineren Kindern. Vor Neujahr gibt es überall die mit buntem Lametta geschmückten Zweige zu kaufen, mit denen die Kinder begeistert ihren Eltern und Geschwistern auf den Rücken klopfen.

„Guten Rutsch" ins Neue Jahr in Deutschland

Die Grundlage von Kalenderberechnungen sind Naturereignisse wie der zu- und abnehmende Mond (Drehung des Mondes um die Erde) oder der Wechsel der Jahreszeiten (Drehung der Erde um die Sonne) und Tag und Nacht (Drehung der Erde um ihre Achse).

Auf dem Land hielten sich das Hochneujahr und Termine im Herbst, wie der 11.11. als Abschluss eines Landwirtschaftsjahres. Die Ernte war eingebracht, ein Teil des Viehs wurde geschlachtet, für das Gesinde war Zahltag, und Mägde und Knechte konnten den Arbeitgeber wechseln.

Eine Fülle von Neujahrsdaten

Während diese sich wiederholenden Phänomene von der Natur bestimmt sind, ist das Datum des Jahresanfangs willkürlich, d.h. unabhängig von den Naturgesetzen festgesetzt. Deshalb gibt es auf der Erde eine Fülle von Neujahrsdaten.

Bis zum Jahr 354 feierte die christliche Kirche am 6.1., am Tag der Erscheinung des Messias (Epiphanie), den Jahresbeginn. Dieser Hoch- oder Großneujahr genannte Feiertag galt auf dem Land noch lange als Jahresanfang. Danach war Weihnachten, der 25.12., das verbreitetste Datum für das neue Jahr in Europa. Erst im 16. Jahrhundert setzte sich der 1.1. als Neujahrsbeginn in Deutschland durch. Dafür sorgten, besonders in den Städten, die nun jährlich erscheinenden Kalenderdrucke. In Frankfurt am Main galt bei der Stadtverwaltung der 1. Januar bereits im 13. Jahrhundert und in München im 15. Jahrhundert als Neujahrstermin. Dieses Datum übernahm man aus dem römischen Reich, wo seit 1153 v. Chr. die höchsten Beamten am 1.1. ihr Amt antraten und seit 45 v. Chr. offiziell das neue Jahr begann.

Wer war Herr Silvester?

Die Kirche wehrte sich lange gegen das „heidnische" Neujahrsdatum am 1. Januar. Erst 1691 erkannte Papst Innozenz XII. den Beginn des bürgerlichen Jahres am 1.1. an. Er benannte diesen Tag nach dem im Jahr 335 verstorbenen Papst *Silvester*. Das Kirchenjahr beginnt dagegen bis heute an einem anderen Datum, am ersten Advent.

In der Silvesternacht, am Ende des alten Jahres, glitt man einst nicht nur feucht- fröhlich in das neue Jahr. Mit Hilfe vieler Übergangsrituale und Handlungen wollte man für Glück im neuen Jahr sorgen. Lärm und Getöse in der Silvesternacht gehörten zum Brauch. Dadurch vertrieb man die bösen Geister, und schließlich machte es ja auch Spaß. Schießen und Peitschenknallen vor dem Haus sollten nicht nur Hexen und Geister vertreiben, sondern auch den jungen Frauen imponieren. Außerdem hieß es, dass das Schießen die Saaten wecke und dadurch für eine reiche Ernte sorge. Schließlich lebte bis zu Beginn des 20. Jahrhunderts ein Großteil der Bevölkerung von der Landwirtschaft. Es war von existenzieller Bedeutung, wie gut die Ernte ausfiel. Deshalb galten viele Handlungen der Fruchtbarkeit von Feld, Garten und dem Vieh. Die Bräuche waren regional sehr unterschiedlich, und so können nur einige beispielhaft erwähnt werden: Der Bauer schlug die Obstbäume mit einer Rute, die Bäuerin verfütterte dem Vieh spezielles Neujahrsbrot und vergrub nicht selten auch etwas davon im Ackerboden. Dieses Neujahrsbrot nannten die Sorben „Neujährchen". Es handelte sich dabei um kleine gebackene Tierfiguren, die im 17. Jh. als Spielzeug von den Paten verschenkt wurden.

„Wie heute wird es das ganze Jahr sein"

Im Laufe des Silvesterabends und des Neujahrstages, so glaubte man, zeigen sich Zeichen, wie das kommende Jahr sein wird. Wer an Neujahr flickt oder näht, muss jeden Sonntag flicken oder nähen. Wer an diesem Tag schläft, ist das ganze Jahr schläfrig. An Neujahr solle man bloß nichts verleihen oder verkaufen, sonst gibt man das Glück mit fort. Und nicht zuletzt spielte die Fülle an Essen

© marika/pixelio.de

und Trinken eine große Rolle. Mit reichlichen Speisen auf übervollen Tischen wollte man sich den Überfluss im neuen Jahr sichern. Mit großer Fröhlichkeit musste das neue Jahr begonnen werden. Selbst die Glückwünsche waren nicht nur Zeichen der Höflichkeit, sondern auch eine Art „Zauber", der für tatsächliches Glück sorgen sollte.

Zukunft, was wirst du uns bringen?

Am Neujahrsfest gab es immer schon Versuche, in die Zukunft zu schauen. Besonders interessant waren die Fragen nach Tod und Krankheit, aber auch Hochzeitsereignisse und Liebesangelegenheiten versuchte man vorherzusagen. Ein Orakel allgemeiner Art war die Bibel, die an einer beliebigen Stelle aufgeschlagen und ausgelegt wurde. Andere Möglichkeiten boten das Schuhewerfen und Bleigießen. Manchmal schlug man auch ein Ei in kochendes Wasser und weissagte aus der Form des geronnenen Eiweißes.

Silvester verschläft man nicht

Wer etwas auf sich hält und dazu in der Lage ist, wird auch heutzutage die Silvesternacht nicht verschlafen. Die Jugend und auch manche Erwachsenen feiern „heiße" Partys oder dinieren schick gekleidet bei einer Silvestergala und tanzen die ganze Nacht hindurch. Reichlich gedeckte Tafeln, auf denen Silvesterkarpfen und Sekt nicht fehlen dürfen, sind bis heu-

31

te wichtiger Bestandteil der Silvesterfeiern. Glückszettel und Glückssymbole sind überall zu sehen. Auf dem Tischfeuerwerk ist ein vierblättriges Kleeblatt, neben dem Sektglas steht ein Glücksschwein aus Marzipan, und beim Bäcker in der Auslage finden wir kleine Schornsteinfeger mit Hufeisen in der Hand. Auch im 21. Jahrhundert wollen wir uns das Glück sichern; wir versuchen es zumindest.

Um Punkt Mitternacht läuten die Kirchenglocken. Aber das Neujahrsläuten tritt in den Hintergrund, denn die Böller beherrschen diese Nacht. Das Feuerwerk in Stadt und Land ist nicht etwa organisiert. Jeder Einzelne leistet spontan seinen Beitrag dazu. Raketen, Knallkörper, sprühende Spiralen, aber auch Tischfeuerwerk, das in sich oft eine Botschaft, eine Weissagung fürs neue Jahr birgt, werden gezündet. Ein kleiner Rest der alten Orakel ist in spielerischer Form geblieben. Selbst ökologische, finanzielle oder ethische Argumente („Brot statt Böller") können das Feuerwerk, einst zur Vertreibung der Geister gedacht, nicht unterbinden. Lärm war und ist wichtig.

„Prosit Neujahr" und „Guten Rutsch"

In Haus und Hof und vor allem auf den Straßen erklingen um 24 Uhr inmitten des knallenden und zischenden Feuerwerks die Glückwünsche. Man prostet selbst fremden Menschen zu und wünscht Prost Neujahr, Prosit Neujahr, Ein gutes Neues Jahr oder Guten Rutsch (ins Neue Jahr). Was aber soll Letzteres bedeuten? Hat es in der Neujahrsnacht oft Glatteis, oder haben die Leute zu viel getrunken? Warum soll man gut *rutschen*? Vielleicht im Sinne von hinübergleiten? Weit gefehlt, obwohl der Volksmund das Wort Rutsch heute häufig so erklärt. Es stammt von dem hebräischen Wort rosch, das Kopf oder Anfang bedeutet. Rosch Haschana lautete der Name des jüdischen Neujahrsfestes. Über das Jiddische kam das Wort rosch in die deutsche Umgangssprache und aus „gut rosch" (Guter Anfang) wurde „guter Rutsch".

Auch schriftliche Neujahrswünsche sind sehr beliebt. Jeder wünscht um die Neujahrszeit, viele SMS, E-Mails oder Postkarten zu erhalten. Gedruckte Neujahrsgrüße und Neujahrskarten gibt es schon seit dem 15. Jahrhundert.

Der Tag danach

Am ersten Januar ist Feiertag, und diejenigen, die die ganze Nacht durchgefeiert haben, schlafen möglichst lange. Zum späten Frühstück gehören die Neujahrsbrötchen, -brezeln und -brote, die je nach Region anders aussehen und eine andere Rezeptur haben.

Am Neujahrstag gibt es eine Reihe von Ereignissen, an denen man teilnehmen kann, die aber längst nicht für jeden von Bedeutung sind. Die einen gehen in die Kirche zur Neujahrspredigt oder verfolgen die Neujahrsansprache des Bundespräsidenten beim politischen Neujahrsempfang. Wieder andere treffen sich in kleineren Gemeinden zum Neujahrssingen auf dem Marktplatz, und der Rest tut nichts von alledem.

Silvester in Frankfurt am Main

© Ferhat Bouda

Grenzenloses Faschingstreiben

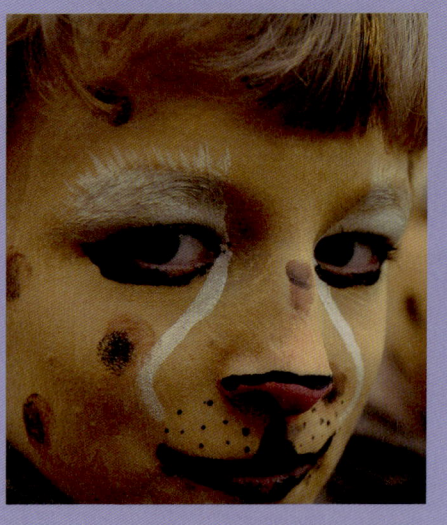

3

Venezianischer Karneval

Der venezianische Karneval wurde das erste Mal 1094 n. Chr. in einer Chronik erwähnt. Für die Menschen des Mittelalters war während des Karnevals das strenge Klassengefüge aufgehoben. Es gab für kurze Zeit keinen Unterschied mehr zwischen Magd und Herrin, Diener und Herr. Für einige Tage herrschte verkehrte Welt. Kostümiert und maskiert konnten sich alle unerkannt vergnügen. Es regierte sogar ein aus dem Volk gewählter Karnevalskönig. Tatsächliche Könige gingen dagegen incognito durch die Straßen und vergnügten sich in den Wirtshäusern. Der Karneval war so sehr in den Jahreszyklus integriert, dass im 11. Jahrhundert selbst Päpste daran teilnahmen und in den Kirchen weltliche Veranstaltungen stattfanden. Im Laufe der Zeiten veränderte sich der Karneval. Im 14. Jahrhun-

dert standen Aufführungen traditioneller Szenen von Ruhm und Ansehen Venedigs im Mittelpunkt. Im 15. Jahrhundert wurden öffentliche Schweinetreibjagden auf dem Markusplatz abgehalten, zu deren Ausklang ein Schmied einen und später mehrere Stiere enthauptete. In der nächsten Epoche waren Vorführungen von Schauspielern, Tänzern und Akrobaten die Höhepunkte der festlichen Darbietungen. Die venezianischen Gondolieri versuchten sich alljährlich gegenseitig in der Vorführung von sieben- und achtstöckigen Menschenpyramiden zu übertreffen.

Im 17. Jahrhundert war der Engelsflug von großer Popularität. Ein Mann balancierte auf einem Seil von der Turmstube des Campanile über die Piazzetta zu einer Tribüne auf dem

Dogenplatz, wo er dem Dogen (Stadtoberhaupt) einen Blumenstrauß überreichte.

1796 fand der letzte öffentliche Karneval statt. Ein Jahr später stürzte die Republik und Napoleon verbot den Karneval.

Erst 200 Jahre später, 1979, erinnerte man sich der alten Traditionen und begann, den Karneval in Venedig wieder zu feiern. Zehn Tage vor Beginn der Fastenzeit, am Sonntag um zwölf Uhr, wird Colombina, eine riesige mit Konfetti gefüllte Taube aus Pappmaché, an einem Seil von der Glockenstube des Campanile herab zu den oberen Arkaden des Dogenpalastes gezogen; eine Inszenierung, die an den Engelsflug erinnert. Während sie über den Köpfen der Feiernden schwebt, rieselt das Konfetti auf die Menschenmenge, die mittlerweile den Markusplatz und die Piazzetta füllt. Nun gehört Venedig dem Karneval.

Täglich sind die Plätze überfüllt mit Karnevalisten. Manche schminken sich noch auf der Straße oder werden gegen ein paar Lire geschminkt. Verkleidet oder nicht, Touristen oder Einheimische, sie alle verzaubert der Karneval für ein paar Stunden oder Tage.

Im auf- und abwogenden Strom der Maskierten glitzern teure, prunkvolle Kostüme. In der aus Münzen bestehenden Rüstung eines Ritters spiegelt sich die Sonne. Nicht weit davon entfernt steht ein gelber Käfer mit schwarzen Tupfen und einem zwei Meter langen Schwanz. Lebendige Blumen überqueren den Platz, falsche Nonnen schwingen lässig ihren Rosenkranz, daneben hüpfen aufgeregt zwei kleine Mickymäuse, die von einem Cowboy beobachtet werden. Neben Clowns in buntgefärbten Stoffwindeln stellt sich ein stolzer Pfau zur Schau, geschmückt mit echten Pfauenfedern. Ein Einhorn lehnt melancholisch an einem Pfeiler, hoch aus der Menge ragen zwei Hüte in Form von Palästen und trotz der Kälte tanzt eine balinesische Tempeltänzerin. Fast alle haben sich durch Schminke oder Masken unkenntlich gemacht und spielen eine selbstausgedachte Rolle – vielleicht zeigen sie eine andere Seite ihres Wesens.

Neben den Eigenkreationen gibt es auch eine Menge traditioneller Kostüme und Masken, die aus dem Theater übernommen wurden oder im Laufe der Stadtgeschichte entstanden sind. Aus der Commedia dell' Arte stammen Pantalone, der geizige Kaufmann in roten Bundhosen, schwarzem Gehrock, Hakennase und langem schütterem Bart, seine beiden Diener, der schlaue Brighella in grüngestreifter Dieneruniform und Arlecchino (Harlekin) im Flickenkostüm mit bunten Rauten. Neben vielen anderen begegnet man dem verträumten Pierrot mit aufgemalter Träne im Gesicht und Colombina, der einzigen weiblichen Maskenfigur der italienischen Komödie, bekleidet mit buntem Kleid und schwarzer Halbmaske.

Überall in der Stadt lässt sich der Pestarzt sehen. Dieses Kostüm entstand, als Venedig im 15. und 16. Jahrhundert von Pestwellen heimgesucht wurde. Eine weiße Maske mit langer Vogelschnabelnase bedeckt das ganze Gesicht, ein weiter Mantel und ein Krempenhut verhüllen den Rest. Ein wenig unheimlich ist diese Maske, die einst aus hygienischen Gründen getragen wurde. Die lange Nase sollte den Arzt davor bewahren, zu nahe an den Patienten heranzutreten, die Watte darin war als Schutz vor Ansteckung gedacht.

Wo jahrelang die Pest herrschte, war der Tod ein täglicher Gast. Und so ist es nicht verwunderlich, dass auch er im Karneval verkörpert wird. Schwarzgekleidete Sensenmänner mit Totenschädel sind kein seltener Anblick.

Die prächtigsten Kostüme werden unter viel Applaus und Staunen auf den Schaubühnen prämiert, auf denen bis Fastnachtdienstag auch Ballettgruppen, Pantomimen

und andere Künstler auftreten. Nicht zu vergessen sind die Umzüge zu Wasser. Viele Venezianer haben sich für diese Ereignisse Urlaub genommen, um auch tagsüber mitfeiern zu können.

Das bunte Treiben geht bis Faschingsdienstag, an dem noch vor Mitternacht der Karneval mit einem halbstündigen Feuerwerk endet. Am Aschermittwoch reisen die Touristen ab, und die Kolonnen der städtischen Straßenreinigung räumen auf. Der Karneval ist zu Ende, die Fastenzeit beginnt.

Karneval in Venedig   © Helga Lade Photoagentur

Der Karneval hat in vielen spanischen Ortschaften eine lange Tradition.

Karneval in Spanien

In der Stadt Lanz, im Norden Spaniens (Navarra), feiern die Bewohner auch heute noch den Karneval nach den alten überlieferten Bräuchen.

Am Faschingssonntag stellen die jungen Männer eine riesige Puppe her, den Miel Oxtin. Über ein Holzgerüst ziehen sie ihm Kleider an und stopfen diese mit Stroh und Farn aus. Er trägt meist ein buntes Hemd, blaue Hosen, Handschuhe, Bergstiefel und einen langen, spitzen Hut.

Am Faschingsdienstag beginnt dann der eigentliche Umzug. Die jungen Burschen tragen den Miel Oxtin durch die Stadt zu einem großen Platz. In den Straßen sind maskierte Teilnehmer zu sehen. Da gibt es z.B. noch die Txatxos, die genau wie der Miel Oxtin einen spitzen Hut tragen. Sie sind gekleidet in bunten Stoffen und haben ihre Gesichter mit Vorhangstoffen verdeckt.

Unterwegs verfolgen sie mit Besen und lauten schrillen Schreien die Zuschauer am Straßenrand. Am Marktplatz angekommen, findet eine Gerichtsverhandlung statt, bei der der Miel Oxtin verschiedener Straftaten beschuldigt wird. Wie jedes Jahr spricht ihn das Volksgericht schuldig. Auf diesen Moment hat ein versteckt stehender Teilnehmer nur gewartet. Er feuert ein paar Gewehrschüsse ab, und der Miel Oxtin fällt getroffen auf den Boden. Die anderen jungen Männer stürzen sich auf ihn, reißen ihn in Stücke und lassen ihn in Flammen aufgehen. Das Volkstribunal ist beendet, und die Burschen tanzen den Zotzikotanz um das Feuer.

Der Miel Oxtin von Lanz soll einen Räuberhauptmann darstellen, der die Region einst in Schrecken versetzte. Er ist aber auch Symbol des Lasters, des Bösen schlechthin. Er, das Böse, wird verurteilt und vernichtet. Es siegen das Gute, die Fastenzeit und der Alltag.

Obwohl der Karneval unter der Regierung Francos wegen seines angeblich „heidnischen" und „unmoralischen" Charakters verboten war, sind seine Traditionen lebendig geblieben.

Auch Teneriffa hat seine Karnevalsbräuche bis heute erhalten.

Im Karneval von St. Cruz de Tenerife treffen sich europäische, südamerikanische und karibische Fastnachtstraditionen. Im Mittelpunkt stehen hier die exotisch anmutenden, farbenprächtigen Kostüme, die am Faschingsdienstag beim Umzug auf der Avenida de Anaga zu sehen sind. Alle Karnevalsvereinigungen der Insel nehmen daran teil.

Stundenlang ziehen prächtig geschmückte Wagen und bunt kostümierte Akteure an den Zuschauern vorbei. Alle Kostüme werden nach einem jährlich wechselnden Motto ausgerichtet. Einmal fühlt man sich in ein Märchenland versetzt, das andere Mal ist man inmitten der Kinowelt mit ihren Helden und Heldinnen.

Begleitet wird der Umzug natürlich auch von Musikgruppen. Der Rhythmus des Rumba wechselt mit dem Spottgesang der „murgas", spezieller Sänger, die nur ein einziges Spottlied singen. Von ihnen werden hier lokale und weltpolitische Ereignisse mit beißender Ironie ins Lächerliche gezogen.

Schon einen Tag später, am Aschermittwoch, explodiert aus dem Bauch einer riesigen Pappmachésardine, Sinnbild des Karnevals auf Teneriffa, ein Feuerwerk. Und die Zuschauer beweinen das Ende der Ausgelassenheit.

Fastnacht in Ungarn

Quellen aus dem 15. Jahrhundert berichten, dass die Ungarn schon damals Fastnacht feierten. Männer und Frauen tauschten die Kleider, die Menschen setzten allerlei Masken auf und verkleideten sich gerne als Tiere. In Städten und Dörfern, aber auch am Hofe wurde gefeiert. König Ludwig II. beteiligte sich 1525 als Teufel verkleidet am Fest.

Ungarns wohl spektakulärster traditioneller Fasching wird in Mohács, einer Stadt im Süden Ungarns, gefeiert.

Das Faschingstreiben in Mohács beginnt am Faschingssonntag. Auf dem großen Platz vor der Gedenkkirche finden sich vermummte Gestalten ein. Die Teilnehmer des Buschogang (busójárás), wie der Umzug heißt, tragen furchterregende Holzmasken über ihren Gesichtern. Von den Masken aus Weidenholz blecken große weiße Zähne, und auf dem Kopf sind Ziegen- oder Rinderhörner befestigt. Die zottige Schaffellbekleidung macht die Träger der Masken vollends unkenntlich.

Die Südslawen brachten den Buschogang nach Mohács. Busójárás heißt in ihrer Sprache „umziehen, verwandeln, neu geboren werden".

Jede Körperbewegung der maskierten Männer (búsok) war einst rituell vorgeschrieben. Ursprünglich durften nur Männer die Holzmasken tragen, während sich die Jungen andere Masken aus Strümpfen, Lumpen und Papier anfertigen mussten. Heutzutage sind unter den Holzmaskenträgern auch Knaben.

Die maskierten Männer und Jungen ziehen am Nachmittag des Faschingssonntags durch die Hauptstraße von Mohács. Der Lärm der Holzratschen und das Läuten der riesigen Kuhglocken, die manche Búsoks tragen, ist nicht zu überhören. Der Umzug endet auf dem Platz vor dem Rathaus, wo die unheimlichen Gestalten ausgelassen um ein riesiges Feuer tanzen.

Auf dem nahegelegenen Jahrmarkt werden den Besuchern die traditionellen Holzmasken angeboten. Und am Abend kann, wer immer noch genügend Energie hat, auf dem „Ball der Kroaten (Sokacen)" in den frühen Morgen hineintanzen.

Zwei Tage später wird auf dem Scheiterhaufen ein Sarg verbrannt, auf dem zu lesen steht: „Buschogang – drei Tage gelebt." Damit geht das Fest zu Ende, und mit dem Sarg werden symbolisch der Fasching und der Winter verbrannt. Bis in den Morgen hinein begrüßen die Feiernden den Frühling mit Tanz, Wein und viel Spaß. Dennoch lässt der ersehnte Frühling noch auf sich warten.

Fasching in Mohács, Ungarn   © Károly Hemrich

Über den Ursprung dieses Brauches gibt es mindestens zwei Theorien. Eine Legende besagt, dass die Bewohner Mohács die Türken, einige Zeit nach deren Sieg über die Ungarn 1526 auf dem Schlachtfeld von Mohács, in die Flucht geschlagen hätten, als sie des Nachts mit den schauerlichen Masken erschienen. Tatsächlich ist der Buschogang wesentlich älter und diente ursprünglich der Wintervertreibung.

Der Hajduckenfasching (Heiduckenfasching) in Debrecen, im Osten Ungarns gelegen, ist jüngeren Datums. 2012 wird der 47. Hajduckenfasching gefeiert. Der ehemalige Land-brauch entwickelte sich im Laufe der Zeit zu einem modernen Stadtfest.

1966 entschied sich das Unternehmen für Gastronomie des Komitats Hajdu-Bihar (heute privatisiert: Civis Hotel und Gastronomie AG), den Fasching, allerdings mit gastronomischem Schwerpunkt, wieder ins Leben zu rufen. Da der Fasching schon immer im Zusammenhang mit der Wintervertreibung stand, wählten die Organisatoren den letzten Wintermonat, den Februar, als Veranstaltungszeitraum.

In den ersten Jahren des wiederbelebten Hajduckenfaschings spielte im Rahmen der verschiedenen Veranstaltungen die Literatur eine wichtige Rolle. In Erinnerung an den berühmten Dichter der ungarischen Aufklärung, Mihály Vitéz Csokonai, fanden Lesungen seiner und anderer Werke statt, gab es Chansonabende, Kabarett- und Theatervorführungen. Alles war gemäß dem Wunsch der Veranstalter mit kulinarischen Genüssen umrahmt.

Am 1. Februar eröffnet der Karnevalsumzug in den Straßen von Debrecen die Faschingssaison. In den Kostümen stecken Schauspielerinnen und Schauspieler des Theaters Csokonai, die begleitet von der örtlichen Dixiland-Band durch die Straßen ziehen. An verschiedenen Plätzen spielen sie Szenen aus bekannten Märchen. Entsprechend haben sie ihre Kostüme gewählt; König und Königin, Prinzessin und Prinz sind immer dabei. Am Hauptplatz der Stadt präsentieren Tanzgruppen, die Masken tragen, weitere Aufführungen. Auch die traditionellen Tiermasken und -kostüme fehlen nicht; Bären, Störche, Pferde und Ziegen sind die beliebtesten.

Im Laufe des Fastnachtsmonats Februar gibt es in Debrecen viele Veranstaltungen. Regelmäßig werden in dieser Zeit Wettkämpfe zwischen Rezeptionisten, Konditoren und Köchen veranstaltet. Der traditionelle Maskenball mit Modenschau und lustigen Spielen darf nicht fehlen. Daneben sind auch andere Veranstaltungen sehr beliebt. In den letzten Jahren wurden Fachbälle organisiert: Es gab den Juristenball, den Ärzteball, den Ball der Gastronome. Die „Zigeunershows" mit ihren einfühlsamen und temperamentvollen Musikdarbietungen und Tänzen bilden den Höhepunkt solcher Abende.

Am letzten Tag des Faschings wird der Karneval und damit auch der Winter verabschiedet. Auf der Straße zersägt, vergräbt, zerreißt oder verbrennt ein Mann öffentlich eine Strohpuppe, das Symbol des Hajduckenfaschings. Früher war die Beerdigung kleiner Strohpuppen zusammen mit anderen Gegenständen (z.B. einer Flasche Wein) ein weitverbreiteter Brauch, den viele ganz privat durchführten. Manchmal kommt es auch vor, dass bei der Abschlussveranstaltung ein Mensch in ein Strohkostüm schlüpft und mit einem anderen, dessen Kostüm mit grünen Blättern geschmückt ist, auf der Straße kämpft. Das Symbol des Winters kämpft mit dem Symbol des Sommers. Selbstverständlich gewinnt immer die die warme Jahreszeit symbolisierende Figur. Die „Strohpuppe" endet auf dem Boden und stirbt. Nun kann der Frühling kommen.

Fasching in Deutschland – Rheinischer Karneval

Im Gegensatz zu den meisten anderen Festen trägt die närrische Zeit viele Namen: Fastnacht, Fassenacht, Fastelovend, Karneval, Fasching oder fünfte Jahreszeit, in der eine „verkehrte Welt" entsteht. Verbotenes ist erlaubt, die Herrschaft geht an die Narren über, saubere Straßen werden schmutzig (mit Konfetti bestreut), Männer werden zu Frauen, Hässliche zu Schönen, Narren richten über die Klugen. Es gibt keine Sperrstunden mehr, die öffentlichen Verkehrsmittel fahren in einem anderen Rhythmus, und die Kneipen haben einen erhöhten Umsatz.

Als bewegliches Fest richtet sich der Fasching nach dem Osterfest, das sonntags nach dem ersten Vollmond nach Frühlingsbeginn gefeiert wird. Bereits am Martinstag, an dem die närrische Zahl elf gleich zweimal vorkommt, beginnt der Karneval. In Frankfurt am Main empfängt die Oberbürgermeisterin am 11. Januar um 11.11 Uhr die Abordnungen der Karnevalsvereine. Die Zahl elf, die sich auch in dem Wort „Elferrat" wiederfindet, steht für die Übertretung der zehn Gebote, für Sünde und die letzte Stunde.

Die Hauptsaison der tollen Tage beginnt mit dem Aufstellen von Narrenbäumen oder mit dem Erstürmen der Rathäuser und der damit verbundenen Gewalten- oder Schlüsselübergabe sowie der Einsetzung eines närrischen Herrschers oder Herrscherpaares.

Von Silvester bis Karnevalsdienstag finden in Mainz, Frankfurt, Köln, Düsseldorf, aber auch in kleineren Städten viele Sitzungen und Bälle statt; in Köln sind es mehrere hundert.

Mit dem Donnerstag vor Aschermittwoch, der im Rheinland Weiberfastnacht genannt wird, hat die närrische Zeit ihre tollsten Tage, den Straßenkarneval, erreicht. Die Weiberfastnacht lässt sich bis ins 14. Jahrhundert zurückverfolgen, als Ehefrauen, zuweilen auch Witwen und Töchter, und gesondert die Freudenmädchen in den Städten zu einem eigenen Mahl geladen wurden. Daraus entstanden die Weiberzechen, auf denen die Frauen in Wirtshäusern ein Weibergericht über die Männer abhielten. Männer waren natürlich nicht zugelassen, und es herrschte Schweigegebot für sie. Beliebt ist auch heute noch das Frauenrecht, den Männern an Weiberfastnacht Mütze, Hut oder Schlips wegzunehmen oder abzuschneiden, sie quasi des Zeichens ihrer Männlichkeit zu berauben. Männer, die einer Frau gefallen, müssen sich von ihr küssen lassen.

Am Karnevalssonntag starten die ersten großen Umzüge. In Köln beginnen um 12.30 Uhr die Schull- und Veedelszöch (Umzug der Schulen und Vororte). Eine Kölner Grundschule machte einmal im Umzug ihrem Unmut über Lehrerstellenabbau und erhöhte Klassengrößen Luft: „Wir haben die Nase voll, wir tauchen ab." Alle Lehrer und Schüler waren als Meerestiere und Taucher verkleidet. Die Wagendekoration wurde ausschließlich von den Schülern selbst gestaltet.

Die Vorbereitungen für die großen und kleinen Karnevalsumzüge beginnen schon im

Fasching in Frankfurt am Main   © Ferhat Bouda

Herbst. Die Wagenmotive werden als strenges Geheimnis gehütet und von Künstlern und Handwerkern gestaltet. Die Themen stammen aus Sport, Gesellschaft, Stadtleben und Politik.

Bereits im 19. Jahrhundert meldete sich das liberale Bürgertum mit politischen Themen in der Frankfurter Fastnacht zu Wort. Die Frankfurter Narren fertigten spezielle Narrenzeitungen und machten diese zu ihrem Sprachrohr. Zwischen 1852 und 1879 gab Friedrich Stoltze, Journalist, Demokrat und Gründer der politischen Fastnacht in Frankfurt am Main, 30 Krebbel-Zeitungen heraus. In ihnen kritisierte er die Obrigkeit mit viel Humor und Biss, und das alles im Frankfurter Dialekt. Dieser politische Akzent der Fastnachtsrügen verstärkte sich mit der Französischen Revolution.

Auch die Uniformen der Garden hatten eine politische Funktion: Mit ihnen verspottete man das Militär. So ist z.B. das 1. Frankfurter Artillerie-Corps „Weiße Mützen" eine Parodie auf die Bürgerwehr, also auf das Frankfurter Militär aus freistädtischen Zeiten. Die kurzen Röcke der Gardemädchen, der militärische Gruß mit der Hand an der linken statt rechten Schläfe und in falscher Handhaltung verunglimpften das Militär. Auch die Ordensverleihungen waren eigentlich eine Parodie auf den preußischen Militarismus. Heute werden sie dagegen wieder mit sehr viel Ernst und Glanz zelebriert.

Im Frankfurter Fastnachtsumzug, der am Paulsplatz an der Ehrentribüne vorbeiführt, kann man neben den vielen Garden und Musikkapellen, den Schwellköpfen, den bunten Umzugswagen, dem prächtigen Fuhrwerk einer Brauerei, gezogen von sechs schweren Kaltblütern, auch Motivwagen sehen, die von türkischen Frankfurtern gestiftet wurden. Da sitzt z.B. der türkische Schalk Nasreddin Hodscha hoch oben auf einem Wagen verkehrtherum auf seinem Esel. Wenige Zugnummern später rollen die Spaßmacher und türkischen Schattenfiguren Hadschivat und Karagöz heran. Sie werden mit einem „Hadschivat Helau", „Frankfurt Helau" begrüßt.

Allemannische Fastnacht im Schwarzwald   © H. Brößler

Frankfurt war schon zu früheren Zeiten offen für Einflüsse aus dem Ausland. Bereits im 18. Jahrhundert waren venezianische Verkleidungen allerorts sehr beliebt. Als Großbritannien und Frankreich in Fernost ihren wirtschaftlichen Einfluss verstärkten, wurden in den Umzügen fernöstliche Figuren gezeigt.

In den 67 dem Großen Rat angeschlossenen Frankfurter Vereinen gibt es Hunderte von Gardemädchen und auch einige Elferräte und Vorstandsmitglieder, die keinen deutschen Pass besitzen. In den letzten Jahren waren allein im 1. Frankfurter Gardecorps Mädchen aus insgesamt 24 Nationen vertreten, und die engagierte Assistentin des Präsidenten des Großen Rates ist eine junge Frankfurter Türkin.

Die größten Umzüge rollen am Rosenmontag. Der Kölner Rosenmontagszug steht immer unter einem Motto, er ist 7 km lang, und es beteiligen sich etwa 7000 Mitwirkende, die

alle in Vereinen, Pfarrgemeinden, Spielgemeinschaften, Sportclubs, Stammtischen und Schulen organisiert sind. In Köln werden jährlich 140 Tonnen Süßigkeiten und 300.000 Blumen unter die bunt maskierten, fröhlichen Jecken am Straßenrand geworfen.

Die vom Fernsehen übertragenen Umzüge und Sitzungen aus Mainz, Frankfurt, Düsseldorf und Köln beeinflussen seit Jahren die Faschingsgestaltungen vieler Ortschaften.

Am Aschermittwoch ist dann alles vorbei. Seit dem 7. Jh. beginnt mit dem Aschermittwoch die Osterfastenzeit. Spätestens seit dem Konzil von Benevent 1091 trägt er den Namen „dies cinerum", Aschentag. Damals wurde festgelegt, dass *allen* Gläubigen erlaubt sei, am Aschermittwoch die Asche auf ihren Häuptern zu empfangen. Nach dem Abschied von der Fastnacht folgte einst am Aschermittwoch ein Neubeginn. Man kehrte aus der verkehrten Welt zurück in die Glaubensgemeinschaft.

In vielen Karnevalsvereinen gibt es am Aschermittwoch ein Heringsessen, zu dem alle Narren in Trauerkleidung kommen, um den Tod des Faschings zu betrauern. Das Fischessen geht auf Jesus Christus zurück, dessen Anfangsbuchstaben im Griechischen „ichthys", zu Deutsch „Fisch", ergeben. Mit dem Fischessen am Aschermittwoch wird Christus, also das rechte, neue Leben, einverleibt, das im Gegensatz zu der verkehrten Welt, der Fastnacht, steht. Aber selbst unter den aktiven Karnevalisten kennt kaum jemand diese Bedeutung. Das Heringsessen wird häufig als „Katerfrühstück" nach zuviel Alkoholgenuss bezeichnet.

Frühlingsfeste

4

Ab dem vierten Fastensonntag, dem Sonntag Lätare, feiern einige Städte und Gemeinden in Deutschland den Sommertag mit Umzug und Winterverbrennung. Dieser Brauch ist besonders in der Pfalz und den angrenzenden Gebieten, aber auch in Ostfranken und Thüringen bekannt.

Das Fest trägt verschiedene Namen: Sommertagszug, Sommergewinn, Winteraustreiben, Sommereinholen und andere. Trotz der regionalen Unterschiede liegt der Schwerpunkt des Festes überall auf dem Kampf zwischen Winter und Sommer, aus dem der Sommer als Sieger hervorgeht – schließlich ist in wenigen Tagen Frühlingsbeginn.

Die ältesten urkundlichen Belege des Brauches stammen aus dem Jahre 1520. Schon zu

Sommertag in Deutschland: Ei und Brezel sind immer dabei

dieser Zeit wurde der Kampf des Sommers gegen den Winter dargestellt. Diese Szene führten die Kinder in grüne Tannenzweige oder in Stroh gehüllt vor den Häusern auf. Mancherorts trugen sie Stangen, mit Eiern und Brezeln behangen, von Haus zu Haus und bekamen als Lohn Brezeln und andere Nahrungsmittel.

Mit der Zeit geriet der Sommertag durch behördliche Verbote bei der Bevölkerung in Vergessenheit. Erst 1893 wurde er in Heidelberg vom „Gemeinnützigen Verein" wiederbelebt. Das hatte Auswirkungen auf Nachbargemeinden, die den Brauch nun auch wieder zu neuem Leben erweckten: Schwetzingen 1893, Weinheim 1902, Mannheim 1903. Ziel vieler Städte war es, durch diese Tradition den Fremdenverkehr zu steigern. Der früher unorga-

Sommergewinn in Eisenach   © Rainer Beichler, EisenachOnline

nisierte Brauch wurde in neue Formen gebracht. In Weinheim zum Beispiel fügte man zum Umzug bunt geschmückte Wagen hinzu.

Heutzutage nehmen mehr als 2000 Aktive am Sommertagszug in Weinheim teil. Viele Vereine, Schulklassen und Kindergartengruppen laufen im Umzug mit. Sie haben sich nach einem bestimmten Thema, z.B. „die Vogelhochzeit", kostümiert. Alle Kinder, die im Umzug mitlaufen, aber auch die am Straßenrand stehenden, tragen einen Sommertagsstecken. Er ist etwa 50 cm lang, mit buntem Krepppapier umwickelt und hat eine große Sommer-

tagsbrezel aufgespießt. In der Mitte der Brezel ist zusätzlich noch ein ausgeblasenes Ei aufgesteckt. Das obere Ende des Sommertagssteckens ziert ein Buchssträußchen. Die Stecken werden in den Schulen und Kindergärten gemeinsam gebastelt.

Etwa sieben Musikkapellen begleiten die Wagen und spielen Frühlingslieder und das bekannte Sommertagslied, das die Zuschauer und Umzugsteilnehmer mitsingen. Sein Text ist seit 1696 durch einen Brief der Kurfürstentochter Liselotte von der Pfalz an ihre Stiefschwester belegt: *„Schtri, schtra, schtro,*

46

der Summerdag is do! Der Summer un der Winder, des sin Geschwisterkinder. Schtri, schtra, schtro, der Summerdag is do."

Auf einem besonders großen Wagen, dem Festwagen der Stadt, sitzt die Frühlingskönigin, die gleichzeitig auch Karnevalsprinzessin ist. Neben den Winter- und Sommerfiguren aus Tannengrün und Stroh, „Butzen" genannt, läuft in Weinheim noch ein riesengroßer Schneemann mit. Er besteht aus Pappe und Stoff und ist 4 bis 5 Meter hoch. Am Ende der Umzugsstrecke angekommen, schlüpft der Träger aus der Schneemannsfigur, und alle warten darauf, dass der Schneemann als Symbol für den Winter in lodernden Flammen verbrennt. Gar nicht traurig singen die Umstehenden dann das Lied „Winter ade, scheiden tut weh".

In Forst an der Weinstraße bildet das Hansel-Fingerhut-Spiel den Höhepunkt des Sommertages. Im Sommertagszug ziehen neben den vielen Kindern mit den Sommertagsstecken noch folgende Figuren mit: Hansel Fingerhut, Hennrich-Fähnrich, Nudelgret und ein Barbier. Auf der Hauptstraße hält der Zug mehrmals an und die Figuren führen ein kurzes Theaterstück in vier Akten auf. Der erste Auftritt zeigt den Kampf zwischen Winter und Sommer. Beide Darsteller stecken in einem kegelförmigen Gerüst, das eine ist mit Stroh umgeben, als Symbol für den Winter, das andere mit Efeu, als Symbol für den Sommer. In Kopfhöhe befindet sich ein Guckloch, damit die beiden Kämpfer

etwas sehen können, wenn sie ihre hölzernen Säbel gegeneinander erheben. Dieses ehemals mündlich überlieferte Stück wird seit 1721 aufgeführt und endet mit der Verbrennung des Winters auf dem Festplatz.

Allen Festen gemeinsam sind die Symbole „Brezel" und „Ei". Die Brezel ist ein antik-christliches Kultgebäck, das in den Klöstern als Fastengebäck gegessen wurde. In früheren Jahrhunderten glaubten die Menschen, dass die Brezel unter anderem Glück und Gesundheit bringe. Aus dem Ei entwickelt sich neues Leben. Deshalb verwendete man es bei Frühlingsbräuchen, zu einer Zeit, in der die Natur zu neuem Leben erwacht.

In Eisenach, beim großen Sommergewinnumzug, tragen die drei Herolde an der Spitze des Zuges je einen Stecken mit einem Ei, einer Brezel und einem Hahn. Der Hahn steht hier als Unheilabwehrer und als Verkünder der aufgehenden Sonne. Alle drei Symbole bilden die Wahrzeichen der Sommergewinnzunft, die diesen Umzug veranstaltet. Zwar trägt in Eisenach niemand einen Sommertagsstecken, aber dafür sind die drei Symbole an diesem Tag an vielen Plätzen zu sehen. Tausende von Papierblüten bilden die Formen von Brezel und Hahn und bedecken die Dächer mancher Häuser der Stadt. Andere Bewohner haben die Hauswände mit einem Teppich aus Papierblüten und bunten Eiern verziert. Ein Wagen mit einer riesigen Brezel, einem überdimensionalen Ei und einem bunten, großen Gockelhahn fährt an der Spitze des Umzuges. Ihm folgen noch über hundert weitere Zugnummern.

47

Die Zuschauerinnen und Zuschauer am Straßenrand bestaunen die prächtigen Wagen, nach deren Motto auch die Kostüme des Fußvolkes gestaltet wurden. Sehr eindrucksvoll ist „Herr Winter" mit seinem eisgrauen Bart, dem weißen Pelzmantel und der goldenen Krone. Seine Hände sind bereits in Ketten gelegt. Schon kann er nicht mehr uneingeschränkt herrschen. Ihm folgen Kinder, verkleidet als lebende Schneeflocken, die Eisprinzessin und andere winterliche Gestalten.

Nach der Darstellung des Winters nähert sich hoch oben auf ihrem Wagen die Sonne. „Frau Sunna", wie sie genannt wird, ist das Symbol des Sommers. Ihre Krone besteht aus goldenen Sonnenstrahlen, und sie trägt ein leuchtend oranges Gewand. Alle ihr nachfolgenden Wagen und Menschen sind entsprechend dem Motto „Frühlingserwachen" gekleidet: z.B. als Blumen, Tiere, Sonnenstrahlen und als Hopfenkönigin.

Auf dem Marktplatz angekommen, führen Frau Sunna und Herr Winter von ihren Wagen herab ein langes Streitgespräch in Reimform, bei dem Sunna siegt. Der Winter wird am Ende als Strohpuppe verbrannt.

Die Sommerfigur, das Sommertagslied und die Sommertagsstecken verkünden im Sommertagszug symbolisch die bevorstehende Sommerzeit. Der Winter dagegen muss weichen, er wird verbrannt.

Aus Zarathustras Zeiten stammt das iranische Nouruz-Fest

Nouruz ist ein vorislamisches Fest, das schon zur Zeit Zarathustras (etwa 600 v. Chr.) von verschiedenen altiranischen Völkern gefeiert wurde.

Nach dem iranischen Sonnenkalender beginnt mit Nouruz das neue Jahr. Nouruz bedeutet „neuer Tag", denn es ist der erste Tag des neuen Jahres. Gleichzeitig ist Nouruz auch ein Frühlingsfest; mit ihm beginnt am 21. März, zur Zeit der Tag- und Nachtgleiche, der Frühling. Die Tage werden wieder heller. Das Licht, in vorislamischen iranischen Religionen Symbol für das göttlich Gute, siegt über die Dunkelheit, über das Böse.

Das Nouruz-Fest feiern unter anderem die Iraner, die Afghanen, die Eziden und die Kurden. Es dauert drei Tage, vom 21. bis zum 24. März.

Im Iran wird das Fest in der Nacht zum Mittwoch vor Nouruz eingeleitet. Zu diesem Zeitpunkt zünden die Männer ein großes Feuer an, über das die Menschen dann springen. Das Feuer soll die Springenden reinigen, damit sie geläutert das neue Jahr beginnen.

Auch in Deutschland wird Nouruz gefeiert. Auf einem Spaziergang durch die Geschäftsstraßen kann man zur Zeit des Festes nicht selten in den iranischen Geschäften eine ganz besondere Schaufensterauslage sehen. Wie zu Hause richten viele auch in ihren Geschäften einen Tisch (soffreh) oder ein Tablett mit sieben Sachen her, die in Farsi,

Nouruz-Fest in Heidelberg   © Avinash Pandey

der neupersischen Sprache, mit dem Buchstaben „s" beginnen.

In der Auslage eines iranischen Lebensmittelgeschäftes in der Heidelberger Fußgängerzone stehen reichverzierte Schälchen mit einem Apfel (sib), einer Süßspeise aus Weizen (samanu), Münzen (sekke), Knoblauch (sir), Essig (sirke), einem Gewürz (sumah) und einer Hyazinthe (sunbul). Daneben liegen buntbemalte Eier, die manche Familien gemeinsam bemalen, andere nehmen buntgefärbte Ostereier, die es zu dieser Zeit schon zu kaufen gibt. Auch der Koran, ein Blatt Papier, auf dem in Farsi und Deutsch das Nouruz-Fest erklärt wird, eine Kerze, deren brennendes Licht als Symbol für das Leben steht, und saftig grüne, selbstgezogene Linsensprösslinge (sabsi) zieren die Auslage.

Nebenan, in einem iranischen Teppichgeschäft, liegt auf dem Tisch (soffreh) auch noch ein Spiegel, der das Innere des Menschen widerspiegeln soll. Die sieben Sachen – sieben ist eine glückbringende Zahl – bleiben mindestens eine Woche auf dem Tisch liegen.

Auf anderen Soffrehs steht meist noch ein Wasserglas mit schwimmenden Goldfischen, das das Leben selbst oder die Quelle des Lebens darstellt. Darauf hatte die Ladenbesitzerin jedoch bewusst verzichtet. Trotz der Tradition hatte sie Bedenken, Goldfische in ein so kleines Behältnis zu setzen.

Während in vielen Ländern der Jahreswechsel jedes Jahr um 24 Uhr gefeiert wird, verschiebt sich die Uhrzeit nach dem iranischen Sonnenkalender von Jahr zu Jahr. So wird im Iran alljährlich der Neujahrsbeginn auf die Minute genau errechnet, damit sich die Familien, die sich um den Soffreh versammelt haben, genau zu diesem Zeitpunkt gratulieren können.

In Deutschland verläuft der Festtag anders, schon deshalb, weil Nouruz hier kein Feiertag ist. Die Eltern warten meist, bis die Kinder von der Schule kommen oder bis beide Eltern von der Arbeit nach Hause zurückgekehrt sind, um gemeinsam zu feiern. Zuweilen liest der Vater einige Koranverse vor. Zum Jahreswechsel küsst man sich dann und wünscht sich ein „Gutes Neues Jahr", in dem Krankheit und Traurigkeit fernbleiben sollen. Dann bekommen die Kinder ihre ersehnten Geschenke. Die typischsten Geschenke im Iran sind Münzen und Geldscheine. Die Iraner in Deutschland dagegen haben ihre Geschenke denen unseres Weihnachtsfestes angepasst. So bekam Elham, die neunjährige Tochter des Besitzers des iranischen Lebensmittelgeschäftes, von ihren Eltern zwei Barbiepuppen und ein Fläschchen Parfüm geschenkt.

Im Iran finden vom ersten Tag des Festes bis zum 25. März zahlreiche Besuche statt: zuerst bei den nahen Verwandten, dann bei den entfernteren und bei Freunden. Überall in den Straßen sind gutgekleidete Menschen unterwegs zum nächsten Besuch. In Deutschland beschränken sich die Besuche meist auf das nächstgelegene Wochenende.

Es gehört sich, dass man jede Einladung innerhalb von 13 Tagen nach dem ersten Tag von Nouruz mit einer Gegeneinladung erwidert. Da die 13 eine unglückverheißende Zahl ist, verlassen die iranischen Familien am dreizehnten Tag nach Nouruz ihre Häuser, um das Unglück sowie negative Mächte aus dem Haus fernzuhalten. Auch dieser Tag, sein Name ist Sizdahbedar, ist im Iran ein Feiertag.

Ein Familienmitglied nimmt am 13. Tag nach Nouruz die Getreide- oder Linsensprösslinge vom Tisch, und die ganze Familie fährt ins Grüne. Das selbstgepflanzte Getreide, dessen Wachstumsphase nun nahezu abgeschlossen ist, nehmen sie mit auf ihren Ausflug und setzen es auf ein fließendes Gewässer. Stellvertretend für Altes, Verbrauchtes und Unglückbringendes werden die Weizen- oder Linsensprossen von dem Wasser davongetragen. Die Probleme des alten Jahres schwimmen symbolisch hinweg. Im Freien findet ein Picknick mit fröhlichem Beisammensein statt. Am Abend kehren die Familien wieder nach Hause zurück und bringen das frühlingshaft Gute mit in ihre Häuser. Sie haben ihren Teil dazu beigetragen, das Unglück im neuen Jahr fernzuhalten.

Neben den iranischen Migrantenvereinen sind es in Deutschland auch die kurdischen Vereine, die zu Newroz, wie sie das Fest nennen, einladen. In Gemeindesälen führen sie in Trachten kurdische Volkstänze vor und tanzen mit den Gästen bis in die Nacht hinein. Für die deutschen Besucherinnen und Besucher erklärt der Vorsitzende den Anlass des Festes. Dabei zeigt sich, dass sich die Kurden vor allem auf eine Legende konzentrieren, die auch den Iranern durch den persischen Dichter und Historiker Firdawsi bekannt ist:

König Zahak (Biwarasp) hatte sich aus Machtgründen mit Iblis, dem Teufel, eingelassen. Bevor der Teufel Zahak wieder verließ, ließ er aus dessen Schultern zwei Schlangen wachsen. Um König Zahaks Leiden zu mildern, mussten die Schlangen täglich mit den Gehirnen zweier Knaben gefüttert werden. Als das letzte Kind des Schmiedes Kawa dafür geopfert werden sollte, fasste dieser den Mut, gemeinsam mit anderen den Palast zu erstürmen. Er verjagte König Zahak und verhalf dem gerechteren König Feraidun auf den Thron. Die frohe Kunde vom Tod des Tyrannen verbreitete sich durch Feuer von Berg zu Berg.

Die Geschichte des Schmiedes Kawa übertragen die Kurden auf ihre heutige Situation. Zahak ist ein Symbol für Tyrannei, der mythische Held Kawa dagegen steht für den Kampf um Freiheit und Gerechtigkeit.

Das kurdische Newroz hat in der derzeitigen Situation eine politische Dimension bekommen, die von den verschiedenen Gruppen mit unterschiedlichen politischen Inhalten und Zielen versehen wird.

Fastenfeste

5

Das Fest des Fastenbrechens ist eines der beiden großen muslimischen Feste. Es ist in Algerien, Bosnien, Indonesien, Marokko, Pakistan, der Türkei und vielen anderen Ländern ein gesetzlicher Feiertag. Nach dem islamischen Mondkalender beginnt das Fest am ersten Tag des zehnten Monats. Da der Mondkalender um elf Tage kürzer ist als der Sonnenkalender, „wandert" es, wie alle islamischen Feste, durch die Jahreszeiten.

Genau genommen hat dieses Fest mehrere Namen: auf Arabisch heißt es Id ul Fitr (Fest des Fastenbrechens), auf Türkisch wird es häufig Scheker Bayrami (Zuckerfest) oder Ramazan Bayrami (Ramadanfest) genannt. Die Bezeichnung „Fest des Fastenbrechens" zeigt, dass mit dieser Feier der Fastenmonat

Das islamische Fest des Fastenbrechens

Ramadan endet (gebrochen wird).

Während des Ramadan fasten viele Muslime. Sie versuchen in dieser Zeit offen miteinander umzugehen und Streitigkeiten zu schlichten. Manche Jugendliche sind sehr stolz, wenn sie das erste Mal fasten dürfen. Es fasten jedoch nicht alle. Alte, Kranke, Kinder unter 12 Jahren, Reisende, Schwangere oder stillende Mütter brauchen zum Beispiel nicht am Fasten teilzunehmen. Um auch den Kindern die Fasten- und Wartezeit bis zum Fest des Fastenbrechens erfahrbar zu machen, hat eine Frankfurter Muslimin den Bayram-Kalender erfunden, an dem man täglich ein Türchen öffnen darf, 31 Tage lang.

Einen Monat lang essen und trinken die Fastenden zwischen Sonnenaufgang und

Sonnenuntergang nichts und verzichten auf Genussmittel wie Zigaretten. Erst abends, nachdem die Sonne untergegangen ist, treffen sie sich in der Familie, mit Freunden oder in der Moschee, um gemeinsam zu speisen. Auch vor Sonnenaufgang wird noch einmal gegessen.

In islamischen Ländern ist das Fasten im gesellschaftlichen Leben integriert, die Öffentlichkeit nimmt auf die eine oder andere Weise daran teil. In Deutschland haben es die Fastenden schwerer, stoßen häufiger auf Unverständnis.

Der Ramadan ist eine Zeit intensiver Hinwendung zu Gott. Das Fasten wird sowohl als körperlicher Gottesdienst als auch als Entschlackung, als Stärkung der Gesundheit und der Willenskraft gesehen – je nach Auffassung der Fastenden. Einig ist man sich aber in einem Punkt: Wer einmal selbst „Hunger" erfahren hat, ist sich seiner Verantwortung gegenüber den Armen bewusster und spendet viel eher für wohltätige Zwecke.

Nach dieser Zeit der Zurückhaltung beim Konsumieren von Nahrungs- und Genussmitteln wird das Fest des Fastenbrechens mit besonderer Fröhlichkeit gefeiert.

In türkischen Familien hat die Mutter schon einige Tage zuvor, sofern die Familie es sich leisten kann, neue Kleider für die Kinder gekauft. Sie hat die Wohnung geputzt und etwas Besonderes gekocht und gebacken; darunter sind auch Süßigkeiten wie Baklava und Lokum. Die Kinder freuen sich schon lange vorher auf das Zuckerfest, wie sie es wegen der leckeren Süßspeisen nennen.

Am Morgen des ersten Festtages gehen die Gläubigen in die Moschee zum Beten. In Deutschland können die Moscheen den Andrang nicht aufnehmen, so dass hin und wieder eine Sporthalle gemietet wird; besonders wenn bekannte türkische Prediger (Hodschas) zum Fest des Fastenbrechens angereist sind.

Nach dem Gottesdienst gratulieren sich die Familienmitglieder zum Fest. Die Jüngeren küssen der Reihe nach allen Älteren die Hände, um ihnen ihre Achtung zu zeigen. Die Kinder bekommen dafür häufig Süßigkeiten oder kleine Geldgeschenke.

Am ersten Tag ist die Familie unter sich, die jüngeren Verwandten besuchen ältere Familienmitglieder. An den anderen Tagen kommen fernere Verwandte, Nachbarn und Freunde zu Besuch. Es werden auch Alleinstehende oder ärmere Nachbarn eingeladen. Das gesellige Beisammensein ist wichtig beim Zuckerfest. Alte Auseinandersetzungen werden beigelegt und die sozialen Bindungen gefestigt.

In einigen türkischen Dörfern und Stadtteilen ziehen die Kinder auch von Haus zu Haus, gratulieren zum Fest und erhalten dafür kleine Gaben. Gleich nach dem Frühstück gehen die Kinder aus den Häusern. Die Straßen sind dann voller Leben. Vielleicht gibt es in der Nähe ein Straßentheater oder einen Jahrmarkt mit Karussell, Musikgruppen und Süßwarenständen.

Am Zuckerfest – so heißt es auf Türkisch – wird „süß gegessen und süß gesprochen".

Zu einem gemeinsamen Essen treffen sich auch in der marokkanischen Moschee in Frankfurt nach dem Gottesdienst viele Gläubige. Besonders alleinstehende Personen werden hierzu eingeladen; aber es sind auch viele Familien da. Die Frauen haben zum Beispiel Kuskus, das ist Weizengrieß mit Hammelfleisch, Kichererbsen und Gemüse, sowie Tee, Kaffee, süße Kuchen mit Mandeln und Honig mitgebracht. Das Essen variiert je nach Familientradition.

In Algerien haben Süßspeisen weniger Bedeutung. Auf der Festtagstafel stehen köstliche Fleischgerichte im Vordergrund, die während des Ramadan nicht gekocht wurden.

Solche regionalen Unterschiede sind nichts Außergewöhnliches.

Manche muslimische Familien, die in Deutschland leben, nehmen einen Teil ihres Jahresurlaubs und fahren zum Fest des Fastenbrechens in ihr Herkunftsland. Sie vermissen das bunte Treiben, die Fröhlichkeit und Geselligkeit. Die meisten Musliminnen und Muslime feiern das Fest des Fastenbrechens jedoch in Deutschland, wobei die Erwachsenen häufig am ersten Feiertag Urlaub nehmen, während die muslimischen Kinder in einigen Bundesländern (z.B. in Hessen) schulfrei bekommen.

Das Kathina-Fest in einem deutschen buddhistischen Kloster

Ende Oktober, Anfang November, einen Tag nach dem Ende der dreimonatigen Regenzeit, in der die Mönche fasten, viel meditieren und in der Lehre Buddhas unterwiesen werden, feiern die Buddhisten das Kathina-Fest. In der hessischen Kleinstadt Langenselbold wird eigens dafür von dem dortigen Kloster die Festhalle angemietet. Durchschnittlich leben drei bis vier thailändische Mönche im Kloster, das dem Theravada-Buddhismus angehört. Der Theravada-Buddhismus ist hauptsächlich in Sri Lanka, Thailand, Burma und Kambodscha vertreten. Der Schwerpunkt dieser buddhistischen Lehre liegt darin, dass jeder Gläubige versucht, möglichst schnell das Nirwana, ein Reich ewigen Frie-dens, in dem alles Streben, alle Regungen ihr Ende gefunden haben, zu erreichen.

Das Fest, das auf thailändisch Thakbatdevo, soviel wie „göttliche Wesen geben Nahrung in die Almosenschalen der Mönche", heißt, beruht auf folgender Legende:

Einst begab sich der Buddha (der Erleuchtete) während der Fastenzeit in den Himmel der 33 (Gottheiten). Dort lehrte er die Gottheiten das Almosenspenden und legte seiner Mutter, die im Himmel der 33 als Gottheit wiedergeboren worden war, das Abhidhamma Pitaka (Teil der buddhistischen Heiligen Schriften) aus. Gottheiten aus vielen Welten lauschten seinen Worten und sahen seinen Glanz.

Am Ende der Regenzeit wollte der Buddha wieder zur Erde zurückkehren. Er teilte dem Hauptgott des Reiches der 33, Sakka, seinen Wunsch mit. Daraufhin erschuf Sakka drei prunkvolle Leitern, auf denen der Buddha, begleitet von vielen Gottheiten, auf die Erde hinabstieg.

Diese Legende wird am Festtag dargestellt. In der Festhalle treffen sich zu diesem Anlass etwa 500 thailändische, chinesische, deutsche, amerikanische, vietnamesische und laotische Buddhisten und Buddhistinnen sowie interessierte Besucher in einer Festhalle. Um neun Uhr beginnt das Fest mit einem Umzug, der die Rückkehr des Buddha nach seinem Aufenthalt im „Himmel der 33" darstellt. Um die auf dem Teppichboden oder auf Stühlen sitzenden Gäste schreitet eine Prozession zu den Klängen asiatischer Musik. An der Spitze ziehen vier Männer einen kleinen, mit Chrysanthemen geschmückten Rollwagen mit einer großen goldenen Buddhastatue. Dahinter folgt ein Mann, gekleidet in einen grünen, glänzenden Stoff mit Goldborte, mit einem Gefäß in der Hand. Er stellt den Gott Sakka dar und sammelt im Vorübergehen von den Kindern und Erwachsenen Geldmünzen ein. Hinter ihm kommt eine große Anzahl von Mädchen und Frauen, die weiblichen Gottheiten darstellend, die den Buddha einst begleiteten. Viele von ihnen sind in der traditionellen Tracht ihres Herkunftslandes gekleidet. Einige Frauen und Mädchen tragen enge Wickelröcke aus handgewebten Stoffen, andere Kostüme sind aus fließender bunter Seide, bestickt mit Gold- und Silberfäden. Da sind azurblaue, safrangelbe, grüne und violette Trachten zu sehen und alle haben eine passende mit Spitzen und Pailletten besetzte Schärpe. Die anmutigen, farbenprächtigen Göttinnen mit ihren goldenen Armspangen, Ketten und dem kunstvollen Haarschmuck machen es schwer, die Schönsten aus drei Altersgruppen auszuwählen. Schließlich bekommen die Gewinnerinnen als Preis eine kleine Buddhastatue überreicht.

Nun erst betreten die Mönche die Halle und stellen sich vor die Bühne neben den goldenen Altar. Über ihrer orangefarbenen Mönchsrobe tragen sie an einem Schultergurt eine tiefe Almosenschale. Die Gläubigen übergeben einen Teil der mitgebrachten Nahrungsmittel und Geschenke an die Mönche, wie es an diesem Fest Tradition ist. Die Gebenden stehen in einer langen Reihe. Manche Frauen knien nieder, andere falten die Hände vor dem Gesicht und verneigen sich vor den Mönchen. Da es so viele Spender sind, müssen Helfer immer wieder die Almosenschalen der Mönche leeren. Schwitzend tragen sie die Nahrungsmittel, Blumen und sonstigen Geschenke in großen Kisten davon.

Für die buddhistischen Laien ist es wichtig, dass ihre Gaben das Gefäß eines Mönches berührt haben. Durch großzügiges Almosenspenden an die Mönche erwerben sie gutes Karma. Je mehr gute Taten sie in ihrem Leben tun, desto besser wird ihre nächste Wiedergeburt werden. Bis sie eines Tages ins Nirwana gelangen.

Das buddhistische Kathina-Fest   © Rainer Coldewe

Nachdem alle einen Teil ihrer Gaben über-reicht haben, wird der Rest auf Tische gelegt. Da sind verschiedenartige Reisgerichte zu se-hen, asiatische Soßen mit Rindfleisch und Bam-bus, Gemüseplatten, cremige Nachspeisen mit exotischen Früchten, Konserven, Getränkekäs-ten, Süßigkeiten, Räucherstäbchen, Kerzen und vieles mehr. Auf einem Tisch stehen mehrere Kisten mit schön verpackten Geschenken für die Mönche. In manchen verstecken sich ganz praktische Geschenke wie Handtücher, Zahn-bürsten, Aspirin, Streichhölzer und neue Mönchsgewänder, letztere dürfern nur am heutigen Tag verschenkt werden.

Mittlerweile haben sich die Mönche auf die Bühne neben die Buddhastatue und den goldenen Altar gesetzt, der mit Blumensträu-ßen übersät ist. Nach einer kurzen Rezitati-on beginnen sie mit dem Essen. Denn nach buddhistischen Ordensregeln dürfen die Mönche nach zwölf Uhr keine Speisen mehr zu sich nehmen. Es gibt so viele mitgebrach-te Nahrungsmittel, dass sich alle Gäste von dem aufgebauten Buffet nehmen können. Dennoch ist genug übrig, um die Mönche, die nur von Almosen leben, monatelang mit Essen zu versorgen.

Nach dem gemeinsamen Mittagessen umrunden Männer und Frauen mit zwei nachgebildeten Bäumchen, an denen viele Geldscheine hängen, in der Phapa-Zeremonie die Menge. Gläubige haben die geschmückten Bäumchen mitgebracht, an die andere während des Festes weitere Geldscheine heften. Der Gruppe schließen sich immer mehr Frauen an, die hinter der Musikgruppe hertanzen. Ausdrucksstark bewegen sie ihre Finger und Hände zum Klang der Gongs und Trommeln. Am Mikrofon steht eine Frau, deren euphorische Jubelrufe von der gesamten Festmenge mit Begeisterung wiederholt werden. So kündigt sich der Prozessionszug in den Herkunftsländern (im Freien) vor dem Kloster an. Die Stimmung im Saal steigt immer mehr an, bis die Prozession ihre drei Runden beendet

hat. Die Geldspenden sind für einen Pavillon des Klosters gedacht.

Der Abt erörtert nun eine Geschichte aus den buddhistischen Heiligen Schriften, die ins Deutsche übersetzt wird. Nach einer abschließenden gemeinsamen Rezitation ist der offizielle Teil des Festes beendet. Aber es dauert noch einige Zeit, bis die Mönche ins Kloster zurückkehren können. Wie schon während des gesamten Festes kommen immer wieder Gläubige nach vorne, knien nieder und lassen sich und ihre Familie segnen. Sie lassen auch ihre deutschen Angehörigen am Segen der Mönche teilhaben. Andere führen ein seelsorgerisches Gespräch. Diese Gelegenheit bietet sich selten, da es in Deutschland nur sehr wenige buddhistische Klöster gibt.

Erst fasten, dann verkleiden: das jüdische Purim–Fest

Am Tag vor dem Purim-Fest fasten die gläubigen Juden und lesen am Abend in der Synagoge die Esther-Schriftrolle. So auch die Gläubigen der jüdischen Gemeinde einer Kleinstadt in Baden-Württemberg. Wenn die Gemeindemitglieder in der Synagoge Platz genommen haben, verteilt der Gemeindeleiter Holzratschen. Die „Krachmacher" sind begehrt, und Kinder wie Erwachsene strecken ihre Hände danach aus.

Anschließend beginnt der Vorbeter in einem rhythmischen Sprechgesang mit der Lesung der Schriftrolle. Immer wenn er den Namen des Judenfeindes Haman vorliest, drehen die Gemeindemitglieder ihre Ratschen und machen einen enormen Lärm. Sie bejubeln damit die Tatsache, dass Haman einst nicht über die Juden siegte.

Der Lärm wird manchmal durch die lauten Jubelrufe der Kinder verstärkt und ist so anhaltend, dass der Vorbeter mehrere Anläufe machen muss, um weiterlesen zu können. Die Gemeinde hört die Geschichte der Königin Esther und wird so auf das Fest am nächsten Tag eingestimmt.

Einst kam die Jüdin Esther in den Harem des persischen Königs Ahasverus (Xerxes). Wegen ihrer Schönheit und Anmut erwählte er sie zu seiner Frau und Königin.

Esthers Pflegevater Mordechai hatte eine hohe Stellung am Hofe des persischen Königs. Mordechai weigerte sich eines Tages, sich vor Haman, dem Günstling des Königs, zu verneigen. Hamans Eitelkeit war verletzt, und er plante mit des Königs Einverständnis, sämtliche Juden des persischen Reiches zu vernichten. Dafür ließ er den günstigsten Tag herausfinden. Das Los bestimmte den 13. Tag des Monats Adar zur Ausrottung der Juden.

Als Königin Esther davon erfuhr, fastete sie und trat dann ungerufen vor den König. Hätte der König sie nicht empfangen, wäre dies ihr Tod gewesen, da niemand ungerufen vor den König treten durfte. Aber König Ahasverus empfing die mutige Königin, und sie konnte durch ein Gespräch mit ihm die Ausrottung ihres Volkes verhindern. Statt dessen wurden Haman und seine Söhne selbst getötet. Zum Andenken an diese Rettung wiesen Esther und Mordechai alle Juden an, alljährlich am 14. Tag des jüdischen

Das jüdische Purim-Fest in Frankfurt am Main © Rafael Herlich

Monats Adar ein Freudenfest zu feiern. Das Volk sollte festliche Gelage halten, sich gegenseitig auserlesene Speisen senden und den Armen Almosen geben. Sie nannten das Fest Purim, das bedeutet Los, da Haman den Tag der Ausrottung der Juden durch das Los hatte bestimmen lassen.

Bis zum heutigen Tage feiern die jüdischen Gemeinden auf der ganzen Welt am Nachmittag des Purimtages ein ausgelassenes Fest.

Die Räume der Gemeinde, bei der wir zu Gast gewesen sind, waren bei diesem Fest überfüllt. Frohgestimmte Menschen haben sich an die Tische gesetzt oder stehen am Rande des Saales und unterhalten sich. Der Raum ist bunt geschmückt mit Girlanden, Luftballons und Luftschlangen. Das Purim-Fest fällt meist in die Fastnachtszeit und hat sich viele Eigenheiten dieser ausgelassenen Wochen zu eigen gemacht. Einige Erwachsene und die meisten Kinder sind maskiert. Besonders beliebt sind Kostüme, die Esther, Mordechai oder Haman darstellen. Aber auch Clowns, Micky-Mäuse, Cowboys und Phantasiegestalten sind anzutreffen.

Zu Beginn des Festes begrüßt der Gemeindeleiter alle Anwesenden. Dann gibt es Kaffee und spezielle süße Teilchen, die Hamanstaschen genannt werden. Das sind dreieckige Hefestückchen mit einer Mohnfüllung. Anschließend singt eine ältere Frau zwei jiddische Lieder und schon trifft die für heute engagierte Band ein. Von nun an wird das ganze Programm mit Klarinette, Geige, Zieharmonika und Bass begleitet. Alle singen mit und tanzen im Kreis.

Während bei den Erwachsenen die Stimmung immer mehr steigt, gehen die Kinder in einen Nebenraum, in dem für sie ein spezielles Kinderprogramm geboten wird. Sie spielen ein Schokoladenwettspiel und üben eine kleine Tanzdarbietung, die sie später den Erwachsenen vorführen wollen. An der Wand hängen zwei selbstgemalte Porträts von Königin Esther und König Ahasverus. Auf ihren Köpfen fehlen die Kronen. Einige Kinder müssen nun mit verbundenen Augen die Pappkronen an der richtigen Stelle befestigen. Mit lauten Rufen und viel Spaß feuern die zuschauenden Kinder die Spieler an. Später schminken sich noch ein paar Kinder für die bevorstehende Kostümprämierung.

Gegen Abend ist es dann so weit; die Band hat eine Pause eingelegt. Die Kinder gehen in den großen Raum zu den Erwachsenen. Gemeinsam führen sie den einstudierten Tanz vor und ernten großen Applaus, der durch den Lärm der Ratschen unterstützt wird. Nun wählt eine Erwachsenenjury Mister und Misses Purim. Es ist nicht einfach, die schönsten Kostüme herauszudeuten, aber schließlich hat man sich entschieden. Den beiden wird eine lila Schärpe umgehängt.

Die Band beginnt von Neuem zu spielen. Die meisten Kinder bleiben da und tanzen gemeinsam mit den Erwachsenen. Die Kinder bilden einen kleinen Kreis in der Mitte und die Erwachsenen einen großen drumherum. Sie tanzen, bis das ausgelassene Purim-Fest langsam zu Ende geht.

Ostern

Semana Santa, die Heilige Woche im spanischen Sevilla

Während der Semana Santa, der Karwoche, ziehen in Spanien von Palmsonntag bis Ostersonntag Prozessionszüge durch die Straßen vieler Städte und Dörfer. Am bekanntesten ist die Semana Santa in Sevilla. An jedem Tag gehen mehrere Bruderschaften mit ihren prächtig geschmückten Heiligenfiguren durch die Straßen und Gassen. Diese Umzüge, an denen mehr als 60 Bruderschaften und 115 Heiligenfiguren teilnehmen, sind der Mittelpunkt der Karwoche.

Die Bruderschaften haben eine lange Tradition, die älteste, Cofradía de Silencio, wurde 1340 gegründet. Alle diese Laienbruderschaften sind von der Kirche unabhängig und führen ein geselliges Vereinsleben. Die einen sind offen für jeden, die anderen nehmen nur Mitglieder auf, die in einem bestimmten Stadtviertel leben, einer bestimmten Klasse oder Innung angehören.

Viele Monate haben die Bruderschaften damit zugebracht, Geld zu sammeln und die Heiligenstatuen mit Samt und Seide, mit Edelsteinen und Blumenteppichen zu schmücken. Lange haben sie auf den Augenblick gewartet, da sie aus ihrer Kirche treten und sich, vorbei an den vielen Zuschauern, auf den Weg machen zur Gotischen Kathedrale, wo sie an der Marienfigur vorüberziehen.

An der Spitze jedes Zuges befindet sich ein Paso, das ist eine Heiligenfigur auf ihrem Podest, mit seinen Trägern. Danach folgt eine Kapelle, die dem religiösen Empfinden mit ihrer melodramatischen Musik Ausdruck

Semana Santa, die Karwoche in Sevilla   © Ernsting/Bilderbergs

gibt. Anschließend kommen die Brüder, unter denen auch vereinzelt „Schwestern" sein
können, was man allerdings unter den langen Gewändern und Kapuzen nicht immer
erkennen kann.

Die meisten Bruderschaften haben zwei
Pasos, eine Jungfrau Maria und einen Christus. Der Paso der Maria von der Bruderschaft
del Silencio ist über und über mit Orangen-
und Zitronenblüten bedeckt, die die Reinheit
der Jungfrau zum Ausdruck bringen. Andern-
orts drängt sich langsam der Paso der Bruderschaft de la Esperanza de Tirana durch die
Gassen. Maria steht hier auf einem Sockel

aus Silber. Sie trägt einen wunderschönen
Umhang aus schwerem grünem Samt, der
mit echten Goldfäden bestickt ist. Um ihren
Hals hängen funkelnde Juwelen. Bei einer so
prächtig anmutenden Dolorosa, wie die um
ihren Sohn trauernde Maria oft genannt wird,
stoßen die Menschen am Straßenrand laute
Bewunderungsrufe aus.

Ebenso wie die Marienstatuen sind auch
die Christusfiguren häufig von einem Schleier aus Weihrauch und einem Meer von Altar-
kerzen umgeben. Cristo de la Pasión ist eine
der bekanntesten Figuren in Sevilla. In den
Gesichtszügen Christi ließ der Bildhauer

Montañes Trauer und Schmerz sich widerspiegeln. Auf den Schultern trägt Christus das Kreuz, das sein Leid, aber auch das ewige Leben darstellt.

Hinter ihrem Paso schreiten ganz langsam die Mitglieder der Bruderschaft de Macarena. Sie tragen Soutanen, weiße Umhänge aus feiner Wolle und eine lange spitze Mütze aus grünem Samt. In der einen Hand halten sie einen Rosenkranz, in der anderen ein Kreuz.

Andere Bruderschaften tragen schwarze oder violette Soutanen und verbergen ihre Gesichter hinter Stoff, der von den Mützen bis zur Brust reicht. In den Händen, an denen sie Handschuhe tragen, halten sie schulterhohe Kerzen.

Viele Zuschauer beginnen spontan Saetas (spezielle Loblieder) zu singen, wenn die Bruderschaften mit ihren prächtigen Pasos an ihnen vorüberziehen. In kurzem, orientalisch klingendem Sprechgesang preisen sie die Heiligen. Bei solchen Gelegenheiten bleiben die Träger stehen und lassen die Figuren zu den Klängen tanzen. Dadurch kann ein Umzug fünfzehn Stunden dauern, je nachdem, wie ergriffen die Menschen sind.

Für die Schulter an Schulter stehenden Träger ist dies eine ungeheuer anstrengende Arbeit, die viel Geschicklichkeit voraussetzt. Die Pasos sind sehr schwer und müssen manchmal in der Hocke durch Torbögen getragen werden.

Wer einen Paso trägt, tut Buße. Dies ist auch das zentrale Thema der Karwoche. Die Bruderschaften und anderen Büßer wollen ihre Sünden sühnen. Ihre langen Kutten und spitzen Mützen, die manchmal sogar die Gesichter verdecken und nur durch zwei Löcher den Augen Sicht gewähren, dienen dazu, sie unkenntlich zu machen. Genau wie beim Beichtgeheimnis soll auch hier niemand erkennen, *wer* seine Sünden büßt. In manchen Bruderschaften laufen die Büßer barfuß, und Einzelne kasteien sich auch heute noch mit Schlägen auf die zum Teil bloßen Schultern.

Die Semana Santa ist durch ihren Pomp zu einem folkloristischen Spektakel geworden, ohne jedoch ihre religiöse Bedeutung zu verlieren.

Griechisch–orthodoxer Gottesdienst in einer evangelischen Kirche

Das griechisch-orthodoxe Osterfest findet erst einige Zeit nach dem evangelischen und katholischen Osterfest statt, denn es wird nach dem älteren julianischen Kalender berechnet. Der Karfreitag heißt auf griechisch „Großer Freitag". Er ist ein hoher Feier- und Trauertag; der Todestag Jesu Christi. Der Auferstehungsgottesdienst in der Nacht von Samstag auf Ostersonntag ist dagegen ein fröhliches Fest. In diesen beiden langen Gottesdiensten voller symbolischer Handlungen kann man spüren, dass Ostern das höchste Kirchenfest ist.

In Frankfurt am Main gibt es zwei griechisch-orthodoxe Gemeinden mit eigenen Kirchen. Dort ist die Kirche für die Griechen Gotteshaus und gleichzeitig Treffpunkt. Nach der Messe werden Neuigkeiten ausgetauscht und sowohl über Lokalpolitik als auch über Entwicklungen im Herkunftsland diskutiert. Andere griechische Gemeinden in Deutschland haben kein eigenes Kirchengebäude und feiern deshalb ihren Ostergottesdienst in katholischen oder evangelischen Kirchen.

In der baden-württembergischen Kleinstadt Schwetzingen findet der Ostergottesdienst in einer evangelischen Kirche statt. Am Karfreitagabend kommen die Gemeindemitglieder dunkel gekleidet zum Gottesdienst. Sie sind in Trauer um den toten Christus. Am Eingang der Kirche zünden sie braune Kerzen an und küssen die Ikone des Gekreuzigten. Dann gehen sie nach vorne zum Epitàfios (Grab), der das Grab Christi darstellt. Es ist ein mit Bögen überspannter Tisch, den Frauen rundherum mit weißen Nelken, Margeriten und Farnwedeln dekoriert haben. Auf ihm liegt ein gesticktes Abbild Christi. Dort bekreuzigen sich die Gläubigen dreimal, legen ihre Blumensträuße und manchmal auch Geldscheine nieder und küssen das Tuch mit dem Abbild sowie die danebenliegende goldene Bibel. Die vielen Blumensträuße müssen immer wieder zur Seite geschoben werden, damit das bestickte Tuch darunter noch zu sehen ist.

An den vier Ecken des Epitàfios stehen vier schwarz gekleidete Mädchen mit schwarzen Kopftüchern, die das Grab bewachen. Einige Frauen und Kinder gehen in der Hocke dreimal unter dem Epitàfios durch. Das soll gut sein für die seelische und körperliche Gesundheit. Nach Meinung der älteren Frauen fördert es auch die Fruchtbarkeit. Im Laufe des Gottesdienstes kommen immer neue Teilnehmer nach vorne zum Epitàfios, da sich nicht alle einen Tag Urlaub genommen haben und rechtzeitig zum Beginn der Messe da sein konnten. Denn für die Deutschen ist das Osterfest bereits vorbei, es herrscht wieder Berufsalltag.

Nicht allein aus diesem Grund sind am Großen Freitag viel mehr Frauen in der Kirche als Männer. Die Lesung aus den Evangelien zeigt, warum die Frauen an diesem Tag eine große Rolle spielen. Nachdem Christus vom Kreuz genommen worden war, blieben sie bei ihm, während seine Jünger davongingen:

Griechisch-orthodoxes Osterfest in Frankfurt am Main   © Ferhat Bouda

Es waren auch viele Frauen da, die alles aus der Ferne beobachteten. Sie waren von Galiläa an bei Jesus gewesen und hatten für ihn gesorgt. Maria aus Magdala und die andere Maria blieben dort (am Grab) und setzten sich dem Grab gegenüber nieder. Dann kehrten sie in die Stadt zurück und bereiteten wohlriechende Salben für die Einbalsamierung. (Nach Matthäusevangelium 27, 55 u. 61; Lukasevangelium 23, 56.)

Zusammen mit den vier schwarz gekleideten Mädchen bestreut der Priester den Epitàfios mit Blütenblättern und besprüht ihn mit Parfüm. Diese Handlung erinnert an die Einbalsamierung, die die Frauen an Christus hatten durchführen wollen. Nun nehmen vier junge Männer den Epitàfios auf ihre Schultern und verlassen die Kirche durch den Seiteneingang. Die Gemeinde folgt ihnen, und es findet eine kleine Prozession statt, die am Haupteingang wieder in die Kirche eintritt. Draußen herrscht Berufsverkehr, viele deutsche Bürger wissen gar nicht, was für ein Fest hier gefeiert wird. Manche fragen nach und bekommen eine freundliche Erklärung.

Am Haupteingang bleiben die Träger mit dem Epitàfios stehen, und alle Gemeindemitglieder gehen unter ihm hindurch wieder in die Kirche, wo der mehrstündige Gottesdienst mit dem meditativen Sprechgesang des Priesters zu Ende geht.

Schon am nächsten Abend trifft man sich wieder in der Kirche zum Höhepunkt der Osterfeier, zum Auferstehungsgottesdienst. Dieses Mal kaufen die Gottesdienstbesucher weiße Kerzen im Kirchenvorraum und küssen in der Kirche die Auferstehungsikone, die heute im Mittelpunkt steht.

Die Kirche ist voller Besucher, die selbst die letzten Stehplätze belegt haben. Während des Auferstehungsgottesdienstes herrscht im Innern der Kirche keine andachtsvolle Stille, sondern die Gottesdienstbesucher reden fröhlich miteinander. Über Kirchenbänke hinweg rufen sie sich herzliche Begrüßungen zu.

Ungefähr in der Mitte des Gottesdienstes gerät Bewegung in die versammelte Gemeinde. Der Priester verlässt den Altar, und die Gemeinde folgt ihm auf den nächtlich dunklen Vorplatz der Kirche. Draußen zündet zuerst der Priester seine Kerze an. Die um ihn stehenden Gemeindemitglieder halten ihm ihre Kerze entgegen und geben dann von ihren brennenden Kerzen das Licht an die Nachbarn weiter. Dabei reichen sie sich die Hände und sagen: „Christos anesti" (Christus ist auferstanden), worauf die Antwort lautet: „Alithos anesti" (ER ist tatsächlich auferstanden).

Von nun an bis zum Ende des Gottesdienstes sind diese Sätze unzählige Male zu hören. Alle Bekannten, die sich während oder nach dem Gottesdienst treffen, küssen sich, reichen sich die Hände und sprechen die Auferstehungsworte.

Die Menschen, die in der Osternacht mit einer brennenden Kerze vor der Kirche stehen, fühlen sich eng verbunden. Ein starkes Gemeinschaftsgefühl ist entstanden. Und das Aussprechen der Auferstehungsformel, das hoffnungsvolle „ER ist tatsächlich auferstanden", verbreitet eine freudige Stimmung. Es ist ein feierlicher Moment, der vom Schein der Kerzen in der dunklen Nacht unterstrichen wird.

Nachdem alle ihre Kerzen angezündet haben, durchbricht lautes Krachen die feierliche Stimmung. Einige Gottesdienstteilnehmer haben Knallkörper gezündet und damit die Zeremonie auf dem Kirchenvorplatz beendet. Der Auferstehungsikone folgend kehrt die Gemeinde in den Kirchenraum zurück, und die Gläubigen küssen die Ikone noch einmal.

Gegen Ende des Gottesdienstes schlagen die Kinder ihre mitgebrachten, rotgefärbten Ostereier aneinander. Das Ei, dessen Schale als letzte springt, wird als Glücksbringer betrachtet. Dann essen sie die Eier und beenden damit die Fastenzeit, die besonders in der Osterwoche von Bedeutung ist. Zuhause angekommen, essen die Familien gemeinsam in den ersten Stunden des neuen Tages die Ostersuppe „Mayiritsa", die nur zu diesem Anlass gekocht wird.

Eine lange Osternacht im koptisch–orthodoxen Kloster im Taunus

Mitten im Taunus, am Rande des kleinen Städtchens Waldsolms, liegt das Koptische Zentrum mit dem St.-Antonius-Kloster. Das Zentrum wurde 1980, das beeindruckende Kloster in koptischem Baustil 1990 eingeweiht. Hier haben wir den Auferstehungsgottesdienst besucht.

Die koptisch-orthodoxe Kirche ist die älteste christliche Kirche Afrikas, sie wurde vom Apostel Markus im 1. Jahrhundert gegründet. „Koptisch" heißt nichts anderes als „ägyptisch". In Ägypten, in Kairo, lebt auch das Oberhaupt der koptischen Kirche, Papst Schenuda III. Weltweit gibt es etwa 50 Millionen Kopten, nur noch 12 Millionen davon leben in Ägypten.

Zu dem Auferstehungsgottesdienst im Taunus sind auch viele Gläubige aus Eritrea und Äthiopien gekommen. Die Zahl der orthodoxen Gläubigen in Eritrea wird auf zwei Millionen und in Äthiopien auf ca 40% der Bevölkerung geschätzt. Zwar haben sie auch eigene Gemeinden und zum Teil eigene Kirchen in Deutschland, aber die befinden sich nicht immer in Wohnortnähe. Der Ritus in der koptisch-orthodoxen Kirche ist der gleiche wie in der eritreisch- oder äthiopisch-orthodoxen, da sich die äthiopische Kirche erst 1959 von der koptischen und die eritreische Kirche 1993 von der äthiopischen trennte. In beiden Kirchen ist die Kirchensprache Ge'ez. Ge'ez ist eine Sprache, die vor 1000 Jahren am Königshof gesprochen wurde. Die Predigten, die für alle verständlich sein sollen, werden häufig in einer modernen Sprache gehalten: in Eritrea auf Tigrinja und in Äthiopien auf Amharisch.

Im St.-Antonius-Kloster im Taunus leben zur Zeit drei Diakone, darunter auch ein Deutscher, vier Novizen und zwei Priester. Vom Abt des Klosters, Abuna (Vater) Michael, wurde ich eingeladen, am österlichen Auferstehungsgottesdienst teilzunehmen. Der Gottesdienst beginnt gewöhnlich am Ostersamstag um 20 Uhr und endet um ein oder zwei Uhr morgens.

Sechs Stunden in einem Gottesdienst zu sitzen, das konnte ich mir nur schwer vorstellen. Aber ich war neugierig genug, trotzdem hinzufahren. Falls ich es nicht mehr aushalten würde, könnte ich ja im Auto ein wenig schlafen. Aber es kam ganz anders.

Gegen 20 Uhr betreten wir das Kirchenschiff, dessen holzgetäfelte Decke die Form eines Schiffsrumpfes hat. Rechts und links an den Wänden erblicke ich überlebensgroße Heiligenbilder (Ikonen), die in bunten Farben und mit reichlich Gold gemalt sind. Viele der Heiligen sind Frauen, die Heilige Demiane mit 40 Märtyrerinnen, die Heilige Maria und viele andere sind zu sehen. Die Schriftzüge unter den Bildern und an der Decke, z.B. „Allem gewachsen, weil Christus mich stärkt", sind in drei Sprachen zu lesen, in Koptisch, Deutsch und Arabisch. Das sind auch die Sprachen des heutigen Gottesdienstes.

In der Kirche sitzen etwa 500 Gläubige, auf der linken Seite die Männer und auf der

Koptisch-orthodoxer Auferstehungsgottesdienst   © Avinash Pandey

rechten die Frauen zusammen mit den Kindern. Sie alle leben in Deutschland und kommen aus Ägypten, Äthiopien, Eritrea, dem Su-
dan, Rumänien, Frankreich und Holland;
auch einige Deutsche sind gekommen.

Rechts vor dem Altarraum stehen singend
40 Diakone in weißen Messgewändern mit
roten Schärpen. Ihr Alter reicht von acht bis
vierzig Jahren, Vater und Sohn dienen gemeinsam. Die beiden Priester vor dem Altar
tragen weiße Roben und eine weiße Kopfbedeckung (Kronsoar), bestickt mit gelben und
grünen koptischen Kreuzen.

Ich nehme auf einer Bank zwischen eri-

treischen Frauen Platz. Für sie ist heute ein
besonderer Tag, da sie ein neugeborenes
Baby zur Taufe mitgebracht haben. Die ganze Zeit über herrscht um mich herum reges
Treiben, nicht etwa ruhige und getragene
Stimmung, wie ich es erwartet hätte. Viele
Kinder gehen im Mittelgang hin und her,
holen sich Papier, um eine der Ikonen oder
eines der Wandbilder abzumalen. Die Frau-
en aus der Familie des Täuflings unterhalten
sich, nur das Kleine liegt ganz ruhig vor mir
in seiner Wippe und trägt als Zeichen seiner heutigen Taufe und Firmung eine kleine Krone.

Gleich zu Beginn des Gottesdienstes wählt der Priester unter den Opferbroten auf dem Altar ein makelloses aus, das später zur Eucharistie (Abendmahl) ausgeteilt wird. Er deckt es mit einem weißen bestickten Tuch, dem Velum, ab und umschreitet zusammen mit den Diakonen den Altar. Dabei hält er ein koptisches Kreuz und das Evangelium hoch. Einer der Diakone schwingt das Weihrauchgefäß. Im Altarraum gibt es viel Bewegung, immer neue rituelle Handlungen, Gesänge, Gebete, Lesungen und viel wohlriechenden Weihrauch.

Zu bestimmten Anlässen erhebt sich die Gemeinde, und ich mich mit ihr, um zu beten. Dann kann ich die hübschen Kopftücher betrachten, die manche der Frauen und Mädchen um mich herum tragen. Maria, Engel, der kniende Abanoub, ein Kreuz und andere Motive, gestickt oder gedruckt, glitzern mir entgegen.

Etwa um Mitternacht verschließt ein schwerer Samtvorhang an der Ikonostase den Altarraum und alle Priester und Diakone, bis auf einen, verschwinden dahinter. Die Gemeinde erhebt sich erneut. Ein Diakon beginnt, von Zimbeln begleitet zu singen. Plötzlich erlischt alles Licht. In der Dunkelheit herrscht Totenstille. Jesus ist gestorben. Dann tritt der Vorsänger vor den Vorhang und singt „Christus ist auferstanden" (Echristos anesti) und ein Priester antwortet ihm von innen: „Er ist wahrhaftig auferstanden" (Alisos anesti).

Mit einem Zimbelklang öffnet sich der Vorhang, die Priester und Diakone entzünden ihre Kerzen und umrunden den Altar

dreimal. Während der Dunkelheit sind im Kirchenschiff Kerzen ausgeteilt worden, und die Kinder stürmen nach vorne, um ihre Kerzen als erste zu entzünden und das Licht an die anderen Teilnehmer des Gottesdienstes weiterzugeben. Eine große Prozession, an der nicht nur der Klerus, sondern auch die Kinder teilnehmen, umrundet dreimal den Kirchenraum. Dabei tragen zwei Diakone die Auferstehungs- und die Kreuzigungsikone. Die Kerzen, die freudige Stimmung der Gesänge, die Auferstehungsikone, all das sind Symbole dafür, dass Christus nach seinem Tod am Kreuz von den Toten auferstanden ist. Für die Gläubigen ein Grund zur Freude. Deshalb berühren oder küssen viele Erwachsene die Auferstehungsikone, wenn sie an ihnen vorübergetragen wird.

Nach der Prozession verliest ein Priester das Osterfax von Papst Schenuda III., dem 117. Papst auf dem Stuhl des Heiligen Markus. Die anschließende Osterpredigt wird für uns sechs deutsche Gäste im Nebenraum übersetzt. Dann folgt das Ritual der Brot- und Weinwandlung.

Nach dem Glauben der koptisch-orthodoxen Kirche wandelt sich das zuvor ausgewählte Brot in den Leib Christi und der Wein in das Blut Christi, der sich für die Menschen am Kreuz geopfert hat. Deshalb bedeckt der Priester seine Hände mit einem Velum und achtet sehr genau darauf, dass kein Krümel zu Boden fällt. Zur Eucharistie gehen die Männer seitlich vom Altar in den linken Nebenraum und die Frauen und Kinder in den rechten. Sie knien nieder und bekommen ein

Stück gewandeltes Brot in den Mund und ein wenig Wein.

Anschließend gibt es ein kleines Gläschen „gesegnetes Wasser", damit auch im Mund nichts von dem Brot, dem „Leib Christi", zurückbleibt. Den Rest des Wassers in der Karaffe nimmt der Priester nach der Eucharistiefeier und versprengt es über die nach vorne eilenden Gläubigen. Sein Lächeln zeigt, dass es ihm sichtlich Freude macht, auch mich mit einer Portion Wasser zu segnen. Dann teilt er die restlichen Segensbrote, die

die Gäubigen zum Teil selbst mitgebracht haben, aus. Auch die Gäste aus anderen christlichen Kirchen bekommen davon ein Stück.

Fast sechs Stunden sind vergangen, in denen ich viel Neues erlebt habe und nie müde wurde, obwohl ich längst nicht alles verstand. Nach dem Gottesdienst gehe ich mit den anderen in die Säle des Zentrums, um am Ostermahl (Schaffleisch, Gemüse, Kartoffeln u. a.) teilzunehmen und dem deutschen Diakon all meine offengebliebenen Fragen zu stellen.

Polnische Frauen müssen sich am Ostermontag in Acht nehmen

Am Ostermontag, der auf polnisch Dyngus, Schmigus oder Dyngus-Schmigus genannt wird, müssen Frauen heute noch auf der Hut sein, wenn sie nicht nass werden wollen.

In vielen Städten und Dörfern Polens lauern in Hauseingängen, hinter Straßenecken und geöffneten Fenstern Jungen und Männer, bewaffnet mit Wasserspritzen, Flaschen und Eimern. Sie haben es an diesem Tag, dem Gussmontag, auf die Frauen und Mädchen abgesehen, die sie nassspritzen wollen.

Eine junge Frau aus Schlesien erzählt, dass der Weg zur Kirche am Ostermontag besonders gefährlich ist. Nicht selten kommt es vor, dass junge Frauen und Mädchen auf dem Weg zur Messe von Jungen und Männern abgepasst werden. Ein kalter Wasserguss von oben und die Sonntagskleider sind nass. Die Übeltäter hatten sich im oberen Stockwerk ei-

nes Hauses versteckt und das Wasser im richtigen Augenblick aus dem Fenster geschüttet. Für die Begossenen heißt das: umdrehen, nach Hause gehen, umziehen und hoffen, dass sie diesmal trocken in die Kirche kommen.

Wenn es ganz schlimm kommt, wird eine junge Frau von Männern sogar in einen Fluss geworfen. Auch vor nichtsahnenden ausländischen Touristen machen die Übermütigen keinen Halt.

Nicht alle Akteure sind so verwegen. Manche treten ihren „Opfern" nur mit Wassergläsern, gefüllten Luftballons oder Spritzeiern entgegen. Die Spritzeier sehen aus wie sehr große, bemalte Ostereier, sind aber mit Wasser gefüllt. Drückt man auf das Ei, kommt vorne ein kleiner Wasserstrahl heraus.

Heutzutage warten die Mädchen und jungen Frauen nicht mehr auf den Osterdienstag, wie es früher üblich war, um sich bei den Jungen auf gleiche Weise zu revanchieren. Sie reagieren sofort, reißen den Jungen die Wasserbehälter aus der Hand und spritzen sie nass. Dann müssen alle Beteiligten nach Hause gehen, um ihre Kleider zu wechseln.

Trotzdem, so erklären mir meine beiden polnischen Gesprächspartnerinnen, will jedes Mädchen, jede junge Frau am Ostermontag wenigstens ein bisschen nass werden. Sonst könnten die anderen denken, kein Junge, kein Mann interessiere sich für sie.

Für Verliebte und Verheiratete besteht die Möglichkeit, ihre Zuneigung über wohlriechende Düfte auszudrücken. Sie gehen zu ihrer Auserwählten, bestäuben sie mit Parfüm und schenken ihr das Fläschchen gleich dazu.

Der Heimweg nach der Messe wird erneut zum Spießrutenlauf. Aber selbst diejenigen, die es geschafft haben, trocken nach Hause zu kommen, können sich in manchen Gegenden Polens immer noch nicht sicher wähnen. In einigen Städten und Dörfern wird heute noch ein alter Brauch ausgeübt. Jungen und

Dyngus-Schmigus, der Ostermontag in Polen   © Stefan Kosiewski

Männer aus der Verwandtschaft und näheren Bekanntschaft kommen an die Haustür und klingeln. Kluge Frauen und Mädchen machen die Tür erst gar nicht auf. Sollte ein Mann im Haus sein, dann wird er öffnen, um sich den Spaß nicht entgehen zu lassen. Der Besucher tritt ein, in der Hand ein Wasserglas oder gar einen Wassereimer, um die Frau oder das Mädchen in der Wohnung zu begießen. Der Tradition entsprechend muss die Begossene dem Besucher ein kleines Geschenk geben: Süßigkeiten, ein Glas Wein oder Wodka, kunstvoll bemalte Ostereier oder Speisen aus dem Osterkorb, den die Frauen am Ostersamstag in der Kirche segnen ließen.

In den letzten dreißig Jahren haben die Geschenke ihre Bedeutung verloren, im Vordergrund steht das Nassspritzen. In den Fünfzigerjahren dagegen fochten die Jungen regelrechte Wettkämpfe aus. Wer am Abend die meisten Geschenke erhalten hatte, war der Gewinner. Heutzutage wollen die meisten gar nicht mehr klingeln, sie schämen sich, da sie nicht um Geschenke „betteln" wollen.

In früheren Jahrhunderten war es der größte Wunsch der Männer, ein weibliches Wesen im Bett mit einer Ladung Wasser zu überraschen und mit einer Rute zu „schlagen". Deshalb wurden Schlafzimmertüren besonders gut verriegelt. Die Besucher, die an der Wohnungstür klingelten, wurden noch mehr gefürchtet als heute, da sie zuweilen ganze Zimmer unter Wasser setzten. Folglich räumten die Familien kostbare Teppiche und Möbel schon Tage zuvor weg.

Woher stammt dieser Brauch zu Dyngus, an dem sich in den Fünfzigern sogar die Freiwillige Feuerwehr mit ihren Handpumpen beteiligte?

Über die Herkunft des Brauches sind sich die Forscher nicht einig. Die einen sagen, es sei ein polnischer Brauch aus vorchristlicher Zeit, der später einen deutschen Namen erhielt. Die anderen glauben, dass das deutsche Bürgertum diesen Brauch im Mittelalter in Polen einführte.

Die Festbezeichnung „Dyngus" stammt von dem mittelhochdeutschen Wort „dingen", das bedeutet: „sich freikaufen". Die Männer wurden mit Ostereiern, Käse etc. bestochen, damit sie die Gebende nicht begossen. „Schmigus" entwickelte sich aus dem deutschen Wort „Schmackostern". Schmackostern könnte aber auch von den polnischen Worten „s`migac`", „smagac`" (peitschen) abstammen. Schmackostern nannte man z.B. im damaligen Ost- und Westpreußen den Schlag mit der Lebensrute. Die Jungen schlugen am Ostermontag die Mädchen mit einer Rute aus Zweigen. Die Mädchen bedankten sich mit Kuchen und Eiern, denn sie glaubten, dass das Schlagen Glück und Gesundheit bringe. Manchmal war mit dem Schmackostern auch das Bespritzen mit Wasser verbunden. Am Osterdienstag rächten sich die Mädchen an den Jungen.

Auch über die ehemalige Bedeutung des Nassspritzens herrscht keine Einigkeit. Sollte durch das Schmackostern (das Schlagen und Spritzen) Glück, Gesundheit und Fruchtbarkeit vermittelt werden oder stammt das Begießen aus der Zeit der Christianisierung

Polens (966), als unter Fürst Mieszko viele Massentaufen durchgeführt wurden?

Für die Feiernden heute hat das keine Wichtigkeit. Sie freuen sich darauf, am Gussmontag ungestraft feuchten Schabernack treiben zu können. Fragt man eine Polin oder einen Polen nach Dyngus-Schmigus, so wird man immer ein Lächeln übers Gesicht huschen sehen.

Osterhase und Osterfeuer – Symbole und Traditionen in Deutschland

Ostern ist das höchste Fest im Kirchenkalender, obwohl es im Alltag vieler Menschen hinter das Fest der Geschenke, das Weihnachtsfest, zurückgetreten ist. An Ostern feiern die gläubigen Christen die Auferstehung Jesu Christi, der gemäß dem christlichen Glauben durch seinen Tod die Menschen vom ewigen Tod errettet hat.

Seit dem Konzil von Nicäa im Jahr 325 ist das Datum für die Osterfeier festgelegt. Man feiert am ersten Sonntag nach dem Frühlingsvollmond, also am Sonntag nach dem jüdischen Passah-Fest (siehe Text zu Pessach), das Jesus kurz vor seiner Gefangennahme mit seinen Jüngern feierte. Das Osterdatum wird nach dem Mondkalender berechnet und kann in den Zeitraum zwischen dem 22. März und dem 25. April fallen.

In vielen Sprachen, so z.B. in den romanischen, zeigt das Wort für Ostern deutlich seine Herkunft von dem jüdischen Passah-Fest: Pâques (französisch), Pasqua (italienisch), Pascua (spanisch). Einen ganz anderen Ursprung haben das deutsche Wort „Ostern" und das englische „Easter". Über ihre Herkunft gibt es viele Spekulationen. Eine bekannte Theorie (u.a. von Jacob Grimm) leitet Ostern von einer Göttin namens Ostara ab, deren Fest in vorchristlicher Zeit von den Germanen gefeiert worden sein soll. Fundierter dagegen ist die Herleitung von dem Wort „Eostro", das wie seine vielen Verwandten in der indogermanischen Sprachfamilie „der Osten, die Morgenröte" bedeutet. Die daraus entstandenen Worte „eastron" (altenglisch) und das althochdeutsche Wort „ôstarun" bezeichnen das liturgische Geschehen am Morgen, zum Tagesanbruch.

In der Fastenzeit entstanden regelrechte Eierberge

Im 5. und 6. Jahrhundert brachten Christen im Zuge der Germanenmissionierung das Osterfest in die Länder nördlich der Alpen. Spätestens seit dem 7./8. Jh. war in der vorösterlichen Fastenzeit, von Aschermittwoch bis Gründonnerstag, der Genuss von Eiern sowie anderen Produkten warmblütiger Tiere verboten. Die Hennen legten in der Fastenzeit dennoch fleißig weiter, und ein „Eierberg" entstand. Da kirchliche Vorschriften zu diesem Eierüberschuss führten, wurden andere erlassen, um ihn zu reduzieren. So setzte man einen der

Zinstermine auf Ostern und ließ die Zinsen in Eiern bezahlen, mit denen die Klöster und Höfe ihre Festtagstafeln am Ostersonntag anreicherten. Rechtsbücher aus dem 9. Jh. berichten von solchen „Zinseiern". Außerdem führte die katholische Kirche im 12. Jh. die Eierweihe (benedicto ovorum) ein, die das zuvor verbotene Produkt in ein geweihtes verwandelte. Besonders in den heiligen Tagen, so nahm man an, war der Genuss des Eies heilsam. Mit der Eierweihe entstand das Osterei, das sich auch äußerlich von den ungeweihten „normalen" Eiern unterscheiden sollte. Die ersten „Ostereier" wurden, in Erinnerung an den Tod Christi, vor allem rot (siehe Text zum griechisch-orthodoxen Osterfest) gefärbt und erhielten dann im Laufe der Zeit Bemalungen und Verzierungen aus religiösen Motiven und Segenssprüchen. Der Ostereibrauch entstand folglich aus dem Überfluss an Eiern aufgrund der katholischen Fastenvorschriften. Eiergeschenke waren aber auch unter Protestanten üblich, die für die Herkunft der vielen Eier eine andere Antwort als die der katholischen Fastenvorschrift finden wollten. Denn Erlösung oder Gerechtigkeit aufgrund von Werken, wie dem Fasten, Beichten etc., entspricht nicht dem Glauben der evangelischen Kirche. Sie entdeckten stattdessen den Hasen als Eierbringer.

Wie kommt der Hase zu den Ostereiern?

Der Hase war bereits im 16. Jh. auf dem Drei-Hasen-Bild als Sinnbild der Trinität dargestellt worden und bot sich als christliches Symbol an. Die frühesten Osterhasenbelege gehen auf protestantische Autoren des 17. Jh. zurück. Während die einen ihn als Erfindung der Protestanten sehen, ordnen ihn andere wiederum der germanischen Göttin Ostara zu. Dies geschah vor allem in der Zeit nach dem Ersten Weltkrieg und unter nationalsozialistischer Herrschaft, wo diese Deutung gut in das Bild der herrschenden Mythologie passte. Denn die Nationalsozialisten versuchten aus ideologischen Gründen, den Ursprung vieler in Deutschland üblicher Bräuche auf die Germanen zurückzuführen.

Das geweihte Ei und das Hasenei verschmolzen, als die Verzierung des Eies und der Anlass, es zu verschenken, immer profaner wurden. Schon im 16. Jh. gab es „Pateneier", die die Patenonkel und -tanten an ihre Patenkinder verschenkten. Ostereier und Schokoladenhasen als Geschenke für die Kinder, das Osternestsuchen und die gesamte Infantilisierung des Osterbrauchs entwickelten sich im 18./19. Jahrhundert in der Familienkultur des städtischen Bürgertums. Auf dem Land dauerte es viel länger, bis die Kinder an den Osterhasen als Eierbringer glaubten.

Ostereiersuche in Deutschland   © Markus Wiegner

Im 19. Jahrhundert schenkten sich Verliebte Eier mit Liebessprüchen. Im 20. Jahrhundert griff die Schokoladen- und Postkartenindustrie das Ei und den Hasen auf und verbreitete sie über die ganze Welt. Viele Eier sind auch heutzutage noch handverziert, in der Tradition der jeweiligen Region. Die Schokoladeneier dagegen werden überwiegend maschinell hergestellt.

© Markus Wiegner

Wettkämpfe um die Ostereier

Rund ums Ei entwickelten sich viele Bräuche, die von Familie zu Familie, von Ort zu Ort variieren. In vielen Orten Süd- und Westdeutschlands, aber auch in der Schweiz, in Österreich und in Frankreich finden zu Ostern Eierspiele statt. Beim „Eierlesen" muss eine von zwei Parteien hundert auf dem Boden in gerader Linie angeordnete Eier auflesen, während die andere Partei eine gewisse Wegstrecke mit kleinen Aufgaben hinter sich bringt. Wer zuerst fertig ist, hat gewonnen. Schon 1700 schreibt der Salzburger Prediger Andreas Strobl in seinem Buch „Ovum Paschale Novum", dass es überall Brauch sei, Spiele wie das Eierlesen abzuhalten. Auch das Eierschlagen, Eierpicken, der Eierwettlauf und das Eierschieben sind Variationen des Eierspieles. Sie alle halfen dabei, den in der Fastenzeit angehäuften Eiervorrat abzubauen.

In der Kirche wird getrauert und gefeiert

Da es in und um die Kirche ein so reichhaltiges österliches Brauchtum gibt, bleibt keine andere Möglichkeit, als einige Bräuche herauszugreifen und auf den weiteren regionalen Reichtum hinzuwiesen.

Ab Gründonnerstagabend schweigen die Kirchenglocken. Der Volksmund sagt, die Glocken seien nach Rom gereist und brächten auf ihrem Rückweg allerlei Köstlichkeiten mit. Statt ihrer erinnern die Ratschenjungen besonders in fränkischen und bayerischen Gegenden an den Kirchgang. Sie ersetzen das Glockengeläut mit ihren lauten Holzratschen und Holzklappern, wofür sie am Ostertag entlohnt werden.

Der Karfreitag ist ein Tag der Trauer, man gedenkt des gekreuzigten Christus. Trauer heißt auf althochdeutsch Chara oder Kara. So ist die Silbe „Kar" in Karwoche entstanden. In Bensheim und Bad Cannstadt finden an diesem Tag große Prozessionen von italienischen Gemeinden statt. Entlang des Kreuzweges spielen Laiendarsteller aus den verschiedensten Regionen Italiens den Leidensweg Christi nach. Für die steigende Zahl der deutschen Besucher erklärt der Pater den

Ablauf auf Deutsch. Passionsspiele gehören auch in Bayern zur Osterzeit und werden jedes Jahr aufgeführt.

Ursprünglich fand die Osterfeier in der Nacht von Karsamstag auf Ostersonntag statt. In jüngster Zeit gibt es die Tendenz, wieder zur nächtlichen Auferstehungsfeier zurückzukehren. Dann wird mancherorts vor der Kirche das Osterfeuer entfacht, an dem der Pfarrer die Osterkerze, verziert mit Alpha und Omega und einem Kreuz, entzündet. Mit ihr kehrt das Licht in einer Prozession wieder in die Kirche zurück, und die Gläubigen entzünden ihre eigenen kleinen Kerzen. Die Trauer wird zur Freude, die Dunkelheit zum Licht, denn Christus ist auferstanden. Vom Fasten geht man über zum Feiern, in vielen regional verschiedenen Traditionen.

Osterreiter ziehen über die Felder

In ländlichen Gemeinden der Oberlausitz erschallen in der Nacht von Samstag auf Ostersonntag laute Schüsse aus den Wäldern, das „Osterschießen" hat begonnen. Die Luft riecht nach Karbid, das aus den selbstgebauten Karbidkanonen, meist präparierten Blechkannen, stammt. Im gleichen Gebiet überbringen die „Osterreiter" jedes Jahr einer Nachbargemeinde am Ostersonntag die Osterbotschaft. Dreimal reiten sie um die Kirche und dann in langen Zweierreihen über die Felder. Sie brachten einst der jungen Saat ihren Segen und sorgten damit für

Fruchtbarkeit. Viele Jungen sind froh, wenn sie endlich das 14. Lebensjahr erreicht haben, denn erst dann ist es ihnen erlaubt mitzureiten.

Im westfälischen Lügde rollen am Ostersonntag sechs Räder, die mit je 16 Bund Stroh eingebunden sind, brennend zu Tal. Jedes von ihnen wiegt sieben Tonnen. Der „Osterräderlauf" ist dort seit 1743 nachgewiesen. Osterfeuer sind in Nordwestdeutschland und Skandinavien weit verbreitet. Manchmal wird auch eine Strohpuppe, der sogenannte Judas, darin verbrannt.

Osterreiter in der Oberlausitz   © Jörg Stephan

7

Jesus-, Marien- und Heiligenfeste im Christentum

Martinsgans und Mantelteilung beim deutschen Sankt-Martins-Fest

Am 11. November, wenn es draußen schon früh dunkel wird, feiern die deutschen Kinder alljährlich das Fest des Sankt Martin. In manchen Dörfern ziehen sie von Haus zu Haus und singen Martinslieder, wofür sie kleine Geschenke erhalten.

In vielen Gegenden Deutschlands finden Martinsumzüge statt. Scharen von Kindern ziehen mit ihren Vätern und Müttern langsam durch die Straßen. Wenn sich in der Menge kleine Gruppen mit den gleichen selbstgebastelten Laternen hervorheben, in denen zur Sicherheit batteriebetriebene Glühbirnen leuchten, dann handelt es sich um Kindergartengruppen. Von Weitem sieht man nur die hin und her schwankenden Lichtkegel der Laternen, die die Kleinen in den Händen halten. Früher trugen die Kinder ausgehöhlte Kürbisse und Gurken, in die Himmelsgestirne oder Gesichter eingeschnitzt waren. Heutzutage sind selbstgebastelte Papierlampions zu sehen, Monde, Sonnen, Sterne oder einfach bunte Laternen, die die Kleinen behutsam tragen, damit das Licht der Kerze nicht erlischt.

Von den Laternen handelt auch das beliebteste Lied des Umzuges, das immer wieder gesungen und mancherorts auch von einer Musikkapelle begleitet wird:
Laterne, Laterne,
Sonne, Mond und Sterne,
brenne auf, mein Licht, brenne auf, mein Licht,
aber nur meine liebe Laterne nicht.

Langsam bewegt sich der Umzug in einer deutschen Kleinstadt durch die Straßen. An der Spitze reitet auf hohem Ross Sankt Martin, der mit einem weiten Umhang bekleidet ist. Danach folgen manchmal noch andere Reiter, dann kommen die Musikkapelle, die älteren Kinder, die schon eine Fackel tragen dürfen, und schließlich die bunte Laternenschar. Der Zielort des Martinszuges ist gut sichtbar, denn dort brennt ein großes Feuer. Alle Kinder und Erwachsenen bilden einen Kreis um das Feuer, den Bettler, der jetzt dazukommt, und den Reitersmann. Der Bettler nähert sich dem Heiligen Martin und streckt ihm bittend seine Hände entgegen. Ohne viele Worte teilt Martin seinen Umhang und gibt die eine Hälfte dem frierenden Bettler.

Nun spielt die Kapelle ein Lied, das von Sankt Martin handelt, der nach der Legende als achtzehnjähriger Soldat vor dem Stadttor der französischen Stadt Amiens seinen Mantel mit einem Bettler teilte.

Die Legende erzählt, dass Martin in der folgenden Nacht von dieser Begegnung träumte. Er sah noch einmal den Bettler, dessen Hände die Wunden Christi trugen. Eine Stimme sprach zu ihm: „Was du dem Bettler getan hast, hast du mir getan." Von nun an predigte Martin den Menschen, dass sie mit den Armen teilen sollten.

Wer aber war dieser Martin, von dem die meisten nur die fromme Geschichte der Mantelteilung kennen?

Martin wurde 316 n. Chr. als Sohn eines römischen Tribunen in Sabaria im heutigen Ungarn geboren. Als Kind zog er mit seinen Eltern nach Italien, wo er mit 15 Jahren in die römische Armee eintrat und als Reitersoldat nach Gallien kam. Hier ließ er sich taufen. Nach drei Jahren verließ er in der Nähe von Worms die Armee und wurde Schüler des Heiligen Hilarius von Poitiers. Von diesem ausgesandt, unternahm er viele Missionsreisen. Er wollte das Landvolk Galliens zum christlichen Glauben bekehren. So machte er von sich reden als Bekenner, Exorzist und Wundertäter. Er soll in Paris einen Leprakranken geheilt und in Ligugé einen Bruder vom Tode auferweckt haben. Ligugé ist auch der Ort, an dem er 361 n. Chr. das erste Kloster Galliens gründete.

Im Jahre 371 n. Chr. wurde er zum Bischof von Tours gewählt. 397 starb Bischof Martin auf einer Reise. Drei Tage später, am 11. November, wurde er in Tours begraben. Auf seinem Grab errichtete man zuerst eine Kapelle und später eine Basilika. Bis ins späte Mittelalter pilgerten hierher die Gläubigen.

Schon 60 Jahre nach seinem Tod ließen sich die Merowingischen Könige, die ihn zu ihrem Schutzheiligen erklärt hatten, seinen Mantel bei ihren Schlachten voraustragen. Sie erhofften sich dadurch den Sieg.

Im 5. Jahrhundert n. Chr. breitete sich der Martinskult von Frankreich nach Deutschland aus, wo der Heilige Martin als Patron der Reiter, Bettler, Schneider, Hirten, Soldaten und der Tiere verehrt wird.

Aber schon vor dem Tod des Heiligen Martin war der 11. November ein Tag, an dem die Menschen den Abschluss des alten und den Beginn des neuen Landwirtschaftsjahres feierten.

Sankt-Martins-Tag in Deutschland   © Rainer Kiedrowski

Bis heute finden auf den Bauernhöfen in dieser Zeit Hausschlachtungen statt. Früher trank man am 11. November den ersten neuen Wein und ließ es sich schmecken. Die Leute glaubten, wenn sie das Jahr mit einem reichlichem Mahl begännen, würde es auch das restliche Jahr über genügend zu essen geben.

Die Mägde und Knechte wechselten an diesem Tag ihre Arbeitsstelle, und der Pachtzins musste an die Grundherren gezahlt werden. Als Zinsgabe lieferten die Bauern häufig Gänse ab. So ist es auch heute noch Tradition, an Martini eine Gans zu essen. Der Gänsebraten an Martini könnte aber auch von einem vorchristlichen Brauch abstammen, bei dem man dem germanischen Gott Wotan (Odin) Gänse opferte. Im Bauernkalender ist Martini noch heute durch eine Gans gekennzeichnet.

Portugals Schutzheiliger Antonius findet Verlorengegangenes

Jedes Jahr am 13. Juni feiern die Bewohnerinnen und Bewohner Lissabons den Schutzheiligen Portugals, Santo António. Er ist auch ein geduldiger Helfer beim Finden verlegter und verlorener Gegenstände und der Patron der Verliebten. Mit rauschenden Festen, die schon in der Nacht vom 12. auf den 13. Juni beginnen, feiert jedes Stadtviertel auf einem öffentlichen Platz und nimmt mit einer eigenen Gruppe am großen farbenfrohen Umzug in der Altstadt teil.

Die Kinder stellen vor ihren Haustüren kleine Altäre mit Figuren auf, die sie zum Teil aus Obstkisten selbst gebastelt haben und in die manche Passanten Münzen werfen. Das Geld legen die Kleinen mit Vorliebe in Süßigkeiten an. Auf den Straßen stehen Hunderte von Blumentöpfen mit dem kleinblättrigen Basilikum (manjericos). Darin stecken eine Papiernelke und ein kleiner Zettel mit einem Vierzeiler. Viele junge Männer kaufen so ein Töpfchen für ihre Freundin oder die Frau, die sie umwerben. Ein Gedicht lautet: *„Sankt Antonius, der war heilig,/doch er war auch gern verliebt./Wenn Heilige verliebt sein dürfen,/ dann erst recht wir armen Sünder."*

Während des Antoniusfestes ist die Luft Lissabons vom Duft des Basilikums erfüllt, es riecht aber auch nach Holzkohle, nach gerösteten Sardinen, Würstchen, Stockfisch und Caldo Verde, einer Suppe aus portugiesischem Kohl. In dieser Nacht sind alle, ob alt oder jung, Einheimische oder Touristen auf den von bunten Lampions erleuchteten Straßen und Gassen. Hier spielt die Musik, hier tanzen, singen und essen die Lissaboner und ihre Gäste bis in die frühen Morgen hinein. Und wenn die Musikgruppen der einzelnen Stadtteile mal eine Pause machen, dann greifen andere nach den Instrumenten und einzelne Solisten singen den schwermütigen Fado, der meist von unglücklicher Liebe, von Sehnsucht und menschlichem Leid erzählt.

Vor allem rund um die alte Burg, in den Stadtvierteln Alfama und Mouraria, wo António einst lebte, steht und tanzt dicht gedrängt eine fröhliche Menschenmenge. Auch bei den einzelnen Stadtteilfesten ist der Schutzheilige immer dabei. Mitten im bunten Treiben steht ein Altar aus glitzerndem Papier oder gar der Heilige Antonius selbst – als Schaufensterpuppe im Mönchsgewand. Der Fantasie sind keine Grenzen gesetzt.

Den Höhepunkt der Antonius-Nacht bildet der mehrstündige Umzug durch die breite Avenida da Liberdade, die Freiheitsallee.

Alljährlich entwerfen und schneidern die einzelnen Stadtteilgruppen dafür neue Kostüme und neue Tragemotive. Eine Gruppe führt ein großes Bild des Heiligen mit sich, hinter dem die von innen beleuchteten Kuppeln einer Moschee zu sehen sind. Sie spielen auf eine Szene aus dem Leben des Heiligen an. Andere tragen riesige rot-weiße Papierblumen mit einem Durchmesser von mehr als zwei Metern, deren Mittelpunkt das Stadtwappen bildet. In den gleichen Farben sind die Tänzerinnen und Tänzer gekleidet. Die Röcke der Frauen bestehen aus Blütenblättern, die denen der großen Papierblumen gleichen. In die Kostüme und Tragemotive haben die Teilnehmerinnen und Teilnehmer sehr viel Zeit und Geld investiert. Aber diese Arbeit hält die Bewohner der Viertel auch zusammen.

Die einzelnen Stadtteilgruppen im Umzug zählen bis zu 50 Akteure und Akteurinnen. Begleitet von einer eigenen Musikkapelle schreiten die Gruppen die Avenida entlang und geben alle 50 Meter ihre einstudier-

ten Tänze und akrobatischen Vorführungen zum Besten. Mit neuer Musik, neuen Tänzen und Darbietungen und neuen Motiven wollen sie auch dieses Jahr das Publikum bezaubern.

Jeder Stadtteil hat natürlich seine eigenen Fans am Straßenrand stehen. Kinder, Jugendliche und Erwachsene rufen im Chor: „António, António" oder feuern mit anderen Zurufen die Vertreter ihres Viertels an. Am Ende bekommt die schönste und originellste Gruppe einen Preis, den die Jury auf der Tribüne überreicht – die Konkurrenz ist groß.

Fest des Heiligen Antonius in Lissabon, Portugal

© Gabinete Festas de Lisboa

Am nächsten Morgen, dem 13. Juni, dem Geburtstag des Heiligen, gehen die Gläubigen, darunter viele Regierungsvertreter und Ordensleute, zum Gottesdienst auf dem Marktplatz und von dort aus in einer Prozession zur Antonius-Kirche. Dort, wo das Geburtshaus des Antonius einst stand, zünden sie Kerzen an und stellen sie auf den Rand des Antonius-Brunnens. Jeder verehrt den Heilgen auf seine Weise: Eine alte Frau reiht sich ein in die lange Warteschlange vor dem Bild des Heiligen, um ein Reliquienkreuz küssen zu können, eine andere schmückt sein Bild mit Blumen, ein junges Liebespärchen schaut sich tief in die Augen und küsst sich zärtlich vor dem Patron. Es kommen so viele mit ihren Kerzen zum Antonius-Brunnen, dass ein Bach aus heißem Wachs die Straße hinunterläuft.

Der Heilige Antonius wurde um das Jahr 1195 in Lissabon unter dem Namen Fernando de Bulhões in einem vornehmen Hause geboren. 1210 trat er in das Kloster der Augustiner Chorherren am Rande Lissabons ein. 1212 siedelte er in die Niederlassung der Augustiner in Coimbra über. Diese Stadt war damals der geistige Mittelpunkt und ein Machtzentrum Portugals. Hier wurde Fernando zu einem profunden Kenner der Heiligen Schrift.

1220 wurden die Gebeine von vier Franziskanermönchen nach Coimbra zurückgebracht, die bei einer Missionsreise nach Marokko den Märtyrertod gestorben waren. Fernando war von ihrem Schicksal so tief beeindruckt, dass er im Alter von 25 Jahren seine Existenz und die Möglichkeit zu wissenschaftlichem Arbeiten in dem vornehmen Orden aufgab und dem Bettelorden der Franziskaner beitrat. Er nahm den Namen Antonius an und begab sich auf Missionsreise nach Marokko. Allerdings erkrankte er in Afrika so schwer, dass er wieder nach Europa zurückfahren musste. Ein Sturm zwang das Schiff, an der sizilianischen Küste anzulegen.

In Italien lebte er unerkannt unter Mitbrüdern, die erst durch einen Zufall seine Bildung und Rednergabe entdeckten. Der Heilige Franziskus von Assisi ernannte ihn zum Ersten Lektor der Theologie der Franziskaner. Von nun an predigte Antonius auf vielen Kanzeln. Tausende kamen, um ihn zu hören. Mit 36 Jahren starb er in dem Klarissenkloster Acella in Padua. Viele Legenden erzählen vom Heiligen Antonius, der Tote erweckte, mit dem leuchtenden Jesuskind auf dem Arm gesehen wurde und gerne den Liebenden half. Durch diese Erzählungen erschuf sich das Volk einen „eigenen Heiligen Antonius". Aus dem gebildeten, sozialkritischen Theologen wurde ein beliebter Heiliger für den alltäglichen Gebrauch.

Der Heilige Sava wurde 1169 unter dem Namen Rastko als Sohn des Großfürsten Stefan Nemanja und der Großfürstin Anna, Nichte des byzantinischen Kaisers, in Serbien geboren. Er ist der bedeutendste Heilige sowie ein bekannter Schriftsteller und Dichter in serbischer Sprache.

Ein Schulfest für den serbisch-orthodoxen Heiligen Sava

Im Laufe seines Lebens gründete er viele Schulen, Kirchen, Klöster und Krankenhäuser. Er war der erste, der auf die Ausbildung der Kinder (schon im 12. Jh.) großen Wert legte. Sie sollten seiner Meinung nach nicht arbeiten, sondern eine Grundbildung erhalten. Seit 1743 feiert man ihm zu Ehren alljährlich am 27. Januar, seinem Todestag, ein Schulfest, das 1823 als offizielle Schulfeier anerkannt wurde. Unter der sozialistischen Regierung durfte das Fest des Heiligen Sava in den Schulen nicht gefeiert werden. Etwa 1992 begannen einzelne Schulen der ehemaligen Bundesrepublik Jugoslawien, die Feier wieder aufzugreifen.

In Serbien treffen sich die Schüler, Lehrer und Eltern einer Schule am Morgen in der Turnhalle oder einem anderen großen Raum, um zusammen zu feiern. In Deutschland organisieren die Migranten-Vereine die Feier, oder es planen mehrere Klassen, die an verschiedenen Schulen muttersprachlichen Unterricht erhalten, zusammen ein Fest. Bis auf Ort und Zeitpunkt des Festes sind sich die Festabläufe in Serbien und in Deutschland sehr ähnlich. Am 27. Januar luden auch die Schülerinnen und Schüler des muttersprachlichen Unterrichts Serbisch aus Frankfurt und Wiesbaden zur Feier des Heiligen Sava in den Bürgersaal Westend nach Wiesbaden ein. Natürlich waren auch viele Vereinsmitglieder und Gäste da sowie die Lehrerinnen und Lehrer, die zusammen mit ihren Klassen das Programm vorbereitet hatten.

Schon bevor das eigentliche Programm begann, sorgten einige Schülerinnen und Schüler mit live gespielter Popmusik für die Unterhaltung des eintreffenden Publikums. Links vor der Bühne stand ein Tisch, den eine ältere Frau liebevoll mit den typischen Gegenständen für das Fest des Heiligen Sava dekoriert hatte. Sie hatte auch das hohe, runde, mit Ornamenten dekorierte Hefebrot (Slavski Kolac`) gebacken. Daneben standen Kerzen, etwas Rotwein, Koljivo, die süße Weizenspeise, und eine Ikone des Heiligen Sava.

Zum Programmbeginn sangen die Schüler, begleitet von Oboe und Akkordeon, die Hymne des Heiligen Sava, in die auch viele Besucher einstimmten. Nach der Begrüßung gab die jüngste Folkloregruppe aus Langen einen Volkstanz zum Besten, der später nur noch von dem gelungenen Tanz der Zehntklässler überboten wurde. In bunten traditionellen Kostümen sangen und tanzten die Mädchen und Jungen in einem immer schneller werdenden Rhythmus. In der Folkloregruppe tanzten auch italienische Kinder mit. Multikulturell war auch das Publikum, wie die Lehrerin, die durch das Programm führte, betonte. Einige Gäste kamen aus Kroatien und Bosnien.

Die Schüler, die pro Woche drei Stunden muttersprachlichen Unterricht haben, hatten diesen Abend über viele Wochen vorbereitet. Eine Siebtklässlerin spielte ein Klavierstück, fünf Schüler verschiedenen Alters rezitierten auswendig gelernte Gedichte über den Heiligen Sava, sein Leben und Wirken; anschließend sang noch einmal der Chor.

Dann war es so weit, die Kerzen auf dem Tisch vor der Bühne wurden angezündet, und gemeinsam mit einigen Erwachsenen drehten viele Kinderhände das Brot mit dem Schriftzug des Heiligen Sava. Das Drehen ist ein Zeichen für Ewigkeit und Verbundenheit. Ein Junge teilte das Brot und ließ in die Bruchstellen etwas Rotwein tropfen. Jeder Gast bekam ein Stückchen von dem Hefebrot. Normalerweise führt ein serbisch-orthodoxer Priester das Ritual mit dem Brot durch und segnet es dann auch. In Deutschland ist es für einen Priester nicht immer möglich, an allen Sava-Feiern teilzunehmen, da er für ein größeres Gebiet, das Rhein-Main-Gebiet zum Beispiel, zuständig ist.

Zwei Schüler kamen mit dem zerteilten Hefebrot, dem süßen Weizengericht und einem Glas Rotwein auch an unseren Tisch. Mein Nachbar zeigte mir, wann man das Kreuzzeichen macht und in welcher Reihenfolge ich das angebotene Essen nehmen sollte. Zur Freude aller Tischnachbarn ahmte ich seine Handlungen nach. Das Weizengericht war ein hervorragend schmeckender Nachtisch. Außerdem bemerkten wir, dass die orthodoxen und die katholischen Christen sich ein wenig anders bekreuzigen.

Wie kam es dazu, dass der Heilige Sava die serbisch-orthodoxe Kirche gründete?

Schon in jungen Jahren, mit 17, verzichtete Rastko auf die Krone, die er vom Vater erben sollte, entsagte dem reichen, genussvollen Leben auf dem Schloss und floh mit einigen Mönchen, um selbst Mönch zu werden. Obwohl sein Vater gleich nach seinem Verschwinden nach ihm suchen ließ, kam seine Truppe zu spät. Rastko hatte das Mönchsgelübde bereits abgelegt. Er trug von nun an den Namen Sava. Einige Jahre lebte er auf dem Berg Athos, einer Mönchsrepublik auf der griechischen Halbinsel Aigon Oros. Dort gab es viele Klöster und auch Einsiedler. Sava fastete und betete viel und wünschte sich ein Leben als Einsiedlermönch. Aber es sollte anders kommen.

Eines Tages traf er einen Einsiedler, der sagte, dass Sava durch seine Verwandtschaft mit dem Herrscher von Serbien, seinem Bruder, und dem Herrscher von Konstantinopel, mit dem er durch seine Mutter und seine Schwägerin verwandt war, dafür prädestiniert sei, beim Kaiser ein serbisches Kloster auf dem Athos zu erbitten. Sein Bruder gab Sava das Geld für den Kauf und Kaiser Alexios von Konstantinopel bestätigte die Unabhängigkeit des Klosters. Dort entstanden die christlich-ethischen Grundlagen seines Glaubens.

Zu Anfang des 13. Jahrhunderts kämpfte Serbien mit seinen Nachbarländern und lag im Streit mit der katholischen Kirche. Deshalb kehrte Sava 1208 auf Drängen seines Bruders Stefan, nun als Archimandrit (Oberer eines ostkirchlichen Klosters) des Klosters Studenica, nach Serbien zurück und bestimmte die Kirchenpolitik. 1219 wurde Sava zum Erzbischof geweiht. Das war die Voraussetzung für die Bildung einer unabhängigen serbisch-orthodoxen Kirche.

Der Heilige Sava war ein Vorbild für Versöhnung und Toleranz im Umgang mit den Nach-barländern (z.B. Bulgarien) und den muslimischen Herrschern im Mittleren Osten. Und obwohl er die serbisch-orthodoxe Kirche gegründet hatte, setzte er sich sehr für die Ökumene zwischen Griechen und Slawen ein.

Er starb am 27. Januar 1236 in Trnovo, Bulgarien, auf der Rückreise von einer Pilgerfahrt nach Jerusalem.

Das Fest des serbisch-orthodoxen Heiligen Sava in Wiesbaden   © Avinash Pandey

Das San-Miguel-Fest in Spanien

Im September feiern viele Städte und Dörfer in Spanien ihre Heiligen. Der Schutzheilige von Úbeda, einer kleinen Stadt in Andalusien, ist der Erzengel Michael (San Miguel).

Eine Woche lang, vom 28.9. bis zum 4.10., wird gefeiert; manche Geschäfte haben geschlossen. Mitten auf dem Marktplatz ist eine kleine Zeltstadt mit Straßen entstanden. Jedes Festzelt ist bunt geschmückt mit Lampions in den Farben der spanischen Flagge oder in den grün-weiß-grünen Farben Andalusiens. An den Wänden hängen Stolas mit langen Fransen. In allen Festzelten gibt es eine Bar, an der vor allem der spanische Sherry (Jerez) reichlich ausgeschenkt wird. Auf den Tanzbühnen drängen sich allabendlich die Tanzpaare. Ab 21 Uhr beginnt der Ansturm auf die Zelte und endet erst um fünf Uhr früh, wenn die Beine vom vielen Tanzen müde geworden und auch die letzten Kraftreserven verbraucht sind. Aus jedem Zelt erklingen Lieder, zu denen Kinder und Erwachsene ausgelassen und temperamentvoll Sevillanas tanzen. Jede Frau, die etwas auf sich hält, trägt ein Flamencokleid, die meisten Männer tragen einen traditionellen Anzug mit roter Bauchbinde, weißem Rüschenhemd, dazu einen dunklen Hut mit buntem Band. Viele der Tänzerinnen und Tänzer wollen einen der Pokale gewinnen, die jeder Verein für Kinder und Erwachsene gestiftet hat.

Ungewohnt sind die Namen der Zelte, die am Eingang zu lesen sind. Sie scheinen gar nicht zur Musik und dem fröhlichen Treiben zu passen. Der traurige, religiöse Name eines Zeltes lautet: Cofradía del Santo Entierro y Santo Sepulcro (Verein des Heiligen Begräbnisses und des Heiligen Grabes). Wenn man die Leute fragt, warum ein so fröhliches Zelt einen so traurigen Namen trägt, zucken sie amüsiert mit den Schultern und meinen, das sei eben der Name des Vereins, dem das Zelt gehöre.

Zwischen den etwa 30 Zelten stehen Süßwarenstände mit Zuckerwatte und Paradiesäpfeln, Karussells, Schmuckverkäufer, Schieß- und viele Losbuden, die besonders auf die Kinder eine große Anziehungskraft ausüben. Da in dieser Woche schulfrei ist, gibt es für sie schon um neun Uhr morgens besondere Veranstaltungen; Tennisturniere, Go-Kart-Rennen, Basketballspiele, Kinofilme, Musicals und Marionettentheater. Trotz der vielen Veranstaltungen ist für die meisten Kinder immer noch der Umzug am 28. September der Höhepunkt des Festes.

Um 18.30 Uhr trifft sich vor dem Rathaus in Úbeda eine Gruppe seltsamer Gestalten. Die einen sind so groß wie Menschen, haben aber übergroße Köpfe (cabezudos/enanos), die anderen sind wahre Giganten (gigantes) mit einer Höhe von drei Metern. König und Königin sind das wichtigste Riesenpaar. Die hohen Figuren werden von nur einer Person, die unter den langen Roben versteckt ist, getragen. Natürlich bedarf es da einer Begleitperson, falls der Träger mal das Gleichgewicht verlieren sollte. König und Königin tragen lange, kostbare Gewänder. Ihre Köp-

Feria de San Miguel in Spanien   © Francisco Ontanón/Spanisches Fremdenverkehrsamt Frankfurt am Main

fe sind kunstvoll aus Pappmaché gefertigt und mit einer Krone versehen. Neben dem Königspaar gibt es noch das Riesendienstpersonal, Mägde mit weißen Schürzen oder Nachtwächter mit Laternen.

Die Gruppe der Riesen und die Musikgruppen ziehen langsam vom Rathaus durch die Stadt zum Hospital de Santiago. Auf dem Weg gesellen sich Musikanten aus anderen Stadtvierteln sowie viele großköpfige „Zwerge" hinzu. Diese Enanos laufen munter zwischen den schwerfälligen Riesen umher. Unter den Masken stecken Erwachsene und Kinder. Die aufgesetzten großen Köpfe geben

den Figuren ein lustiges Aussehen. Im Zug laufen auch Stier- und Eselsköpfe, Teufel, von Zahnweh geplagte Gesichter, was an der dicken, mit einem Tuch umbundenen Backe zu erkennen ist, Zwerge, Masken mit Napoleonhüten oder Pippi-Langstrumpf-Zöpfen. Diese kecken Zwerge lieben es, während des Umzuges die Zuschauer zu erschrecken und manchmal auch zu zwicken.

Je reicher eine Stadt ist, desto mehr Enanos gibt es und um so größer und prunkvoller sind die Giganten. Diese eindrucksvollen Figuren treten bei vielen Festen in Spanien auf. Sie bilden zum Beispiel den Schluss des

Umzuges der Fiesta de la Cinta in Tortossa in Katalonien. Während dieser Prozession wird die Reliquie, ein Band (cinta), das die Heilige Maria bei einer Erscheinung auf Erden zurückließ, durch die Straßen getragen. Ihr folgen geschmückte Wagen mit Heiligenfiguren, Musikgruppen und Bruderschaften in ihren verschiedenen Trachten. Ganz am Ende läuft das bunte Volk der Riesen und großköpfigen Zwerge. Zu größeren Festen wie der Fiesta de la Merced in Barcelona kommen auch die Riesen der umliegenden Ortschaften und begleiten den Umzug.

Diese Giganten sind über Spanien hinaus auch in Frankreich, Belgien und anderen Ländern zu finden. In Katalonien sind sie seit dem 14. Jahrhundert nachgewiesen. Über ihren Ursprung und ihre Bedeutung gibt es viele Theorien. Eine besagt, dass der Ursprung der Giganten im Fronleichnamsfest liegt. In der Fronleichnamsprozession, an der sie auch heute noch teilnehmen, wurde die Hostie an der Spitze des Umzuges getragen. Danach folgten in früheren Jahrhunderten die Kirchenmänner und erst dann kamen der regierende König, die Königin oder die Adeligen. Wie alle anderen mussten sie sich vor der „kleinen Hostie" verbeugen. Diese Prozession erinnert an die Allmacht Christi. Ihm müssen sich die Schwachen, aber auch die Mächtigen wie der König und die Königin unterwerfen. Die Armen und die Reichen wurden im Laufe der Zeit durch riesige Figuren der Majestäten und ihrer Gefolgschaft dargestellt, deren Kleidung sich je nach Mode des jeweiligen Jahrhunderts veränderte.

Santiago–Fest in Peru: ein Segen für die Tiere

Das Santiago-Fest beginnt in Taquile, einer Insel im Titicacasee im Südosten Perus, am 1. August. Mit diesem drei bis vier Tage dauernden Fest fängt ein neues Landwirtschaftsjahr an.

Der Beginn der Aussaat war zur Inkazeit dem Blitz- und Wettergott Illapa gewidmet. Illapa wurde von den Indios später, nach Ankunft der Spanier, mit Santiago gleichgesetzt. Sie hatten beobachtet, wie bei der Belagerung der Inkahauptstadt Cuzco nach einem Gebet der Spanier ein Blitz in die Inkafestung einschlug. Seitdem erkennen sie Santiago als Gott des Blitzes, Donners und aller meteorologischen Erscheinungen an. So erhielt das Fest seinen Namen nach dem Heiligen Jakobus, der auf Spanisch Santiago heißt. Das Fest des Santiago steht in Taquile im Zeichen des Tanzes, der Musik und der Wettervorhersage für die Zeit der Aussaat.

Gegen 10 Uhr morgens versammeln sich vor dem Haus ihrer jeweiligen Anführer die beiden Tanzgruppen des Dorfes: die Cinta-Cana und die Auqi-Puli. Um die Tänzer werden auf Stoffbahnen die charakteristischen

Anbaufrüchte ausgelegt: Kartoffeln, Mais, Bohnen u.a. Alle essen gemeinsam auf Kosten des Anführers, der in jährlich wechselndem Turnus die Organisation übernimmt.

Anschließend stimmen die Musiker mit ihren Flöten eine kurze, sich wiederholende Melodie an. Die dreißig bis vierzig Tänzer und Tänzerinnen der Cinta-Cana tragen federgeschmückte Hüte, eine schwarz-rote Tracht, die Männer haben zusätzlich einen weißen Umhang an, und die Frauen ziehen bis zu zwölf Röcke übereinander. Sie bewegen sich in rhythmischen Schritten um einen mit Federn geschmückten Pfahl, an dessen Spitze drei Vogelfiguren angebracht sind. Im Schnabel hält einer der Vögel eine Orange. Fällt die Orange während des Festes nicht herunter, so verheißt das ein gutes Anbaujahr, wenn sie herunterfällt, stehen Hagel und Unglück bevor.

Nach einstündigem Tanz und einem Dankgebet für das Essen ziehen die Tänzer beider Gruppen zum Hauptplatz des Dorfes, wo sie aufeinandertreffen. Beide Gruppen spielen gleichzeitig ihre Melodien und tanzen dazu meist im Kreis um den ganzen Dorfplatz und durch die Kirche.

Die Tänzer der Auqi-Puli tragen Gesichtsmasken aus bunten Perlenschnüren. Am Hinterkopf fallen Bänder in den Farben des Regenbogens bis zum Gesäß. Die Tanzenden halten sich bei den Händen oder sind mit einem langen Tuch verbunden, während sie im Kreis tanzen. Flötenspieler und Trommler begleiten sie mit ihrer Musik. Der Tanz soll das Wachstum der wichtigsten Feldfrucht, des Quinoa, günstig beeinflussen.

Neben den Auqi-Puli beginnen die Tänzerinnen der Cinta-Cana nach ungefähr zwei Stunden ununterbrochenen Tanzes mit den etwa 40 bunten Schnüren, die von der Mitte des Vogelmastes ausgehen, durch Schritte und Formationen ein Flechtmuster in den Farben des Regenbogens zu weben. Beide Tanzgruppen repräsentieren das Wettergeschehen. Die Auqi-Puli-Gruppe stellt den Wind dar, der Wolken und Regen vertreibt, und die Cinta-Cana-Gruppe die Wolken selbst. Die Menschen glauben, dass das Wetter der kommenden Monate so sein wird, wie an den beiden ersten Tagen dieses Festes. Der erste Tag zeigt das Wetter der ersten Septemberhälfte an, der zweite die Witterung nach Monatsmitte.

Einige der alten Leute halten sich an diesen Tagen auf den Hügeln auf, beobachten das Wetter und bestimmen dann den genauen Zeitpunkt der Aussaat.

Die Festteilnehmer tanzen nach der Darbietung auf dem Dorfplatz noch in den Häusern weiter, bis in die frühen Morgenstunden des 2. August. Nach einer kurzen Nacht und einem gemeinsamen Frühstück geht das Fest in familiärem Kreis weiter bis zum 4. August.

In anderen Gegenden Perus feiern die Menschen das Santiago-Fest anders und etwas früher: vom 25. bis zum 27. Juli. In Zentralperu ist es ein Fest, bei dem man die Tiere ehrt und schmückt. Der Tag ist schulfrei, und so beginnen Eltern und Kinder schon am Morgen, ihre Haustiere zu verschönern. Lamas, Alpakas, Schafe, Kühe, Hühner und Meerschweinchen, zumindest ein Vertreter von allen Tieren, die eine Familie besitzt, werden schön geschmückt. Mit viel Ideenreichtum hängt man den Tieren Plastikketten um den Hals, steckt ihnen Blumen ins Fell oder streift ihnen bunte Bänder über die Ohren. Farbenprächtig und schön sollen die Tiere aussehen, denn sie sind der ganze Reichtum vieler Peruaner. Mit einigen Tieren ziehen die Leute durchs Dorf. Voran gehen paarweise die Tänzer und Tänzerinnen, es folgen die Trommler, Flötenspieler und Hornbläser. Vor jedem Haus verweilt der Zug eine Weile und die Leute tanzen im Kreis oder zu zweit zu der Santiagomusik und den Santiagoliedern.

Wenn es in der Nähe eine Kirche gibt, gehen die Familien am ersten Festtag zur Santiagomesse und bringen einen geschmückten Stellvertreter für alle ihre Tiere mit. Am Ende des Gottesdienstes segnet der Priester die Tiere in der Kirche. Vor der Kirche haben die Gottesdienstbesucher einen kleinen Teil ihrer Ernte aufgebaut, damit der Pfarrer auch die Feldfrüchte segnen kann, von denen er einen Teil als Geschenk erhält.

Santiago-Fest in Peru   © Walter Andritzky

Das Johannisfest in Porto

In der Nacht vom 23. auf den 24. Juni findet in vielen Ortschaften Portugals das Fest Johannes des Täufers (Saõ Joaõ) statt. Im Vordergrund des Festes stehen jedoch nicht der Heilige und seine Legende, sondern die Sommersonnenwende, die schon vor der Christianisierung gefeiert wurde. Die Sonne hat zu dieser Zeit ihren höchsten Stand erreicht und besitzt große Kraft. Die Menschen feiern die Zeit der kürzesten Nacht und des längsten Tages. Nach römischem Kalender war dies der 24. Juni, auf den die Kirche später den Geburtstag Johannes des Täufers legte, der laut Neuem Testament (Lukas 1,36) sechs Monate älter war als Jesus.

Zum Johannisfest sind die meisten Straßen der portugiesischen Stadt Porto für Autos gesperrt. Sobald es draußen richtig dunkel ist, gehen die Erwachsenen und Kinder auf die Straße. Dort brennen auf verschiedenen Plätzen große Feuer, über die die Leute springen. Dieser Brauch soll Glück bringen und wurde früher auch als Reinigung betrachtet. Junge Paare fassen sich bei den Händen und springen gemeinsam über die Flammen. Wenn sie sich nicht loslassen, bedeutet das einen guten Zusammenhalt in ihrer Liebe. Um die Feuer bilden die Leute einen Kreis, tanzen einen Reigen und singen gemeinsam.

Die Straßen sind voller Menschen. Viele der Festteilnehmer haben einen Knoblauchstengel in der Hand. Damit „schlagen" sie sich gegenseitig. Früher glaubte man, dadurch die bösen Kräfte zu vertreiben und Gesundheit, Schön-heit und Liebesglück zu fördern. Heute macht es den Leuten einfach Spaß und wird als Glückssymbol oder Ausdruck von Sympathie verstanden. Statt des Knoblauchs sind bei Kindern und Erwachsenen in den letzten Jahren kleine quietschende Plastikhämmer sehr beliebt. Bei jedem Schlag geben sie einen Quietschton von sich und bestimmen dadurch die nächtliche Geräuschkulisse. Die ganze Nacht hindurch wird getanzt, gelacht, übers Feuer gesprungen, und man zieht fröhlich durch die Straßen. Die vielen Feuer erhellen die kürzeste Nacht des Jahres, machen sie zum Tag und verdeutlichen den Sieg der Sonne über die Dunkelheit.

Auf vielen Tischen stehen in dieser Nacht Blumentöpfe mit aromatisch riechendem Basilikum. Manchmal werden sie als Liebesgeschenk übergeben oder einfach als Ausdruck der Zuneigung. In den Töpfen befinden sich kleine Zettel mit Versen. Die Empfänger sind auf die Botschaft der Sprichworte und kleinen Gedichte gespannt.

Im Laufe des Abends lassen die einzelnen Familien selbstgebastelte oder gekaufte Papierballons steigen, die die Sonne symbolisieren. Sie können mehrere Meter Durchmesser haben oder ganz klein sein. In der Mitte des Ballons ist ein Gefäß mit Alkohol, der angezündet wird und dem Ballon Auftrieb gibt. Schaukelt der Ballon zu stark, dann fängt er leicht Feuer und verbrennt. Das bringt Unglück. Außerdem sind die Bastler dann sehr traurig, denn sie haben viele Stunden daran gebaut.

Im Laufe der Nacht werden viele private Feuerwerke veranstaltet, bei denen auch kleine, sich drehende und sprühende Sonnenräder angezündet werden. Um 24 Uhr trinken viele Leute den Mitternachtskaffee und essen frisches Mitternachtsbrot mit Butter. Nach Mitternacht gibt es noch ein großes städtisches Feuerwerk.

Wenn sich die Kinder wachhalten konnten, dann sind sie immer noch mit dabei. Während der Nacht sammeln sie von den Passanten auf der Straße Geld für die „cascatas", die sie in den Tagen zuvor gebaut haben. Cascatas sind Miniaturszenen, in denen der Heilige Johannes als Hirte mit Schafen dargestellt wird, deren Schutzheiliger er ist.

Daneben sind auch Musiker und andere Heilige aus Ton sowie Häuser und Landschaften aus verschiedenen Materialien zu sehen. In jeder Landschaft gibt es einen See, denn Wasser ist ein wichtiges Element für Johannes den Täufer. Diese Szenen haben die Kinder im Vorgarten, im Haus oder auf der Straße aufgebaut.

Im Morgengrauen gehen viele Bewohner Portos zum Meer. Auch das Wasser hielt man früher zu Saõ Joaõ für heilsamer als sonst; sowohl zum Trinken als auch zum Baden. Die Leute begrüßen die aufgehende Sonne, setzen sich in die Cafés, die in dieser Nacht erst gar nicht geschlossen hatten, und frühstücken gemeinsam.

Der Gute Jesus vom Guten Ende: Candomblékult und Katholizismus in Brasilien

Die Kirche des Bom Jesus do Bonfim steht in Saõ Salvador da Bahia. Sie ist am Donnerstag vor dem zweiten Sonntag nach Epiphania das Ziel der größten Prozession Bahias. Hunderttausende nehmen teil an dem Fest, das eine Mischung aus Katholizismus und der afrobrasilianischen Religion Candomblé ist.

Der Candomblé entwickelte sich aus den verschiedenen afrikanischen Religionen der während der Kolonialzeit nach Brasilien verschleppten Sklaven. So verehren noch heute die einen in der Kirche Jesus, die anderen Oxalá (sprich Oschalá), und manch einer verehrt beide, da sie für ihn untrennbar geworden sind. Es ist nicht verwunderlich, dass Jesus schon von den Sklaven und Sklavinnen mit Oxalá gleichgesetzt wurde, denn auch Oxalá ist in der Candomblé-Religion der höchste Gott, Sohn des Gottvaters (Olorún). Oxalá ist verantwortlich für Fruchtbarkeit, Geburt, Tod und Frieden. Wie jedem anderen Heiligen ordnet der Candomblé ihm Gegenstände, Farben und einen Wochentag zu. Für Oxalá stehen u.a. die Muschel, die Ziege als Opferspeise, der Freitag sowie weiße Kleider und Halsketten als Zeichen der Reinheit.

Die meisten Menschen tragen während des Festes zumindest ein weißes Kleidungs-

91

stück. Ganz in Weiß gekleidet, mit weiten weißen Röcken, gestärkten Unterröcken, Spitzenblusen, Medaillons um den Hals und weißen Armbändern, sind die Priesterinnen und Novizinnen Oxalás, die sich früh morgens gegen sechs Uhr treffen. Gemeinsam laufen sie an der Spitze der Prozession den etwa acht Kilometer langen Weg zur Kirche do Bonfim.

Eine unüberschaubare Menschenmenge, Autos, Lastwagen, Leiterwagen und mit Blumen geschmückte Esel, deren Rücken mit Duftwasserfässchen beladen sind, bilden den Zug. Auf offenen LKW's, die zu Bühnen umgebaut wurden, präsentieren Musikbands moderne, volkstümliche und religiöse Lieder. Im Takt der Rhythmen bewegt sich die Menge tanzend, singend und klatschend durch die Gassen von Bahia.

Während der Prozession tragen einige der Priesterinnen auf dem Kopf schwere Tonkrüge, die mit Duftwasser und Blumen gefüllt sind. Singend und tanzend nähern sie sich der Kirche, um dort die Stufen und den Vorplatz mit parfümiertem Wasser zu wischen und zu besprengen. Danach stellen sie zu Ehren Oxalás die Tongefäße mit den Blumen auf die Treppen, den Vorplatz und später, wenn die Kirche geöffnet wird, auch in die Basilika.

Während der Prozession und beim Tanz zum Klang der Lautsprechermusik fallen manche Festteilnehmer in Trance. In ihnen zeigt sich der Gott Oxalá. An den Schrittfolgen seiner tanzenden Medien läßt er sich erkennen. Sie schreiten im Kirchhof umher, begleitet vom rhythmischen Händeklatschen der Bahianerinnen. Die Priesterinnen erwarten vor der Kirche den nicht enden wollenden Strom der Prozessionsteilnehmer. Sie besprengen die an der Kirche do Bonfim Angekommenen mit Wasser; das soll Glück bringen.

Inmitten der Menge ziehen Händler umher und verkaufen Medaillen, bunte Heiligenfiguren und neben vielem anderen auch Bonfim-Bänder. Diese Armbändchen sollen mit drei Knoten festgemacht werden. Für jeden Knoten darf man sich etwas wünschen. Dabei handelt es sich eher um immaterielle Wünsche wie Gesundheit, Erfolg, Durchhaltekraft oder Glück in der Liebe, denn Oxalá und Jesus do Bonfim sind als Friedensstifter und Heiler bekannt. Erst wenn das Bändchen von alleine vom Arm fällt, werden die Wünsche in Erfüllung gehen.

Früher reinigten und parfümierten die Bahianerinnen auch das Innere der Basilika. Heutzutage werden erst nach der Reinigung des Kirchenvorplatzes die Pforten der Kirche für das Publikum geöffnet. Gläubige, kurz zuvor in Trance auf dem Kirchplatz, knien anschließend im Kirchenschiff vor dem Bild des Nosso Senhor (unseres Herrn) do Bonfim nieder, um das Vaterunser zu beten. Die meisten gehen nach dem Gebet noch in eine der Seitenkapellen, die voller Votivgaben ist. An den Wänden hängen Briefe an den Senhor do Bonfim, in denen die Adressaten um Hilfe für ihre Probleme ersuchen. Fotos von Kindern oder Brautpaaren sind zu sehen, durch die die Gläubigen den Heiligen um Schutz für die Kinder oder eine gute Ehe bitten. Von der

Decke herunter hängen einzelne Gliedmaße aus Wachs, von Menschen angebracht, die um Heilung dieser Körperteile bitten.

Anschließend vergnügen sich die Leute auf dem Volksfest, das vor der Kirche beginnt. Überall gibt es Stände mit Getränken und köstlichem Essen. Auf den Straßen tanzen die Menschen Samba, Rumba, Fox, Bolero, Rock und argentinische Tangoschritte. Besonders beliebt ist die Samba de Rodas: ein Sambakreistanz, bei dem immer eine Frau in der Mitte tanzt, die dann von einer anderen abgelöst wird.

In der Nacht von Donnerstag auf Freitag finden unter Ausschluss der Öffentlichkeit Candombléfeiern statt, an denen nur Mitglieder des Candomblé teilnehmen dürfen. Eine Priesterin schlachtet eine Ziege. Im Trommelrhythmus bewegen sich Tänzer und Tänzerinnen, die in Trance fallen. Oxalá wird im Laufe der Feier durch einige von ihnen mit den Menschen in Kontakt treten.

Die kirchliche Feier für Jesus do Bonfim findet erst am darauffolgenden Sonntag statt.

Das brasilianische Fest des Bom Jesus do Bonfim   © Marisa Vianna

93

Mariä Himmelfahrt in Portugal

Nachdem Maria im Jahre 431 n. Chr. auf dem Konzil von Ephesus den Titel „Gottesgebärerin" erhalten hatte, wurde sie zur größten Heiligen der katholischen Kirche. Sie ist die Patronin vieler Ortschaften und Kirchen.

Für Portugal ist sie seit 1649 sogar die offizielle Schutzheilige des ganzen Landes.

Die Namen der Marienstatuen unterscheiden sich in Portugal von Ort zu Ort. Da gibt es eine „Maria Olivenbaum", eine „Maria Hilf" und viele andere mehr.

Am höchsten und ältesten Marienfest, dem Fest Mariä Himmelfahrt, schmücken die Gläubigen in Caldas da Rainha ihre Marienstatue mit bunten Blumen. Auch der Kirchenraum selbst ist zu diesem Anlass über und über mit Blumen dekoriert. Diese herrliche Pracht finanzieren die Gläubigen selbst. Sie spenden Geld oder lösen ein Gelübde ein, das sie der Gottesmutter gegeben haben. Hat sie ihre Bitte erhört, so entlohnen sie Maria mit Blumenschmuck.

Nach dem Gottesdienst, der am 15. August allein der Maria gewidmet ist, bietet sich eine weitere Gelegenheit, ein Gelübde einzulösen: Bei der anschließenden Prozession muss die Marienstatue auf Schultern durch die Straßen getragen werden. Da viele dieses Versprechen gegeben haben, müssen sich die Träger häufig abwechseln.

In Caldas da Rainha gehen die Kinder an der Spitze der Prozession. Sie sind zu Ehren von Maria als Bräute oder Engel mit weißen Gewändern, Kronen und kleinen Flügeln bekleidet. Als Mittelpunkt der Prozession folgt die Gruppe mit der feierlich geleiteten Heiligenstatue.

Dahinter geht der festlich gekleidete Priester, der in der Hand eine goldene Schale mit der Hostie hält. Viele Teilnehmer, die am Straßenrand stehen, verbeugen sich oder knien nieder, wenn sie die Hostie, den Gottesleib, erblicken. Dies ist auch der Moment, an dem sich viele etwas wünschen, in der Hoffnung, dass heute die Chance besonders groß ist, erhört zu werden.

Das Ziel der Prozession in Caldas da Rainha ist der Marktplatz, auf dem heute ein Jahrmarkt stattfindet. Dort angekommen, segnet der Priester die Früchte, bevor alle wieder in die Kirche zurückkehren und die Prozession sich auflöst.

In Póvoa de Varzim, einem Küstenort im Norden Portugals, führt die Prozession zum Meer. Dort liegen die Boote, die die Fischerfrauen für den heutigen Tag mit ihren bunten Kopftüchern geschmückt haben. Die Fischer tragen die Marienstatue auf ihren Schultern dorthin, damit sie ihre Boote segnet.

Sie soll die Boote vor Sturm schützen und ihnen volle Netze bringen. Früher hatte jedes Fischerboot sein spezielles Netz, das „Netz unserer Herrin", dessen Fang zugunsten der Maria verkauft wurde.

Nicht nur die Boote, Kirchen und Heiligenfiguren werden geschmückt, auch viele Teilnehmer haben ihre Festtrachten angezogen. Je nach Region sehen diese ganz unterschiedlich aus, aber immer kann man sie auf den anschließenden Festveranstaltungen bewundern.

Im Anschluss an die kirchliche Zeremonie finden nämlich „Festas" statt; das sind Jahrmärkte mit Volkstänzen, Gesang, Feuerwerk, Essen, Trinken und mancherorts auch Stierkämpfen.

Auf den vielerlei Veranstaltungen kann man u.a. Volkstänze betrachten. In buntbestickten, weitausladenden Röcken oder ganz in Schwarz mit goldenen Kopftüchern und viel Schmuck drehen sich die Frauen zum Rhythmus der Musik. Daneben tanzen die Männer mit ihren für die Fischer typischen Strumpfmützen. Begleitet werden sie von den lebhaften Klängen der Gitarren, Schlaginstrumente, Dudelsäcke und Ziehharmonikas.

Gesegnetes Wasser in der Kirche und am Fluss: das Fest der Taufe Christi in griechisch-orthodoxen Gemeinden

Wir nähern uns einer Kirche in dreieckiger Form, mit schlichtem separat stehendem Kirchturm aus Beton. Diese ehemalige katholische Kirche stammt aus den 70er Jahren und niemand würde erwarten, was man zu sehen bekommt, wenn man den Kirchenraum betritt. Dem kühlen Äußeren steht ein prunkvolles Inneres gegenüber. Unser Blick trifft auf eine reichlich mit Gold verzierte, filigran aus Holz geschnitzte Ikonenwand. Sie reicht von einer Kirchenwand zur anderen. Es scheint, als sei sie in Türbögen aufgeteilt, jeder verziert mit einer aufgemalten Ikone. Die beiden mittleren Türen sind geöffnet und geben den Blick frei auf den Altarraum, dort steht der Priester in hellblauem, mit Goldfäden besticktem Gewand. Über dem Mittelgang hängt ein riesiger goldener Lüster, dessen Durchmesser mindestens 3 Meter beträgt. Mehr als 100 Birnen erleuchten ihn. An seinem äußersten Kranz sind wiederum Ikonenbilder angebracht. Auch an den Kirchenwänden hängen ovale, rechteckige, gemalte und gestickte Ikonen. Bereits 1988 durfte die griechisch-orthodoxe Gemeinde diese Kirche nutzen und einrichten, 2008 konnte sie sie schließlich kaufen. Viele Besucher sitzen in den Bänken und folgen dem Gottesdienst. Heute ist der 6. Januar, Tag der Epipha-

Taufe Christi (griechisch-orthodox) in Frankurt am Main

© C.E-B

nie und Theophanie (Gotteserscheinung). Die griechisch-orthodoxen Gemeinden feiern die Taufe Christi und die große Wasserweihe. Deshalb steht auch gleich am Eingang eine Ikone, die die Szene der Taufe Christi abbildet, der ja im Erwachsenenalter von Johannes dem Täufer im Jordan getauft wurde. Fortwährend kommen neue Gottesdienstbesucher, die gleich nach Eintritt diese Ikone küssen, dann zum Kerzenstand gehen, um lange dünne Kerzen zu kaufen. Sie stecken so viele Kerzen in die speziellen Gefäße mit Sand, dass ein Mann aus der Gemeinde die angezündeten Kerzen immer wieder ausbläst und herausnimmt, damit neue folgen können. Längst nicht alle Gläubigen nehmen von 8 Uhr bis 12.30 Uhr am Gottesdienst teil. Gegen 11 Uhr kommen mehr und mehr Menschen, besonders Familien mit Kindern, die den letzten und wichtigsten Teil des Gottesdienstes miterleben möchten. Mittlerweile schreiten die Gläubigen in langen Reihen nach vorne und bekommen auf einem silbernen Löffel vom Priester das Abendmahl gereicht. Umrahmt wird diese Handlung, wie viele andere auch, vom meditativen Gesang der Männer, die sich rechts vor der Ikonenwand um den Sängerstand gruppieren. Diese Hymnen lassen uns tatsächlich in eine sehr meditative Stimmung kommen, auch wenn wir als deutsche Besucher nur wenig verstehen, da fast der ganze Gottesdienst auf Griechisch gehalten wird. Es gibt in der Orthodoxie weniger Predigten, eher viele stille und laute Gebete des Priesters sowie Wechselgesänge zwischen Priester und Sängern. Die heutige Lesung stammt aus dem Markusevangelium. Sie beschreibt, wie nach Jesu Taufe im Jordan der Himmel sich öffnete, der Geist wie eine Taube herabkam und eine Stimme sprach: „Du bist mein geliebter Sohn" (Markusevangelium 1,11). Daher kommt der Name Theophanie, Gotteserscheinung. Nach der Lesung bringt ein Altardiener ein großes silbernes Gefäß mit Deckel, auf dem drei Kerzen fixiert sind. Es ist ein mit Wasser gefülltes Weihwasserbecken. Viele Besucher mit kleinen Kindern auf den Armen strömen nun nach vorne, sie alle wollen die Wassersegnung sehen. Dreimal bittet der Priester Gott, durch den Heiligen Geist das Wasser zu heiligen. Dann öffnet er den Behälter und tunkt einen Strauß aus getrocknetem und frischem Basilikum ins Wasser. Mit sichtlicher Freude versucht er, damit die ganze Gemeinde zu besprengen. Da wird auch mal gelacht, wenn die Tropfen auf die Gesichter fallen und man gesegnet ist. Im Kirchenraum ist viel Bewegung. Wir reihen uns in die Schlange ein, die nach vorne zum Priester reicht. Dort angekommen, berührt er mit dem Basilikum unsere Köpfe und wir küssen, wie alle anderen auch, das große Kreuz in seiner Hand. Auch wir sind gesegnet. Eine weitere Reihe führt nach hinten, wo ein zweites, bereits am Vortag gesegnetes Wasserbecken steht. Nun wird klar, warum in manchen Kirchenbänken leere Marmeladengläser oder Flaschen mit goldenen Heiligenbildern standen. Diese Gefäße werden von zwei Frauen mit dem gesegneten Wasser gefüllt. Jung und Alt holen dieses Wasser, das sie bei Krankheit oder bevorstehenden Prüfungen trinken. Heute und in den kommenden

Griechisch-orthodoxe Taufe Christi in Frankfurt am Main

© Ferhat Bouda

Tagen ist Priester Georgios Basioudis unterwegs, um mit dem geweihten Wasser die Wohnungen und Häuser der Gemeindemitglieder zu segnen. Dafür tragen sie sich in Listen ein. Nur die Segnung am Rhein wurde dieses Jahr von der Kreuzerhöhungsgemeinde wegen Schnee abgesagt. In Frankfurt am Main (Hessen) ist der 6. Januar kein Feiertag wie in Mannheim (Baden Württemberg) und so findet dort die Segnung des Mains, nach dem Gottesdienst, am darauffolgenden Sonntag statt. Eine Chance für uns, doch noch eine Flusssegnung mitzuerleben. Bei der Flusssegnung draußen im Freien, mitten in der Stadt, da wird dieses Fest sichtbar, nicht nur für die griechisch-orthodoxen Kirch-

gänger, sondern für alle Menschen dieser Stadt.

Auf dem Eisernen Steg, einer Fußgängerbrücke in Frankfurt, überqueren wir den Main. Das Thermometer zeigt minus 10 Grad und die Sonne spiegelt sich auf den im Fluss schwimmenden Eisschollen. Wir sind auf dem Weg zum Römer, wo sich die Gläubigen vor dem Rathaus zur Prozession treffen. In wärmeren Januartagen waren es schon 2000 Teilnehmer. In kälteren Wintern sind es 500, die in dicke Wintermäntel und Mützen gehüllt in der klirrenden Kälte stehen. Auch die Priester aus der griechisch-orthodoxen Eliasgemeinde und der Georgsgemeinde, Archimandrit Athinagoras Ziliaskopoulos und

97

Priester Stefan Anghel aus der rumänisch-orthodoxen Hl.-Nikolaus-Gemeinde in Offenbach sind eingetroffen. Kurz vor Beginn der Prozession legen sie ihre Mäntel ab. Der Archimandrit trägt eine königsblaue bestickte Samtrobe und einen schwarzen Mönchsschleier, der an der Mütze befestigt ist. Der Talar des rumänischen Priesters ist schwarz, Pater Martinos Petzolt trägt ein weißes, mit Gold besticktes Gewand und Erzpriester Philippos Savvopoulos eine weinrote Samtrobe. Auch die Gewänder der jungen Ministranten sind rot und golden, an hohen Stäben tragen sie goldene Kreuze und in Metall getriebene Engelsdarstellungen, die im winterlichen Sonnenschein blinken.

Lautes rhythmisches Klopfen kündigt den Start der Prozession an. An der Spitze zwischen den Standartenträgern geht ein Mann, der mit einem Holzklöppel auf ein großes dickes Holzbrett, das Talaton, schlägt, ein Rhythmus, der die Umstehenden durchdringt. Während die Prozession den Weg zum Main nimmt, fragen immer wieder Passanten, um welchen Umzug es sich handele, oder sie spekulieren, dass es sich um verspätete Sternsinger handeln könne. Sie erhalten die freundliche Auskunft, dass es die Wasserweihe, die Segung des Mains ist. Unten am Main angekommen, steigen die Kirchenmänner, der Männerchor, die Altardiener, die Träger der Taufikone, des Weihrauchgefäßes und der Holzkreuze sowie die Prominenten (Konsul, Stadtrat, 1. Vorsitzende der Arbeitsgemeinschaft Christlicher Kirchen), die gekommen sind, um Grußworte zu sprechen, auf ein Po-

dium. Um sie herum versammeln sich die Gläubigen; selbst auf der Brücke stehen sie vermischt mit zufällig vorbeikommenden Passanten, die dem Gottesdienst lauschen. *„Neige, Herr, Dein Ohr und erhöre uns, der du Dich herabgelassen hast, im Jordan getauft zu werden und die Wasser geheiligt hast; segne uns, ... wenn wir an diesem Wasser teilhaben ..."* Nach diesen Worten nimmt einer der griechisch-orthodoxen Priester von einem Silbertablett das etwa 20 cm große Holzkreuz, das an einer langen weißen Schnur befestigt ist. Er wirft es hinaus in den Fluss und segnet ihn damit. Minutenlang herrscht Stille, die nur vom Rufen der Möwen unterbrochen wird. Dann wird das Kreuz wieder herausgezogen und die Handlung vom rumänisch-orthodoxen Priester und vom Archimandriten wiederholt. Bei diesen Temperaturen ist nicht daran zu denken, dass jemand in den Main springt, um das Kreuz zu holen, wie es in Griechenland Sitte ist. Dort ist es eine große Ehre für den Mann oder Jungen, der das schwimmende Kreuz herausbringt. Auf manchen Inseln mit klarem Wasser tauchen die Männer sogar nach dem gesunkenen Messingkreuz. In anderen Ländern, wie z.B. Russland, springt man trotz Kälte ins eisige Wasser. Das Gewässer wird durch das Kreuz gesegnet, so wie der Jordan durch Christi Taufe gesegnet wurde. Den Wassersegen gibt der Archimandrit nun an die Gläubigen weiter, indem er, wie in der Kirche, ein Basilikumsträußchen in geweihtes Wasser taucht und die Menge besprengt. Dann wirft er einen Strauß gelbe Rosen in den Fluss, für die sich

98

die Schwäne sehr interessieren. Und so werden auch sie gesegnet. In den abschließenden Fürbitten, die, wie der ganze Gottesdienst, auf Griechisch und Deutsch gehalten werden, bittet der Archimandrit „um Frieden, den lang ersehnten Frieden auf dieser Welt". Dabei denkt er sicher auch an die Große Wasserweihe des Ökumenischen Patriarchen Bartholomaios I. am Goldenen Horn in Istanbul, die wegen der Anschlaggefahr nur unter Polizeischutz stattfinden kann. Neben dem Frieden ist auch der Umweltschutz, der gute und verantwortungs-

volle Umgang mit Wasser, ein Thema der Fürbitten am Tag der Theophanie. Trotz Kälte warten noch viele Gläubige nach Abschluss des Gottesdienstes auf den Archimandriten, dem sie die Hand küssen, für sich und ihre Kinder um Segen bitten und dann noch ein Foto fürs Familienalbum machen. Für viele sind solche Anlässe tiefe emotionale Eindrücke, verbunden mit Erinnerungen an ihre Kindheit, und gleichzeitig eine gute Möglichkeit, die eigenen Kinder in die Tradition und den Glauben einzubeziehen.

Griechisch-orthodoxe Taufe Christi in Frankfurt am Main   © C.E-B

Wallfahrten

8

Eine Wallfahrt zur Marija von Bistrica in Kroatien

Jährlich besuchen eine Million Pilger und Pilgerinnen die Muttergottes von Bistrica (Majka Bozja bistricka). Während der Hauptwallfahrt am 15. August, zu Mariä Himmelfahrt, sind es viele Tausend.

Die 1,17 m große, schwarze Holzstatue der Maria mit dem Jesuskind auf dem Arm stammt aus dem 15./16. Jahrhundert. Die künstlerisch wertvolle Statue wurde wahrscheinlich von einem unbekannten einheimischen Bildhauer gefertigt. Im 16. Jahrhundert wurden solche schwarzen Skulpturen als sogenannte „schöne Madonnen" häufig hergestellt.

Der kleine Ort wie auch die Kirche, in der die Marienstatue steht, heißen Marija Bistrica. Sie liegen, 40 km entfernt von der kroatischen Hauptstadt Zagreb, in einer Hügellandschaft.

Wie kam es dazu, dass Marija Bistrica zum bekanntesten und meistbesuchten Wallfahrtsort des südslawischen Raumes wurde?

Um 1545 brachte der damalige Gemeindepfarrer die Marienstatue aus Furcht vor den osmanischen Eroberern in Sicherheit. Er holte sie von einer nahegelegenen, kleinen Weinbergskapelle in die Kirche und mauerte sie in die Kirchenmauern ein. Das Geheimnis um den genauen Ort der versteckten Madonna nahm er mit ins Grab. Und so kam es, dass Maria und Jesus über hundert Jahre in den Mauern verborgen blieben. Erst 1684 wurden sie durch die Bemühungen eines Zagreber Bischofs wiedergefunden.

Aus dieser Zeit berichten die Kirchenbücher auch von der Wunderheilung des unheilbar kranken Mädchens Katarina Paulec. Beide Ereignisse waren Ursachen der einsetzenden Wallfahrten.

Ein weiteres wundersames Geschehen ereignete sich am 14. August 1880, dem Vorabend von Mariä Himmelfahrt. Ein Feuer vernichtete die Kirche, nur der 1715 vom kroatischen Landtag gestiftete Hauptaltar mit der Marija von Bistrica blieb unversehrt.

Papst Benedikt XIV. (1750–58) verlieh der Statue die Indulgencia, „Erlass der Sünden durch eine Wallfahrt an diesen Ort". In der Folgezeit stieg der Besucherstrom ständig an, so dass man eine größere Kirche baute. 1882 wurde die heutige Kirche im Neorenaissancestil fertiggestellt, 1923 von Papst Pius XI. in den Rang einer Basilika (Bischofskirche) erhoben. 1971 erklärte die Bischofskonferenz die Wallfahrtsstätte sogar zum nationalen Heiligtum.

Unter der kommunistischen Regierung gingen die Besucherzahlen in Marija Bistrica zurück. 1981 verbot die Regierung in Zagreb die Teilnahme an der Wallfahrt wegen „Diskriminierung nichtkatholischer und atheistischer Mitbürger". Die Busunternehmen durften die Pilger nicht befördern, und so liefen viele, wie in früheren Zeiten, die 40 km zu Fuß.

Dieser Fußmarsch ist inzwischen Tradition geworden. Früh morgens machen sich die Pilger auf den mehrstündigen Weg. Unterwegs stoßen immer mehr Leute dazu. Menschen kommen miteinander ins Gespräch, die sich im Alltag nicht unterhalten würden. Sie beginnen, über ihre Gebete, ihren Glauben, über Erlebnisse und Sorgen zu sprechen. Sie alle haben an diesem Tag eine Gemeinsamkeit: Sie sind Pilger.

Die meisten Pilger reisen jedoch in Bussen an. Aus vielen Orten Kroatiens kommen ganze Gemeinden, auch aus Bosnien-Herzegowina, Deutschland oder Österreich sind Gruppen oder Einzelpersonen angereist. Nach der Ankunft, noch vor dem Gottesdienst, besuchen viele Pilger und Pilgerinnen die Madonnenstatue in der Basilika.

Die Madonna steht in einem kleinen Altarraum. In krassem Gegensatz zu der schlichten Schönheit der Statue, die ganz aus Holz gearbeitet ist, stehen die Kronen, die Maria und das Jesuskind tragen. Mit diesen mit Perlen und Edelsteinen besetzten Goldkronen schmückte 1935 der Zagreber Erzbischof Bauer die beiden Figuren. Die Madonna steht mit ihren Füßen auf einem Kopf oder, wie es andere sehen, auf einem Halbmond mit Gesicht. Da könnte der Künstler sich selbst oder seinen Auftraggeber dargestellt haben. Sieht man in dem Gesicht einen Mond und interpretiert ihn, aufgrund seiner Wandelbarkeit (Mondphasen), als ein Symbol der Unschlüssigkeit und Sündhaftigkeit, dann zeigt die Statue, dass Marija über die Sünde siegte. Denn der Mond liegt unter ihren Füßen.

Es ist nicht einfach, in der vollen Kirche bis zu Marija zu gelangen. In den letzten Jahren sind es vornehmlich Kriegsverletzte und Waisen, die man nach vorne lässt. Sie bitten, wie die meisten Besucher, um seelische wie körperliche Heilung und Stärkung. In den Geschichtsbüchern im Archiv der Pfarrei finden sich die Aufzeichnungen vieler Gebetserhörungen und Gnadenerweise. Manche Gläubige geben der Madonna auch ein Versprechen, dass sie einlösen wollen, wenn sie für sie eintritt, ihnen hilft. Für andere ist die Wallfahrt das Einlösen eines Gelöbnisses, weil sich ein früheres Gebet erfüllt hat.

Um 10 Uhr beginnt im Freien der Gottesdienst. Vor der Kirche steht ein erhöhter, überdachter Altar. Um den Altar bis hinauf zum Kamm des gegenüberliegenden Hügels stehen die Pilgerinnen und Pilger. Das bunte Menschenmeer wird durch die Fahnen verschiedener Gemeinden und Vereine unterbrochen. Es sind auch Gruppen von Männern und Frauen in den unterschiedlichsten historischen Trachten zu sehen, die sie speziell für diesen Tag angezogen haben.

Zu Beginn des Gottesdienstes bahnt sich eine lange, weiße, vierreihige Menschenschlange ihren Weg durch die Besucher zum Altar.

Während des zwei- bis dreistündigen Gottesdienstes singen die vielen tausend Besucher, unterstützt von einem Blasorchester, traditionelle Kirchenlieder. Die Predigt, die meist von Maria als Fürsprecherin handelt, richtete sich bei der Hauptwallfahrt 1994 gegen die Ursachen von Krieg und Gewaltanwendung, gegen Hass und Feindschaft auf nationaler, religiöser und nachbarschaftlicher Ebene.

Nach der Predigt beginnt die gemeinsame Eucharistiefeier. Da achtzig Prozent aller Pilger und Pilgerinnen daran teilnehmen, bedarf es vieler Helferinnen und Helfer, die die Hostien und den Wein austeilen.

Mit dem Gottesdienst ist das Feiern noch nicht zu Ende. Während des ganzen Tages finden in der Kirche und in Sälen Konzerte der angereisten Chöre statt.

Direkt nach dem Gottesdienst suchen die Pilgerinnen und Pilger aus den vielen Pfarreien erst einmal einen schattigen Platz in der Hügellandschaft oder versuchen einen Tisch in einem der wenigen Gasthäuser in Marija Bistrica zu bekommen. Es ist Zeit fürs Mittagessen. Da die Gastronomie des kleinen Städtchens trotz der zusätzlichen Verpflegungsstände für die große Zahl der Pilger nicht ausreicht, machen die meisten ein Picknick im Grünen. Die mitgebrachten Speisen und Getränke werden auf Decken und Tischtüchern ausgebreitet. Gut gesättigt machen einige ein kurzes Mittagsschläfchen, um dann am inoffiziellen Teil des Festes teilzunehmen.

Die Pilgergruppen beginnen Volkslieder aus ihrer Region zu singen und die Trachtengruppen tanzen. Frauen und Mädchen in weiten Röcken, bestickten Blusen, mit Schleiern, Tüchern oder Ährenkränzen als Kopfschmuck, Männer und Jungen mit bestickten Mützen und Jacken zeigen die traditionellen Tänze ihres Ortes. Trotz der mittäglichen Augusthitze drehen sie sich im Kreis und hüpfen behende von einem Fuß auf den anderen.

Anfangs bleiben die Gruppen unter sich, später dagegen werden die Besucher neugierig und schauen sich die Tänze der anderen Gruppen an oder tanzen gar mit. Mit etwas Glück trifft man Bekanntschaften der letzten Wallfahrt wieder.

Ein Teil der Besucher nimmt auch an der Kreuzwegprozession teil, die sich auf einem Hügel über 14 Stationen erstreckt.

Wer es am Morgen nicht geschafft hat, zur Madonnenstatue vorzudringen, versucht es jetzt noch einmal. Jeder möchte sie aus der Nähe sehen, vor ihr beten, vielleicht auch ein Gelöbnis ablegen.

An den vielen kleinen Verkaufsständen im Ort werden kleine Marienstatuen und Anhänger mit der Madonna verkauft, die sich viele als Andenken an diese Wallfahrt mit nach Hause nehmen.

Neben der Hauptwallfahrt im August gibt es das ganze Jahr über Wallfahrten für bestimmte Personengruppen, z.B. Familien-, Akademiker- und Invalidenwallfahrten. Im Mai und Oktober 1995 fanden auch Schülerwallfahrten zur Marija von Bistrica statt, wo sicher viele Schülerinnen und Schüler um gute Noten und eine gerechte Behandlung durch die Lehrer beteten.

Marija Bistrica, eine Wallfahrt in Kroatien   © Ivan Sponar

In die Kirche hineinhüpfen: die Echternacher Springprozession

Die Echternacher Springprozession beginnt am Pfingstdienstag im luxemburgischen Städtchen Echternach zu Ehren des Heiligen Willibrord, des Landesheiligen von Luxemburg. Aus verschiedenen Ländern reisen Besucherinnen und Besucher an, um an der Springprozession teilzunehmen oder ihr zuzuschauen. Bereits am Pfingstsonntag machen sich zum Beispiel die Pilgerinnen und Pilger von den deutschen Orten Prüm und Waxweiler aus auf den Weg zur Springprozession. Eine Pilgergruppe aus Waxweiler begründete im Mittelalter die Springprozession, um deren Ursprung sich zwar viele Legenden ranken, aber wenig gesicherte Informationen vorliegen.

Am Montag Abend kommen die deutschen Pilger zu Fuß in Bollendorf an, ihrer letzten Zwischenstation, wo sie vor der Kirche empfangen werden. Nach dem Gottesdienst zu Ehren des Hl. Willibrord verbringen die meisten, müde vom langen Gehen, die letzte Nacht im Gemeindesaal.

Um sechs Uhr läuten am nächsten Morgen die Kirchenglocken und kündigen den Aufbruch der Pilger ins acht Kilometer entfernte Echternach in Luxemburg an.

Dort angelangt, gesellen sich die Pilger im Innenhof der vom Hl. Willibrord im Jahr 698 gegründeten Abtei zu den Pilgergruppen und Einzelpilgern aus Luxemburg, Deutschland, den Niederlanden, Belgien und Frankreich. Bei Kaffee und Frühstücksbrötchen, eigens für die Pilgergruppen angerichtet, warten sie auf den Beginn des Gottesdienstes in der nahegelegenen Basilika. Dort vernehmen sie in der Ansprache des Erzbischofs von Luxemburg, wer der Heilige Willibrord war und welche Taten er vollbrachte.

Willibrord wurde 658 in Northumbrien, im heutigen Großbritannien, geboren. Mit ihm begann eine neue Epoche der Mission unter den germanischen Volksstämmen. 695 zum „Erzbischof im Land der Friesen" geweiht, gründete er die Kirche von Utrecht (in den heutigen Niederlanden). Mit der Errichtung der Abtei von Echternach schuf er 698 eine neue Missionszentrale. Willibrord war 719–722 Lehrer des Hl. Bonifatius, der von Echternach aus ins Innere des heutigen Deutschland vorstieß, um das Christentum zu verbreiten. 739 starb der Heilige Willibrord, dessen Gebeine in der Krypta der Basilika in Echternach beigesetzt wurden.

Schon aus seiner Lebensgeschichte erklärt sich, warum die Springprozession eine grenzüberschreitende Feier ist, warum auch Bischöfe aus Großbritannien, den Niederlanden und Deutschland angereist sind.

Nach dem Gottesdienst, der abwechselnd in Deutsch, Luxemburgisch (Letzebuergesch) und Französisch zelebriert wird, beginnt die eigentliche Springprozession, deren Wurzeln bis ins Mittelalter zurückreichen.

Zuerst kommen die Sängergruppen aus dem Innenhof der Abtei, um in Zweierreihen den ein Kilometer langen Weg durch die Stadt zur Basilika zurückzulegen. Immer wenn der Vorbeter seinen großen Pilgerstab anhebt,

Springprozession in Echternach, Luxemburg   © Cyrille Pletgen

wiederholen sie die Litanei des Hl. Willibrord in immer gleichbleibendem Rhythmus:

Hl. Willibrord, bitt' für uns, Hl. Willibrord! Hl. Willibrord, ein Lehrer der Wahrheit ... Hl. Willibrord, ein Stifter der Kirchen, Hl. Willibrord erster Apostel der Niederlande ...

Dahinter folgen die Gruppen der Beter, die das „Vater Unser" und den Rosenkranz beten. Daran schließen sich die Springergruppen mit ihren Musikkapellen an. Es sind Menschen unterschiedlichen Alters aus verschiedenen Kirchengemeinden, darunter Kinder-, Frauen- und Männerchöre oder Landfrauenvereine, Pfadfinderinnen und Pfadfin-

der, Echternacher Schulklassen mit Lehrern, ja sogar Gymnastikvereine. Sie alle haben sich in Reihen von je fünf Personen aufgestellt und halten einander mittels kleiner Tücher fest. Auf manchen der Tücher ist das Gesicht des Heiligen abgebildet.

Die Springergruppen hüpfen seitwärts links und seitwärts rechts mit einem kleinen Zwischenschritt im Takt des jahrhundertealten Adamsliedes. Die Melodie des Adamsliedes ist die einzige Musik während der Prozession. Immer wiederkehrend wird sie von den Musikkapellen, die die Springer begleiten und den Takt angeben, gespielt. Von der Abtei „sprin-

105

gen" die Springergruppen einen Kilometer lang bis zur Basilika, wo sich das Grab des Hl. Willibrord befindet. Fast allen, Männern und Frauen, Jungen und Alten, Schülern und Lehrern, Einheimischen und Gästen, rinnt mit der Zeit der Schweiß von der Stirn. Es gehört ein fester Wille dazu, bis zum Ende durchzuhalten.

Die meisten nehmen aus religiöser Überzeugung teil. Für sie ist es eine Bitt- oder Bußprozession. Sie „beten mit den Füßen"; der ganze Körper ist mit einbezogen.

Obwohl weit mehr als 10.000 Zuschauerinnen und Zuschauer die Straßenränder säumen, geht es ganz ruhig und besinnlich zu. Dafür sorgten schon im Vorfeld die Aufrufe in der Regionalzeitung und auf dem Programmblatt, die darauf hinwiesen, dass es sich bei der Springprozession nicht um eine Folklore-Show handele und deshalb kein Beifall gespendet werden solle.

Vier Stunden lang ziehen immer neue Springergruppen von der Abtei zur Basilika. Während die ersten längst schon angekommen sind und bereits beim Mittagessen in einem Restaurant sitzen, warten die letzten Gruppen noch lange auf ihren Abmarsch.

Den Kindern und Jugendlichen bereitet es sichtlich Freude, in das Gotteshaus hineinzuhüpfen. Wann ist das schon mal erlaubt?

Nachdem auch die Bischöfe mit der Reliquie des Heiligen Willibrord in der Basilika angekommen sind, endet der religiöse Teil des Festes mit dem Abschlussgottesdienst für den Schutzheiligen von Luxemburg. Draußen im Städtchen wird in den vielen Cafés, Restaurants und auf dem Rummelplatz weitergefeiert.

Endlich die Jungfrau sehen! El Rocío, eine spanische Pfingstwallfahrt

Die christliche Kirche feiert fünfzig Tage nach Ostern das Pfingstfest zur Erinnerung an den Tag, an dem die in Jerusalem versammelten Apostel den Heiligen Geist empfingen. Bei der Pfingstwallfahrt El Rocío zu dem gleichnamigen Dorf in der südspanischen Provinz Huelva ist der Anlass jedoch ein anderer. Die Pilgerinnen und Pilger feiern „La Virgen del Rocío", die Jungfrau vom Tau. Es wird erzählt, dass ein Hirtenjunge im 14. Jahrhundert die lächelnde Jungfrau im Stamm einer Eiche gesehen habe.

Für die Statue der Madonna von El Rocío wurde während der Regierungszeit des faschistischen Diktators Franco in El Rocío eine große weiße Wallfahrtskirche gebaut, da die Zahl der Pilger immer mehr anstieg. Die Romería (Wallfahrt) dorthin ist die größte Wallfahrt Spaniens. Es nehmen mehr als eine Million Menschen an ihr teil. Bruderschaften und Einzelpersonen aus verschiedenen Dörfern und Städten der Region ziehen, aus allen Himmelsrichtungen kommend, zu Fuß, zu Pferd, mit einem Planwagen oder einem

El Rocio, eine spanische Pfingstwallfahrt

© pictures allance (dpa)

Auto nach El Rocío. Je nach Entfernung und Verkehrsmittel sind die Pilgerinnen und Pilger mehrere Stunden oder mehrere Tage unterwegs.

Am Donnerstag vor Pfingsten nach der Messe um acht Uhr beginnt für die Männer und Frauen der Bruderschaft Triana aus Sevilla die mehrere Tage dauernde Pilgerreise. Erst acht Tage später werden sie wieder in Sevilla zurück sein. Sie tragen die mit Gold und Silber verzierte Standarte der Jungfrau aus der Kirche und ziehen mit ihren reich geschmückten, von Ochsen gezogenen Planwagen, im Wettbewerb mit den anderen

sevillanischen Bruderschaften, durch die Stadt. Anschließend machen sie sich auf den Weg, der sie über die Brücke des Guadalquivir, ein Stück entlang der Autobahn, durch die umliegenden Dörfer und quer über das trockene, staubige Land bis nach El Rocío führt.

Wer es sich leisten kann, kommt zu Pferd, in andalusischer Tracht gekleidet. Die Frauen tragen bunte Rüschenkleider mit vielen Volants, die in Kaskaden bis zum Boden fallen. Ihre Haare sind hochgesteckt und mit Blumenschmuck verziert. Sie tragen wie die Männer einen einfachen Pilgerstab in der Hand und das Medaillon ihrer Bruderschaft

107

um den Hals. Die meisten Männer haben jedoch Jeans und ein helles Hemd an. Die Reiter tragen zusätzlich eine Überziehhose aus Leder. Da die Wege durch tiefen Sand führen und in der trockenen Luft viel Staub ist, haben viele Pilgerinnen und Pilger Tücher um Mund und Nase gebunden oder tragen Staubmasken.

Jede Bruderschaft hat mehrere Wagen, die meist von zwei Ochsen gezogen werden. Die Planwagen sind in den Farben der jeweiligen Bruderschaft gehalten. Das Prunkstück ist ein Wagen mit einem silbernen Baldachin, Kandelabern, Amphoren und Blumen, der die Muttergottes transportiert.

Es ist eine Kunst, diese schweren Wagen unbeschadet durch kleine Flüsse und tiefen Sand ans Ziel zu bringen. Jede Bruderschaft hat dafür ihre Spezialisten. Für die sichere Überquerung des Flusses Guadalquivir sorgt die Marine. Sie hat Landungsboote für die Menschenmassen eingesetzt.

Manche kleinen Dörfer haben sich einen Lastwagen gemietet und pilgern, begleitet von Trommlern, Gitarrenspielern und Flötisten, zur Virgen del Rocío. Die Lastwagen, Traktoren, Jeeps und Kutschen kommen am Ende des Zuges. Sie würden zwischen dem Fußvolk und den Reiterinnen und Reitern zuviel Staub aufwirbeln.

Allabendlich macht der Zug an einem anderen Platz Rast. Nach einem anstrengenden Marsch schlagen viele ihre Zelte auf oder ruhen sich in den Wagen aus. In den Nächten feiern die Pilger mit mehr oder weniger Alkohol, mit Musik, Gesängen und Tänzen wie den Bulrías, Romeras und vor allem den Sevillanas. Manche treffen sich zu einer nächtlichen Andacht. Sie klatschen und singen alte und neue Lieder für die Jungfrau.

Nach wenigen Stunden Schlaf versammeln sich viele Gläubige am nächsten Morgen um die Wagen mit den Madonnen der Bruderschaften und feiern Messen.

Die letzten Kilometer der Reise führen durch tiefen Sand nach El Rocío. Jede Bruderschaft sollte zu einem bestimmten Zeitpunkt ankommen, da sonst durch die etwa 100 erwarteten Bruderschaften in dem kleinen Dorf ein noch größeres Chaos entstehen könnte. Dieser Zeitplan kann aufgrund der sandigen Böden und unvorhersehbarer Zwischenfälle, wie steckengebliebene und umgekippte Wagen, häufig nicht eingehalten werden.

Am Pfingstsamstag haben es die meisten der Pilgerinnen und Pilger geschafft. Bis zu eine Million Menschen sind in dem kleinen Dorf angekommen, das zu einer brodelnden Stadt angewachsen ist. Viele der Ankömmlinge suchen erst mal eine Bar, um ein kühles Erfrischungsgetränk zu kaufen. Manche Bruderschaften haben eine Bar auf vier Rädern mitgebracht, da das kleine Dorf nicht über genügend Gastronomie verfügt.

Die Bruderschaften haben alle eine feste Residenz mit einem Innenhof, der als Treffpunkt und Tanzplatz dient. Andere Pilger funktionieren den gemieteten LKW zur Schlafstätte um. Daneben errichten sie Duschen und Toiletten. Wieder andere schlafen im mitgebrachten Zelt, im Auto, im Plan- oder Wohnwagen.

Am Abend des Pfingstsamstags flammen die Lagerfeuer auf. Es wird gekocht und gebraten. Genau wie auf der Reise ist man freizügig mit Getränken und Essen. Jeder lädt jeden ein; wer reich ist, zeigt es gern. Zum abendlichen Klang der Gitarren sitzen sie nebeneinander, die wohlhabenden Unternehmer, die mit Wohnwagen, Jeep und angehängtem Barwagen gekommen sind, und die Arbeiter, die tiefreligiösen Büßer wie auch die, die jedes Fest mitfeiern. Immer wieder beginnt der eine oder die andere an den Lagerfeuern zu klatschen, mit den Fingern zu schnippen und schon singen die Umstehenden. Frauen wie Männer tanzen Sevillanas, die heitere Variante des Flamencos.

Mehrere Aspekte des Festes sind für die Teilnehmenden wichtig. Sie lassen sich mitreißen von dem Gemeinschaftsgefühl, das durch das gemeinsame Tanzen, Singen und das großzügig verteilte Essen und Trinken verströmt wird. Sie spüren aber auch die Konkurrenz zwischen den Bruderschaften. Jede möchte den prächtigsten Wagen und die schönste Madonna haben. Neben diesen profanen Elementen fasziniert und verbindet auch der religiöse Aspekt des Festes: Gemeinsam feiern die Pilgerinnen und Pilger Messen, lösen Gelübde ein und hegen den Wunsch, endlich die Jungfrau zu sehen.

Am nächsten Tag, am Pfingstsonntag, findet der Höhepunkt des religiösen Teils des Festes statt. Hunderttausende von Gläubigen haben sich in der Kirche und auf dem Platz vor der Kirche versammelt. Nach Mitternacht tragen junge Männer der ältesten Bru-

derschaft aus dem nahegelegenen Ort Almonte die Jungfrau, die sie auch La Paloma Blanca (Weiße Taube) nennen, aus der Kirche heraus. Viele Gläubige geraten in Verzückung, sie rufen laut nach der Madonnenstatue unter dem goldenen Baldachin. „Du Wunderbare, du Schönste, du Herrliche" rufen sie ihr zu. Der Lärmpegel ist enorm, hinzu kommt das Läuten der Kirchenglocken. Jeder drängt zur Jungfrau, die, getragen von schwitzenden Männern, durch die Menge wankt. Kinder werden über die Köpfe der anderen zur Jungfrau gereicht, damit sie sie berühren können.

Nur einmal im Jahr hat die Jungfrau „Ausgang". Nach einigen Stunden kehrt sie wieder zurück in die Kirche. Alle, besonders aber die Träger, sind erschöpft.

Am nächsten Tag machen sich die Büßer und die Abenteurer wieder gemeinsam auf den Rückweg. Manche von ihnen mussten das ganze Jahr über sparen, um mit Familie und Freunden an der Pilgerreise teilnehmen zu können.

Kinderfeste

9

Nasreddin Hodscha, ein türkischer Schalk

Nasreddin Hodscha ist die beliebteste Figur des türkischen Humors. Seine Geschichten sind in allen türkischen Familien in der Türkei und in Deutschland bekannt. Schon die Eltern bekamen sie als Kinder von ihren Eltern, Großeltern und in der Schule erzählt. Die Hodscha-Geschichten erzählt man sich schon seit 700 Jahren. Erst seit etwa 100 Jahren taucht der Hodscha auch in Büchern und etwas später in Kinderbüchern auf; zuvor waren seine Erzählungen für die Erwachsenen bestimmt.

Eine beliebte Erzählung heißt „Hodscha und der Teekessel":

Eines Tages ging der Hodscha zu seinem Nachbarn, um sich einen großen Teekessel zu leihen. Einige Tage später stellte er einen kleineren Teekessel in den großen und brachte ihn dem Nachbarn zurück. Der Nachbar wunderte sich sehr, als er den kleinen Teekessel im großen entdeckte. Er fragte: ‚Was ist denn das?' Der Hodscha erwiderte: ‚Oh, während dein Teekessel in meinem Haus war, hat er den kleinen geboren!' Der Nachbar war sehr erfreut und nahm beide Teekessel in Empfang. Nach einer Weile lieh sich der Hodscha wieder den großen Teekessel und brachte ihn nicht mehr zurück. Der Nachbar kam, um den Kessel zurückzufordern. Aber der Hodscha sagte traurig: ‚Es tut mir leid, dein Teekessel ist gestorben. Mein Beileid.' ‚Wie kann ein Teekessel sterben? Soll das ein Witz sein?', fragte der Nachbar. Lächelnd antwortete der Hodscha: ‚Wenn du glauben kannst, dass er gebären kann, warum kannst du dann nicht auch glauben, dass er sterben kann?'

Auf die Frage, ob Nasreddin Hodscha wirklich gelebt hat, gibt es unterschiedliche Antworten. Aber das ist für die heutigen Leser nicht wichtig, denn für sie ist er in den Comic-Heften an jedem türkischen Kiosk, in den Zeichentricksendungen im Fernsehen, in Büchern und Hörspielen lebendig.

Wenn er keine Kunstfigur ist und tatsächlich gelebt hat, dann wurde er wahrscheinlich in dem Dorf Horto in der Provinz Sivrihi (in Anatolien) um das Jahr 1208 als Kind einfacher Eltern geboren. Er war als Imam (Vorbeter), als Religionslehrer und zeitweise auch als Kadi, als Richter, tätig. Nasreddin trug den Ehrentitel Hodscha, was ihn als Gelehrten auszeichnete. Dieser Titel erlaubte ihm, einen Sarik, einen großen weißen Turban, zu tragen. Obwohl man nicht mehr über sein Aussehen weiß, ist er jedem Kind als kleiner dicker Mann mit großem weißem Turban und weißem Vollbart bekannt. Für dieses Erscheinungsbild sind besonders die vielen Bilderbücher und Comics verantwortlich.

Nasreddin zog in Anatolien umher, wohnte und starb im Jahre 1284/85 in Akşehir, wo noch heute sein Grabmal gezeigt wird.

Die Stadt Akşehir feiert zu Ehren ihres berühmten Bürgers alljährlich vom 5. bis 10. Juli das Nasreddin-Hodscha-Festival. Fernsehen, Radio und Journalisten der bedeutendsten Zeitungen reisen eigens deshalb an. Schon am Vorabend des Festes strömt eine Menschenmenge zum Grabmal Nasreddins und lädt ihn zur Teilnahme am Fest ein. Tatsächlich tritt er kurz darauf in Erscheinung, und reitet auf seinem Esel Bonbons verteilend in das Stadtzentrum.

Eine Woche lang werden Theaterstücke über den Hodscha aufgeführt. An den Abenden gibt es Konzerte mit bekannten türkischen Sängerinnen und Sängern, und Volkstänze werden aufgeführt. In den Schulen sprechen die Schüler über Nasreddin und basteln ihn als Schattenfigur oder malen Bilder von ihm. Für die größeren Kinder und die Erwachsenen gibt es einen Karikatur- und einen Textwettbewerb. Wer die originellste Geschichte zeichnet oder schreibt, bekommt einen Preis. Daran nehmen auch Künstler aus anderen Ländern teil. Gäste aus aller Welt kommen zu den Podiumsdiskussionen über den Hodscha, schließlich gibt es ihn oder ähnliche Figuren in vielen Ländern dieser Erde. Humor verbindet die Menschen.

Höhepunkt des Festivals ist der Umzug, bei dem natürlich auch ein als Nasreddin Hodscha verkleideter Mann verkehrt herum auf einem Esel reitet. Der Hodscha wollte eben höflich sein und seinem Hintermann nicht den Rücken zuwenden, wenn er mit ihm sprach. Oder der Esel hat sich falsch herum hingestellt, als Nasreddin aufsitzen wollte?! Einmal traf während des Umzugs der deutsche Till Eulenspiegel (gespielt von Dr. Glade, einem deutschen Hodscha-Fan und -Forscher) auf Nasreddin Hodscha und lud ihn zum nächsten Eulenspiegel-Treff nach Deutschland ein.

Nasreddin Hodscha bringt mit seinen Geschichten seit Jahrhunderten viele Menschen zum Lachen und zum Nachdenken. Es gibt Anekdoten über Nasreddin als Kind bis hin zum greisen Mann. Mal ist er der dum-

Nasreddin Hodscha in einer Mannheimer Schule   © Avinash Pandey

me, naive Tollpatsch, mal heldenhaft, dann wieder weise belehrend und hin und wieder ein bisschen verfressen, aber vor allem ist er ein Schalk (ähnlich Till Eulenspiegel). Er hat ebenso viele Eigenschaften, wie es Menschentypen gibt, denn er ist das Produkt vieler Autoren. Wahrscheinlich ist er gerade deshalb so beliebt. Seine Beliebtheit machte nie Halt an den Landesgrenzen der Türkei, und so findet sich Nasreddin Hodscha mit mehr oder weniger verändertem Namen in Griechenland, im Iran (die Karawanen aus Persien transportierten immer neue Erzählungen von einem Land ins andere), in Russland, China, auf dem Bal-

kan und in Nordafrika. Im Lauf der Jahrhunderte entstanden in den unterschiedlichsten Ländern immer neue Motive und Geschichten. Der Hodscha ist sehr flexibel, er weiß auch im 20. Jahrhundert noch manche Weisheit und manchen Spaß. Er äußert sich problemlos zu Mondlandungen und anderen modernen Erfindungen.

Die Erzählungen von Nasreddin Hodscha sind mittlerweile in viele Sprachen übersetzt. In Deutschland gibt es sogar einen Zeichentrickfilm auf Video, der in türkischer und deutscher Sprache erzählt und gut für Schulen geeignet ist.

Beim türkischen Kinderfest kommen die Kinder an die Macht

Das Kinderfest ist in der Türkei ein offizieller Feiertag und heißt auf Türkisch „Çocuk Bayrami". Am 23. Nisan, dieses Datum entspricht dem 23. April, stehen die Kinder im Vordergrund, es ist *ihr* Feiertag.

Dieses Fest erinnert an den 23. April 1920, als Mustafa Kemal in Ankara die erste türkische Nationalversammlung eröffnete. Dort wurden die Vorbereitungen für die Gründung einer Republik mit parlamentarischer Demokratie getroffen. Kemal, der erste Staatspräsident der Türkei, widmete damals diesen Tag den Kindern, da sie die Zukunft des Landes einmal bestimmen werden.

Das Kinderfest ist kein Familienfest. Gemeinsam mit Freunden, Lehrern, Familie und offiziellen Würdenträgern feiern die Kinder und Jugendlichen in der Schule, in Vereinen und in der ganzen Stadt. In der Türkei haben alle Kinder schulfrei, um zusammen feiern zu können. In Deutschland verlegen einige türkische Vereine die Festivitäten auf das Wochenende, damit alle kommen können.

Schon Wochen vor dem eigentlichen Festtag bereiten Lehrer und Schüler in den türkischen Schulen das Fest vor. Das Kinderfest wird nicht nur genutzt, um an ein historisches Datum zu erinnern, sondern auch, um nationale Inhalte zu vermitteln. So sind die Klassenzimmer in dieser Zeit mit Nationalfähnchen, Plakaten, Sprüchen und Bildern dekoriert und die Lehrer verwenden viele Unterrichtsstunden zur Vermittlung der türkischen Geschichte. Das Gelernte stellen die Schülerinnen und Schüler in Theaterstücken dar, die sie am 23. Nisan vorführen. Dadurch prägt sich das geschichtliche Wissen bei ihnen besser ein und die jungen Laiendarsteller betreiben gleichzeitig politische Bildung bei den Zuschauern.

In den Klassen lernen die Jugendlichen auch Gedichte über Freiheit und Verantwortung auswendig, um sie später vorzutragen. Einzelne Schülerinnen und Schüler tun sich zusammen, um ihre Wünsche und Vorstellungen in Bezug auf die Schulleitung zu formulieren. Denn am Festtag werden sie die Lehrer, den Rektor und manchmal sogar den Bürgermeister von ihren Ämtern entheben und deren Rollen für einen Tag übernehmen. Der kurzfristige Rollentausch ermöglicht es den Kindern, ihre eigenen Anliegen zu formulieren und ihre Sichtweise vorzutragen.

Am Festtag treffen sich alle Schülerinnen und Schüler mit ihren Lehrerinnen und Lehrern in der Schule. Die Lehrkräfte werden ihrer Ämter enthoben und gemeinsam ziehen alle von der Schule aus in einem Umzug durch die Stadt oder das Dorf. Manche Klassen tragen typische Berufskleidung. Sie repräsentieren Berufe, mit deren Berufsalltag sie sich in der Vorbereitungszeit auseinandergesetzt haben. Begleitet von Musikkapellen singen sie die Nationalhymne und Lieder über Freiheit und Freundschaft. Mit diesem Umzug laden die Schüler die Bevölkerung ein, mitzukommen und am Fest teilzunehmen.

Der Umzug führt durch die Stadt zurück in den Schulhof oder bei größeren Festgemeinden in ein Sportstadion, wo die Kinder sich zu einer 23, dem Datum des Tages, formieren. Nun halten Lehrkräfte, Bürgermeister und einige Schüler Reden über den geschichtlichen Hintergrund des Festes. Es wird betont, dass die Zukunft des Landes in den Händen der Kinder liegt und dass die Kinder durch dieses Fest mit vielen Aufgaben und der Verantwortung der Regierenden und der Lehrer vertraut gemacht werden.

Dann ist die Bühne frei für all die einstudierten Vorführungen der Schülerinnen und Schüler. Sie führen Volkstänze und Theaterstücke auf, musizieren, singen und rezitieren beliebte Gedichte, wie das von Nazim Hikmet: *„Dünyayi Verelim Çocuklara" (Lasst uns die Erde den Kindern übergeben)*.

An Çocuk Bayrami werden von den jeweiligen Veranstaltern unterschiedliche Akzente gesetzt. Vielfach steht der nationale Charakter des Festes im Vordergrund, andere betonen den progressiv demokratischen Aspekt. Immer aber ist es, wie der Name schon sagt, ein Fest für die Kinder, die zusammen ausgelassen feiern und sich amüsieren.

Am Nachmittag nehmen die Kleineren begeistert an Wettspielen wie Sackhüpfen, Eierlauf, Tauziehen und „Joghurt füttern mit verbundenen Augen" teil. Bis in den Abend hinein feiern sie mit Freunden und Familie.

In Ankara gehen Schülervertreter und Lehrer zu den Ministerien und übernehmen symbolisch die Regierungsgewalt. Ganz konkret nehmen sie den Ministern die Mikrophone weg, setzen sich auf deren Plätze und dürfen eine kurze Rede halten, in der sie immer wieder Friede für die ganze Welt fordern.

Auch in Deutschland feiern türkische Migrantinnen und Migranten Çocuk Bayrami. Befindet sich ein türkischer Konsul in der Nähe, so wird er von den türkischen Vereinen und Kulturzentren eingeladen, um die Kinder zu begrüßen und ihre Vorführungen zu bewundern. In Frankfurt am Main organisiert die Europäische Vereinigung Türkischer Akademiker (EATA) seit einigen Jahren das Kinderfest auf einem Platz mitten in der Stadt. In Anlehnung an Ankara, wo seit 1991 Kinder aus vielen Ländern zum Çocuk Bayrami eingeladen werden, stellten sie das Fest unter das Motto „Internationales Kinderfest".

Auf der Bühne präsentierten türkische, griechische, indische und spanische Kindergruppen landestypische Tänze. Besonders die ganz Kleinen erhielten einen Riesenapplaus. Ein Zauberer und ein Clown unterhielten die Kinder und brachten ihnen einige akrobatische Kunststücke bei, wie das Tellerdrehen auf einem dünnen Stab. Auch die Erwachsenen waren begeistert und wollten die Kunststückchen selbst ausprobieren. Außerdem gab es viele Preise zu gewinnen bei den Malwettbewerben, dem Sackhüpfen und der Mini-Playbackshow.

Familien aus verschiendenen Ländern verbrachten gemeinsam einen schönen Nachmittag und wurden daran erinnert, dass Kinder die Zukunft jeder Gesellschaft sind – in jedem Land.

Kodomo–no–hi, das japanische Kinderfest

Das japanische Kinderfest wurde im 8. Jahrhundert aus dem chinesischen Festkalender übernommen. Gefeiert wird es auch heute noch am fünften Tag des fünften Monats. Nach dem Zweiten Weltkrieg ist der 5. Mai zum Tag der Kinder und damit zu einem offiziellen Feiertag erklärt worden.

Ursprünglich war dies der Tag der Knaben, Tango-no-sekku. Es gibt auch einen Tag der Mädchen, Hinamatsuri, den die Japaner am dritten Tag des dritten Monats, also am 3. März feiern.

Für jedes Kind hängen die Familien einen großen Karpfen aus Stoff oder Papier (Koinobori) an einem langen Bambusstab auf. Der Stab wird auf dem Dach angebracht, aus dem Fenster gehängt oder vor das Haus gestellt. Die Karpfen füllen sich mit Luft und wehen im Wind.

Der obere Karpfen ist meist schwarz und manchmal bis zu fünf Meter lang. Schon von weitem kann man ihn sehen. Die Karpfen darunter sind rot, blau oder grün, für jedes Kind wird der Karpfenfahne ein weiterer Karpfen hinzugefügt. Meist stehen die roten Karpfen für Töchter und die blauen für Söhne. In manchen Familien ist es Tradition, durch die Länge der Karpfen das Alter der Kinder anzuzeigen; je länger der Karpfen, desto älter das Kind.

Überall in den Städten und auf dem Land, in Japan und auch in Deutschland, sind die Karpfen zu sehen, die an den Stangen in der Luft schweben wie Fische im Wasser. Hinter diesem sichtbaren Zeichen steht folgender Gedanke: Ähnlich wie der Karpfen gegen die Strömung zu schwimmen vermag, so soll das Kind alle Hindernisse überwinden, seinen Lebensweg gehen und zu Ansehen und Reichtum gelangen. Dafür beten die Familien an diesem Tag.

Nachdem die Karpfenfahne gleich früh morgens aufgehängt wurde, beginnt ein Tag, der ganz der Familie gewidmet ist. Im Mittelpunkt stehen die Kinder. Manchmal bekommen sie kleine Geschenke, aber auf jeden Fall viel Aufmerksamkeit, denn es ist ihr Feiertag. Viele Kinder lassen heute ihre Größe messen

© Wendy Chan/amma

Kodomo–no–hi, das japanische Fest der Kinder

und in den Türpfosten einritzen. So können sie jedes Jahr sehen, wieviel sie gewachsen sind.

Gemeinsam mit den Großeltern, die zu Besuch kommen, singt die Familie das Lied über den Koinobori, die Karpfenfahne:

Die Karpfenfahne ist höher als das Dach
Der große Karpfen ist der Vater
Die kleinen sind die Kinder
Sie schwimmen fröhlich

Für die Familie und die Besucher haben die Mutter oder Großmutter ganz besondere Speisen zubereitet. Chimaki heißt das traditionelle Reiskuchengericht dieses Tages. Außerdem wurden noch andere aufwendige Reiskuchen hergestellt. Zum Beispiel der Kashiwa Mochi, Reisteig, gefüllt mit süßen Bohnen, der in duftende Blätter eingewickelt ist. So etwas gibt es nicht alle Tage.

Von den Großeltern bekommen viele Jungen schon als Kleinkinder einen Helm oder eine Kriegerpuppe geschenkt. Diese Puppen stellen japanische Samuraikrieger dar. Sie werden am 5. Mai in der Wohnung aufgestellt. Die Erwachsenen wünschen sich, dass die Jungen groß werden und den japanischen Idealen von Männlichkeit entsprechen mögen. Deshalb schenken sie den Jungen auch gerne Spielsachen wie Pfeil und Bogen.

Die Kriegerpuppen erinnern daran, dass das Fest früher ein Knabenfest war, das aus noch älteren Bräuchen entstanden ist. Am 5. Mai fanden einst Bootswettkämpfe statt, und die Samurai stellten ihre Waffenausrüstungen zur Schau. Man legte Kräuter auf die Hausdächer oder steckte sie an die Türen, um das Übel abzuwehren. Die Jungen nahmen an diesem Tag ein Kräuterbad, um sich vor Krankheiten zu schützen.

© Wendy Chan/amma

Kodomo–no–hi, das japanische Fest der Kinder

116

Totenfeste können auch ganz fröhlich sein

10

Gruselmasken und wilde Partys zu Halloween

Halloween wird in den USA am 31. Oktober, in der Nacht vor Allerheiligen, gefeiert. Der Name Halloween leitet sich von „All Hallows Day", der englischen Bezeichnung des christlichen Allerheiligen- Festes, ab. Die Nacht davor bekam den Namen „All Hallows Eve", woraus die Abkürzung Halloween entstand.

Einwanderer aus dem heutigen England, Schottland, Irland und Frankreich brachten dieses Fest in die Vereinigten Staaten von Amerika. Der Ursprung von Halloween liegt bei den Vorfahren dieser Siedler, den Kelten. Am ersten November begann für die Kelten der Winter und zugleich ein neues Jahr. In der Nacht zuvor feierten sie zusammen mit ihren Priestern, den Druiden, das Ende ihres Jahres und gleichzeitig Erntedank. Die Kelten glaubten, dass sich am letzten Abend im alten Jahr die Geister der Toten unter die Lebenden mischten und ihr Unwesen trieben.

Um die Geister zu vertreiben, zündeten die Kelten große Feuer für ihren Sonnengott an und empfingen die Totengeister vor ihren Häusern. Manche Wissenschaftler sagen auch, dass sie die armen Dorfbewohner empfingen. Ein Teil der Bewohner verkleidete sich als Geister oder Hexen. Sie boten den Totengeistern Speisen an und führten sie dann an den Stadtrand. Von dort fanden die Geister wieder ins Reich der Toten zurück.

Daran erinnert auch heutzutage noch der Heischebrauch der Kinder. Wenn die Sonne untergegangen ist, sind viele kleine Gestalten überall in den USA auf den Straßen zu sehen.

117

Halloween in den USA   © Helga Lade Photoagentur

Auch in Deutschland, besonders dort, wo US-amerikanische Soldaten stationiert sind, z.B. in Heidelberg in der Nähe des Nato-Hauptquartieres, haben sich die Erwachsenen in den amerikanischen Wohnsiedlungen bestens auf die nächtlichen Besucher vorbereitet. Vor den meisten Hauseingängen stehen Tische mit großen Schüsseln voller Süßigkeiten. Alles ist in Halloween-Dekoration gehalten, und überall sind große orange Kürbisse zu sehen. Die Tischdecken zeigen Kürbisse mit Gesichtern, an einem Hauseingang hängt ein aufblasbares Skelett, Halloween-Fähnchen – natürlich mit Kürbisemblem – flattern in der kühlen Nacht.

Auf einem Tisch liegt sogar ein Hexenkopf (aus Plastik), kleine, sprechende Draculafiguren wurden aufgestellt, und selbst die mit Laub gefüllten Abfalltüten sind ganz im Halloween Design gehalten: orange mit Kürbisgesicht.

Rund um die Tische und auf den Treppenstufen stehen kunstvoll geschnitzte Kürbisse, die von innen illuminiert sind. Neben lustigen und grauenvollen Grimassen haben die großen und kleinen Künstler auch Katzen, Geister oder ganze Szenen, z.B. Hexen im Wald, eingeschnitzt. Schade, dass die Kürbiskunstwerke so schnell vergänglich sind. In anderen Haushalten hat man es sich leichter

118

gemacht. Schwarze und orange Papiertüten mit eingeschnittenen Gesichtern, durch ein Teelicht erhellt, ersetzen die Kürbisse.

Dann, wenn es richtig dunkel geworden ist, kommen sie endlich, die gruselig kostümierten Kinder. Hexen, Monster, Wesen aus fernen Welten, Draculas, aber auch Harlekins, Bräute, Indianer, Batmans und Prinzessinnen, ausgerüstet mit Plastikkürbiseimern, nähern sich den Süßigkeiten. Unter ihnen ist eine etwa vierjährige Mumie, ganz und gar in Mullbinden gehüllt. Sie alle rufen den Bewohnern zu: „Trick or treat", was soviel heißt wie: „Entweder ihr gebt uns was, oder wir erlauben uns einen Scherz mit euch." Manche sagen auch den kompletten Spruch auf:

> Trick or treat
> Smell our feet
> we want something good to eat.

Die Hausbewohner geben bereitwillig Süßigkeiten, seltener auch Äpfel, Nüsse oder Pennys. Denn wer möchte schon Opfer eines Streiches werden? Dieser abendliche Gang von Haus zu Haus ist der Höhepunkt für die Kinder. Dafür haben sie den ganzen Tag an ihren Kostümen gebastelt und sich Scherze ausgedacht. Aber auch die Erwachsenen genießen diese Nacht, sind selbst verkleidet, erfreuen sich an den kleinen Maskenträgern und feiern anschließend Partys. Manch ein Erwachsener ist so gruselig verkleidet, dass sich die kleinen Kinder nicht in seine Nähe wagen und lieber auf die Süßigkeiten verzichten. Nur die Nachbarskinder wagen sich anfangs an den schwarzen Sensenmann mit der grünen Science-Fiction-Maske.

Unter den Kinderscharen gibt es auch welche, die vor den Tischen noch einmal schnell den „Trick or treat"-Spruch üben. Das sind die deutschen Kinder aus der Nachbarschaft, die sich, ebenfalls fantasiereich kostümiert, die vielen amerikanischen Süßigkeiten nicht entgehen lassen wollen. In den letzten Jahren klingeln immer mehr deutsche Kinder in gruseligen Kostümen bei der Nachbarschaft und rufen „Süßes oder Saures". Es scheint, als hätten wir ein Fest hinzubekommen.

In den Vereinigten Staaten haben die „Streiche" zu Halloween mancherorts gefährliche Ausmaße angenommen. In einer New Yorker Zeitung war zu lesen, dass man in Süd-Brooklyn vermummte Jugendliche an-

Halloween in Heidelberg

119

trifft, deren Jacken- und Hosentaschen prall gefüllt sind mit ein, zwei Dutzend rohen Eiern. Sie haben sich zu Eier-Straßenschlachten gerüstet. Ihre Kapuzen tragen sie so tief ins Gesicht gezogen, da einige Eier auch mit Enthaarungscreme gefüllt sind.

In den amerikanischen Kindergärten und Schulen finden schon morgens Halloweenfeste statt, und die Streiche bleiben im Rahmen des Lustigen. So werden vielleicht einmal die Fensterscheiben eingeschäumt oder sonstiger Schabernack getrieben. Die Kinder haben sich verkleidet, singen Gruslieder, bekommen Süßigkeiten geschenkt und spielen besondere Spiele. Sehr beliebt ist „Ducking" oder „Bobbing for Apples" (Apfelplantschen). In einem Wasserbottich schwimmen Äpfel, die Spieler haben die Hände auf dem Rücken und müssen einen Apfel mit den Zähnen herausfischen. Dabei werden die Kinder meistens nass und haben viel zu lachen.

Auch die Erwachsenen spielen lustige Spiele auf ihren Halloween-Partys. Die überall aufgestellten Kürbisse tragen durch das Flackern der Teelichter, die die eingeschnitzen Motive von innen erhellen, dazu bei, eine gruselige Partyatmosphäre zu schaffen.

Allerseelen in Italien: Die Toten beschenken die Kinder

Am 2. November feiern viele Familien in Sizilien das Fest der Toten, das auf italienisch „Festa dei Morti" heißt. Die sizilianischen Kinder freuen sich sehr auf dieses Fest, da sie an diesem Tag viele Geschenke bekommen. Die Erwachsenen erzählen ihnen, dass es die toten Verwandten seien, die sie beschenken.

In den Städten und auf den Dörfern bauen die Händler schon ein bis zwei Wochen vor dem Fest ihre Marktstände auf. Auf dem Markt auf der Piazza können die Besucher Spielzeug kaufen, auch Kunsthandwerk, Kleidung und vor allem Süßigkeiten.

In Palermo verkaufen viele Händler die traditionellen Zuckerpuppen. Besonders beliebt sind Ritterfiguren, 20–30 cm große Puppen aus bunt bemaltem Zucker. Die Zuckerpuppen werden in Anlehnung an die traditionellen sizilianischen Marionettenfiguren gestaltet. Die kleinen Jungen wünschen sich meist einen der Paladine Karls des Großen, zum Beispiel den Ritter Rinaldo, der seinen Degen gezückt hat und dessen Visier stets kampfbereit geschlossen ist. Die Mädchen bevorzugen die schönen Burgfräuleins, die in den Theaterstücken von den Helden aus den Händen der Mauren (und anderer Belagerer Siziliens) gerettet werden.

Längst hielten jedoch auch die modernen Comic-Helden Einzug in das Verkaufssortiment. Batman, Dagobert Duck, die Schwammköpfe und selbst die Dinos aus grüngefärbtem Zucker erfreuen die kleinen Kunden.

Festa dei Morti, das Fest der Toten in Sizilien   © Gianpaolo Silvestri/Projekt Mannheim

Die Kinder werden die Zuckerpuppen im Laufe der nächsten Tage Stück für Stück verspeisen. Manche Forscher glauben, darin einen sehr alten Brauch zu erkennen, bei dem durch symbolischen Verzehr der Ahnen deren Kraft, Güte und Weisheit auf die Nachkommen übergehen sollen.

Auf dem Markt in Catania gibt es als Spezialität des Totenfestes kleine weiße oder braune Plätzchen aus Karamel. Sie sind sehr hart und werden „ossa dei morti", Knochen der Toten, genannt.

Schon eine Woche vor dem Fest, wenn die Kinder all die schönen Sachen auf den Märk-

ten bewundern können, bitten sie die Mutter oder einen anderen nahestehenden Verwandten, für sie einzutreten, damit die Toten ihnen genau dieses Geschenk kaufen. Schließlich seien sie das ganze Jahr über artig gewesen. Oft genug hörten die Kinder das Jahr über die Drohung: „Wenn du nicht lieb bist, kommen die Toten nicht zu dir!" In manchen Gegenden schreiben die Kinder einen Wunschzettel an die Toten, wie zu Weihnachten ans Christkind.

In der Nacht vom 1. auf den 2. November ist es so weit, den Erzählungen nach kommen dann die Toten und bringen die Geschenke. Wie der Heilige Nikolaus (am 6. De-

121

zember) oder seine italienische Kollegin, die Hexe Befana (am 6. Januar) legen sie die Geschenke vor Fenster und Türen oder bringen sie in die Wohnungen. Die kleinen Kinder sind ganz aufgeregt und können vor freudiger Erwartung nicht einschlafen.

Die meisten Kinder stehen am 2. November wegen der Geschenke sehr früh auf. Die Eltern sagen ihnen, welcher Tote sie ihnen gebracht hat. Natürlich wissen die meisten, die kleineren erahnen es zumindest, dass die Eltern die Geschenke auf dem Markt gekauft haben. Deshalb haben die Kinder aus Catania den Marktplatz, auf dem der Spielzeugmarkt stattfindet, „Piazza dei Morti" (Totenplatz) genannt.

Nachdem die Geschenke ausgepackt sind, gehen die meisten Familien auf den Friedhof. Sie besuchen ihre Toten, schmücken die Gräber mit Blumen und Totenlichtern. Heutzutage sind auf vielen Friedhöfen elektrische Leitungen verlegt und die Glühbirnen der Totenlampen auf den Gräbern und in den Mausoleen der reicheren Familien müssen nur noch eingeschaltet werden. Mausoleen sind Grabhäuser auf dem Friedhof, in dem, je nach Größe, bis zu 40 Tote einer Familie begraben sind.

Erst besucht man die Gräber naher Verwandter, dann die der Bekannten. Genauso wichtig ist es jedoch, lebende Bekannte und Verwandte zu treffen. Freudig und lautstark begrüßen sich die Leute und tauschen Neuigkeiten aus, während die Kinder lärmend spielen. Nach ein bis zwei Stunden gehen die Familien zum Mittagessen nach Hause.

Gläubige Familien besuchen eine der Messen in den Kirchen oder in einer Friedhofs-

kapelle und lassen für ihre Toten beten. Die reicheren Familien bestellen einen Priester in ihr Mausoleum. Der Priester zelebriert dort eine Messe.

Durch das Fest der Toten entsteht für die Kinder ein intensiver Kontakt zu den Verstorbenen. Den Kindern wird vermittelt, dass es keine unüberwindliche Distanz zwischen Lebenden und Toten gibt. Die Toten haben die Lebenden nicht für immer verlassen, schließlich bringen sie ihnen einmal im Jahr schöne Geschenke.

Festa dei Morti war früher für die sizilianischen Kinder die wichtigste Feier im Jahr. Denn an diesem Tag wurden sie reichlich beschenkt. Heute nimmt Weihnachten als Familien- und Geschenkefest diesen Platz ein.

Noch vor 30 Jahren erzählten die meisten Eltern ihren Kindern, dass die verstorbenen Verwandten in der Nacht vom 1. auf den 2. November zu Besuch kämen. Sie zögen, so lautet eine Erzählung aus Palermo, vom Friedhof in einer Prozession zu den Märkten, um dort Spielzeug und Süßigkeiten für ihre Enkel, Neffen und Nichten zu holen.

Als die Kinder frühmorgens am 2. November aufstanden und im Haus nach ihren Geschenken suchten, trieben die Verstorbenen manches Mal auch ihre Scherze mit den Beschenkten. Zum Beispiel stellten sie statt des erwünschten Geschenkes ein paar kaputte Schuhe hin, so dass die Kinder weiter suchen mussten.

Anschließend ging die ganze Familie auf den Friedhof und blieb dort bis zum Nachmittag. Ein sizilianischer Großvater aus Agrigento erinnert sich daran, wie sich alle Verwandten in einem Pferdewagen auf den Weg zum Friedhof machten. Im Wagen lag gut verpackt das Picknick. Nudeln mit Sardellensoße, Arancine, das sind süße, mit Gemüse oder Hackfleisch gefüllte Reiskugeln, fritierte Fische sowie ein guter Wein gehörten zum Festtagspicknick. Am Friedhof angekommen, breiteten sie das Essen auf dem Grabstein aus. Falls der Tote in der langen Mauer mit den vielen Sargnischen lag, hatte man einen Tisch und Klappstühle für die Älteren mitgenommen. Dieser Brauch wird heute nicht mehr praktiziert.

In unserer Zeit weicht Festa dei Morti immer mehr dem Weihnachtsfest. In manchen Familien wird der Brauch des Beschenkens durch die Toten jedoch aufrechterhalten. In anderen erinnern nur mehr der Friedhofsbesuch, die Geschichten der Eltern und Großeltern und die Zuckerpuppen auf den Märkten an das ehemals so wichtige und bedeutungsvolle Fest. In schwierigen Lebenslagen, wie bei der Arbeitssuche, bitten allerdings viele noch immer die Toten, wenn auch heimlich, um Hilfe.

Zuckerskelette auf den Gräbern in Mexiko

In Familien, in Dörfern und Städten Mexikos feiern die Menschen am 1. und 2. November ihre Toten. Die Toten besuchen die Lebenden, sie werden bewirtet und schließlich wieder verabschiedet. Der Ablauf des Festes variiert von Ort zu Ort.

Schon im Oktober begegnet man den verschiedensten Symbolen des Todes. Autos, Bäume und Häuser sind dekoriert mit grinsenden Totenschädeln und Skeletten. In vielen Schaufenstern steht der Sensenmann. Kleine Skelette aus Pappe, Plastik oder Keramik stellen Szenen des täglichen Lebens, wie Hochzeitsgesellschaften und Musikbands, dar. In den Schaufenstern der Bäckereien und Lebensmittelgeschäfte liegen kunstvoll aufgestapelt Totenschädel aus Zuckerguss. Sie sind bunt verziert und die Augenhöhlen schmücken glitzernde Strasssteine. Durch die mit Skelettfamilien bemalten Scheiben sieht man das für dieses Fest typische „pan del muerto", das süße Totenbrot. Daneben liegen Kreuze aus Schokolade und Marzipansärge. Besonders die Kinder freuen sich über diese Süßigkeiten, aber auch Erwachsene bekommen einen Totenkopf aus Zucker, mit ihrem Namenszug auf der Stirn, geschenkt.

Die Geister der Verstorbenen, so glauben viele Mexikanerinnen und Mexikaner, besuchen an Allerseelen ihre Familien. Die lebenden Verwandten wollen die Verstorbenen würdig empfangen, deshalb bereiten sie ihnen im Haus einen kleinen Gabentisch, eine Ofrenda. Am 31.10. wird die Ofrenda mitten im Wohnraum aufgebaut. Sie ist mit Blumen,

Tamales (mit Maisbrei und Fleisch gefüllte Maisblätter), Tortillas, Huhn in Mole (Chili-Soße mit Schokolade), Obst, Getränken, dem Totenbrot, Zuckertotenschädeln, hohen, verzierten Kerzen, Weihrauch und einem Foto des Verstorbenen dekoriert. Manchmal werden kleine Geschenke wie Spielzeug für die verstorbenen Kinder hinzugefügt.

Neben den privaten Ofrendas gibt es auch öffentliche Ofrendas, die verstorbenen Künstlern wie den Malern Diego Rivera, Frida Kahlo oder Politikern gewidmet sind. Hier werden oft politische Forderungen formuliert, wie z.B. Schulunterricht in der Muttersprache der Indios. Diese Ofrendas sind zunehmend Bestandteil des öffentlichen kulturellen und politischen Lebens. Selbst das Anthropologi-sche Museum hat auf einem großen Tisch im Vorraum szenische Darstellungen von Skeletten aufgebaut.

In Mizquic, einem Dorf am Rande der Hauptstadt, putzen und schmücken die Einwohner in der letzten Oktoberwoche die Häuser und das ganze Dorf. Auf dem Friedhof jäten sie Berge von Unkraut und reinigen die Gräber. Für alle Toten, die keine Angehörigen mehr haben, wird auf dem Dorfpatz eine Platz-Ofrenda aufgebaut. Auch sie sollen nicht benachteiligt sein. Die Mizquicer sagen: „Der Tote will sein Haus, seine Familie wiedersehen, nach seinem weiten Weg möchte er etwas zu essen und zu trinken, und er will sich ein wenig vergnügen. Deshalb baut die Familie eine Ofrenda auf."

Süßigkeiten zum Tag der Toten in Mexiko

© Thomás Castelazo

Die Ofrenda ist Einladung und Stärkung zugleich. Mit ihr wird aber auch Dankbarkeit, Liebe und Verehrung ausgedrückt. Das Leben spielt sich rund um die Ofrenda ab, hier essen, schlafen und leben die Familienmitglieder. Sie ist für die meisten Familien sehr kostspielig. Gemäß einer wissenschaftlichen Interpretation repräsentiert die Ofrenda die vier Elemente: Die Luft wird durch den Weihrauch, das Feuer durch die Kerzen, die Erde durch die Blumen und das Wasser durch Wasser symbolisiert.

Am 1. November um zwölf Uhr muss alles fertig sein, denn dann kommen die Toten. Manch einer glaubt ihre Ankunft zu spüren. Dann zündet ein Familienmitglied die Kerzen an, und man wartet auf Besucher. Jeder, der vorbeischaut, verweilt einige Minuten vor der Ofrenda und gibt ein wenig Geld. Verwandte und Freunde werden anschließend zum Essen eingeladen.

Draußen im Dorf sind Stände mit mexikanischen Spezialitäten, mit Kunsthandwerk, Zuckerskeletten und Totenschädeln aus diversen Materialien und Karusselle aufgebaut worden. In den Häusern und auf den Straßen feiern die Mexikanerinnen und Mexikaner ihre Toten bis in die frühen Morgenstunden.

In Mizquic gehen die Menschen am Nachmittag des zweiten Festtages, also am 2. November, auf den Friedhof, um die Gräber für die Verabschiedung der Toten zu schmücken. Auch hier sind Blumen, Kerzen, Kerzenständer und gefüllte Weihrauchgefäße wichtig. Je nach Kreativität stehen Blumensträuße auf dem Grab oder werden Blütengemälde gelegt. Damit die Seelen leicht den Weg zu ihrem Grab finden, legen die Verwandten orange Tagetes auf Wege und Gräber. Sie leuchten in ihrer strahlenden Farbe auch bei nächtlichem Kerzenschein und weisen den Toten den Weg.

Anderswo werden sogar die Ofrendas mit zu den Gräbern genommen. Die Friedhofsbesucher setzen sich auf und um die Gräber der Verwandten, bieten ihnen die mitgebrachten Speisen an und essen und trinken selbst. Für verstorbene Erwachsene wird Tequila bereitgestellt, die Kinderseelen bevorzugen dagegen Kakao, Cola oder Limonade. Der erste Schluck ist immer für die Toten bestimmt und wird aufs Grab gegossen.

Von der Dämmerung bis tief in die Nacht hinein sind die Anghörigen dann am Grab. Während die einen noch über einen kürzlich Verstorbenen weinen, herrscht bei den anderen ausgelassene Stimmung, man lacht, singt und spricht mit und über die Verwandten. Die Menschen unterhalten sich mit den Toten, erzählen den neuesten Klatsch und beschweren sich manchmal auch, dass die Toten nicht besser auf die Kinder oder die Ernte aufgepasst haben. In Weihrauchduft gehüllt, verabschieden sie die toten Besucher bis zum nächsten Jahr.

Der Glaube, dass der Tod zwar das Leben, nicht aber das Sein beende, herrschte in Mexiko schon in vorchristlicher Zeit; also schon bevor H. Cortéz das Aztekenreich „entdeckte" und zwischen 1519 und 1521 eroberte. Das Gebiet des Aztekenreiches macht einen Teil des heutigen Mexiko aus.

Für die Azteken war der Tod eine Voraussetzung, um neues Leben zu schaffen. Totenfeste hatten bei ihnen und den umliegenden Völkern große Bedeutung. Die Toten konnten in der Vorstellung der Azteken das Leben der Hinterbliebenen zum Guten oder zum Bösen beeinflussen.

Bei den indianischen Völkern des Hochlandes fanden die Totenfeste Anfang November statt, etwa zur gleichen Zeit wie bei den Eroberern, den katholischen Spaniern. Die Art des Gedenkens und selbst die künstlerischen Darstellungen waren ähnlich. So konnten sich christliche Vorstellungen und vorspanische religiöse Vorstellungen vermischen und bis heute erhalten.

Radonica, Totengedenktag in Russland

In der russisch-orthodoxen Kirche gibt es verschiedene Totengedenktage. Einer dieser Tage ist Radonica (sprich Radonitza). Er wird am Montag oder Dienstag nach dem Thomassonntag, also meist Ende April, Anfang Mai, mit einem Gottesdienst und einem Friedhofsbesuch sowie gemeinsamem Essen am Grab gefeiert. Viele Menschen gehen allerdings schon am Thomassonntag auf den Friedhof, da sie unter der Woche arbeiten müssen.

Radonica heißt übersetzt „Freude", bzw. „jemanden erfreuen". Die Menschen freuen sich an diesem Tag an dem Sieg des Frühlings über den Winter und an dem Sieg Christi über den Tod.

Nach dem Glauben der orthodoxen Russinnen und Russen ist Christus am Thomassonntag in die Hölle hinabgefahren, um den Toten zu verkünden, dass er den Tod durch seinen eigenen Tod am Kreuz und durch seine Auferstehung besiegt hat.

Schon Tage vorher haben die Leute Käse, Wurst, Fleisch, Wodka und andere Köstlichkeiten gekauft. Zu Hause bereiteten die Frauen und Babuschki (Großmütter) die Speisen für den Festtag vor. Am Morgen des Montag oder Dienstag nach dem Thomassonntag feiert die Gemeinde einen Gottesdienst, in dem erstmals nach Ostern wieder für die Verstorbenen gebetet wird. Nach der Eucharistischen Liturgie folgt ein Totengedenken (Panichida) der ganzen Gemeinde. Die Gottesdienstteilnehmer erinnern sich ihrer Vorfahren, beten für sie und lassen mancherorts deren Namen vom Priester gegen eine Rubelspende verlesen.

Die Gläubigen bringen in einigen Regionen Russlands zu diesem Gottesdienst eine besondere Speise, die Kutja, mit. Diese gekochten Weizenkörner, vermischt mit Honig, Rosinen oder anderen Süßigkeiten werden am Ende der Messe vom Priester gesegnet.

Nach dem Gottesdienst gehen die Leute auf den Friedhof. An diesen Tagen entsteht der Eindruck, als sei ganz Russland auf den Beinen. Die Straßen sind voller Menschen. In den Dörfern, in den Städten, überall das gleiche Bild: Bepackte Menschentrauben ziehen zu Fuß, im Auto oder mit öffentlichen Verkehrsmitteln in Richtung der Friedhöfe.

Mit großen Taschen und Körben voll duftender Braten, geräucherter Schinken, eingelegter Gurken, Tomaten, Knoblauch, Wodka, Wein, Kuchen und rotgefärbter Eier gehen die Besucher durch das Friedhofstor. Selbstverständlich darf auch die Kutja nicht fehlen, denn sie ist die typische Speise für Totenfeiern. Die Leute reihen sich ein in den Pilgerstrom, der in den einzelnen Friedhofsgassen und -pfaden endet. Meist folgen sie dem Priester, der auf besondere Absprache mit den Hinterbliebenen oder von sich aus an den Gräbern eine kurze Litanei betet und sie mit Weihwasser oder Weihrauch segnet. Am Grab der eigenen Verwandten bleibt man zurück, dafür schließen sich Neuangekommene der weiterziehenden Gruppe an.

Kinder, Eltern, Großeltern, Onkel und Tanten, Neffen und Nichten treffen sich am Grab. Auch diejenigen kommen, die das übrige Jahr selten zu sehen sind, da sie weit entfernt wohnen. Die Grabstellen sind eingezäunt, meist mit einem Eisengitter. Viele Gräber bestehen aus einer Steinplatte, neben der eine Bank steht. Wo es keine Sitzgelegenheit gibt, werden mitgebrachte Klappstühle und Tische für die älteren Leute aufgestellt. Auf dem Tisch oder auf dem Grab breitet eine Frau ein Tuch aus und das gemeinsame „Picknick" kann beginnen.

Nirgendwo ist es ruhig, an vielen Gräbern wird gegessen, getrunken, gelacht und es werden Geschichten aus dem Leben der Verstorbenen erzählt. Nur an den Gräbern der kürzlich Verstorbenen überwiegt die Trauer, der Schmerz über deren Verlust.

Das gemeinsame Essen verbindet die Menschen miteinander und an diesem Tag auch mit den Toten. Sie lassen die Verstorbenen am Essen und Trinken teilhaben, so als säßen sie mit in der Runde. Viele Gläubige bitten die Verstorbenen um ihren Beistand, und so haben diese am Leben der Zurückgebliebenen immer noch Anteil. Die Besucher erklären den Kindern den Brauch und zeigen sich manchmal gegenseitig Fotos aus dem Leben der Toten; die Erinnerungen werden wachgehalten. Hin und wieder schüttet einer sogar ein Gläschen Wodka aufs Grab, bevor die Anwesenden auf das Wohl und Seelenheil des Verstorbenen anstoßen.

Viele Stunden sitzen die Leute so beisammen und genießen das Familientreffen. Im Laufe des Tages gehen sie zu weiteren Gräbern, um auch dort der Verstorbenen zu gedenken.

Gegen Abend schmücken sie die Gräber und stellen brennende Kerzen auf. Die meisten Menschen machen sich vor Einbruch der Dun-

Das russische Fest Radonica   © Dirk Lundberg

kelheit auf den Heimweg, denn im Dunkeln, so glauben manche, könnten einen die Seelen der Verstorbenen bedrohen. Nach christlichem Glauben hört mit dem Tod das Leben nicht auf, es beginnt ein neues Leben – im Jenseits.

Unter den kommunistischen Regimen wurde der christliche Glaube lange Zeit verboten. Priester durften im Ornat nicht auf öffentlichen Plätzen erscheinen, nicht einmal einen Sarg begleiten. Das führte dazu, dass der christliche Inhalt dieses Festes nicht mehr jedem bekannt ist. Die Regierung förderte mehr die Erinnerung an die vorchristliche slavische Tradition der „Triszna", die dem heutigen Festessen an den Gräbern zugrunde liegt.

Auch in Deutschland ziehen an Radonica russisch-orthodoxe Gläubige mit ihrem Priester über die Friedhöfe. Es gibt nur wenige russisch-orthodoxe Friedhöfe, die Verstorbenen sind meist auf den allgemeinen Friedhöfen begraben. Deshalb muss der Priester nicht selten mehrere Friedhöfe besuchen, um den Anfragen der Gemeindemitglieder nachzukommen. Die meisten russisch-orthodoxen Geistlichen in Deutschland üben ihr Priesteramt neben einem anderen Beruf aus. Häufig gelingt es ihnen nicht, alle Gräber am Festtag selbst zu besuchen, so dass sich das Totengedenken über mehrere Tage erstrecken kann.

Deutschland: Trauern um die Toten

Die letzten leuchtend bunten Oktoberblätter hat der Wind von den Bäumen geweht. Es herrscht Novemberwetter. Nebel und Nieselregen lassen alles grau erscheinen. Es wird immer früher dunkel. Draußen in der Natur stirbt vieles sichtbar ab, die Farben verschwinden. Der weiße Schnee und mit ihm die fröhliche oder auch stressige Vorweihnachtszeit sind noch nicht da.

Allerheiligen, Allerseelen und Totensonntag in Deutschland

In diese herbstliche Jahreszeit fallen die Totengedenktage in Deutschland. Das katholische Allerheiligenfest findet am 1. November und das Allerseelenfest am 2. November statt, während der protestantische Totensonntag Ende November auf den letzten Sonntag im Kirchenjahr, also den Sonntag vor dem ersten Advent, fällt. Novemberzeit ist für viele Menschen „Friedhofszeit". Die meisten Familien richten noch vor den Totentagen, zu Beginn oder gegen Ende November – das hängt davon ab, ob sie evangelisch oder katholisch sind –, die Gräber ihrer Verstorbenen. Langlebige Gestecke aus Nadelzweigen, Trockenblumen und kälteresistentem Immergrün werden zurechtgesteckt. Manche bringen trotz der kalten Temperaturen Chrysanthemen und Herbstastern. Besonders auf katholischen Gräbern werden Grablichter angezündet.

Das Schmücken der Gräber ist Tradition. Besonders in kleineren Gemeinden kann es auch eine Rolle spielen, dass man den Nachbargräbern in nichts nachstehen möchte. Das heißt, dass bei prunkvollem Grabschmuck auch das Prestige wächst. Dennoch führt die Arbeit oder auch nur der Aufenthalt am Grab auch zum Gedenken an die Verstorbenen und an die eigene Vergänglichkeit.

Der Gang zu den Gräbern

Die Katholiken gehen schon an Allerheiligen auf den Friedhof, da dieses Fest in vielen Bundesländern ein Feiertag ist, während das Allerseelenfest meist auf einen Arbeitstag fällt. Zu Allerheiligen und am Totensonntag hat jede Gemeinde ihre eigene Tradition. In den meisten katholischen und evangelischen Gemeinden gibt es am frühen Nachmittag auf dem Friedhof eine Andacht. In der Mitte des Friedhofs oder in der Aussegnungshalle trifft sich die Gemeinde. Es sind viele Gemeindemitglieder anwesend, auch solche, die sonst nicht kommen. Sie sind hier, weil im vergangenen Jahr jemand aus ihrer Familie gestorben ist. Der Pfarrer liest die Namen aller Verstorbenen des letzten Jahres vor. Die Lieder werden mancherorts vom Posaunenchor begleitet, der die Kirchenorgel ersetzt. Nach Ende der meist einstündigen Andacht gehen die Anwesenden an die Gräber, die zu diesem Zeitpunkt schon geschmückt sind. In katholischen Gemeinden folgen die Gläubigen dem Priester in einer Prozession zu den Gräbern, wo er auf Wunsch die Gräber segnet.

Allerheiligen in Frankfurt am Main © Ferhat Bouda

Der Ursprung von Totensonntag, Allerheiligen und Allerseelen

König Friedrich Wilhelm III. von Preußen bestimmte durch Kabinettsorder vom 17.11.1816 den letzten Sonntag des Kirchenjahres zum „Feiertag zum Gedächtnis der Verstorbenen". Er gedachte damit besonders der Gefallenen der Befreiungskriege (1813–15). Als Totensonntag übernahmen auch andere evangelische Landeskirchen dieses Fest. Es ist sozusagen das Gegenstück zur katholischen Allerheiligen- und Allerseelenfeier, die der Reformator Martin Luther ablehnte. Besonders in der Reformationszeit, aber auch heute noch, legt die evangelische Kirche Wert darauf, dass an diesem Tag der Verstorbenen gedacht wird, aber keine Fürbitten für sie gehalten werden, wie es in der katholischen Kirche üblich ist. Außerdem zeigt die andere Bezeichnung dieses Tages, „Ewigkeitssonntag", dass nicht der Tod, sondern das Leben danach den Schwerpunkt bilden soll.

Das Allerheiligenfest hat seinen Ursprung im Osten. Dort beging man schon im 4. Jh. an verschiedenen Terminen ein Gedächtnisfest für alle Märtyrer. Die griechisch-orthodoxe Kirche feiert noch heute am Sonntag nach Pfingsten den „Sonntag aller Heiligen".

Im Jahre 609 weihte Papst Bonifatius in Rom eine Kirche, die zuvor ein Pantheon war, ein Ort, an dem die Römer das Allgöttliche in Gestalt der Kybele, der Mutter aller Götter,

Totensonntag in Frankfurt am Main

© Ferhat Bouda

verehrt hatten. Er nannte die Kirche Sancta Maria ad Martyres, Heilige Maria bei den Märtyrern. Er ordnete an, dass jeden 1. November der Pontifex hier eine Messe halten solle, da an diesem Tag alle Heiligen mit der Jungfrau Maria ein Fest im Himmel feiern würden. Dieses Datum war mit Bedacht ausgewählt, da am selben Tag die alten Römer den Tag der Kybele feierten. Gut zwei Jahrhunderte später führte Papst Gregor IV. den Allerheiligentag in seinem ganzen Einflussbereich ein.

Italienische oder griechische Kinder, die an Allerheiligen geboren sind, werden noch heute nach diesem Tag benannt. Sie heißen Tutti Santi, italienisch für Allerheiligen, oder auf griechisch Panajotis.

Allerseelen führte Abt Odilo von Cluny im Jahre 998 als Gedächtnisfeier für die Verstorbenen der ihm untergebenen Klöster ein. Wenige Jahre später, 1006, erhob Papst Johannes XIX. den Allerseelentag am 2. November zum jährlichen Totengedenkfest. Heute wird dieser Totentag vorgezogen und schon am 1. November, also am Allerheiligenfest, gefeiert. Lange Zeit erhielt sich der Volksglaube, dass am Allerseelentag herumirrende tote Seelen ihre Gräber suchten, die aus diesem Grunde mit Windlichtern beleuchtet wurden. In vielen Gegenden entwickelte sich auch der Brauch, Arme-Seelen-Brote für die Seelen auf die Gräber zu legen. In Augsburg waren es Brezeln, die an die Grabkreuze gehängt wurden. Die Tradition der Arme-Seelen-Brote übertrug man auf „lebende arme Seelen". Man schenkte die Brote nicht mehr den Toten, sondern den Armen, den Bettlern des Dorfes und vor allem den ärmeren Kindern. In Bayern bekamen die Patenkinder an Allerseelen einst einen Seelenzopf aus Hefeteig und Rosinen geschenkt.

Brennende Kerzen für die armen Seelen in Polen

Am ersten Tag im November sind die Züge in Polen ungewöhnlich voll. Alljährlich fahren Tausende zu den Gräbern ihrer Familienangehörigen, seien sie auch noch so weit entfernt. Das Allerseelenfest ist in Polen ein Familienfest. Die Lebenden kommen in den Heimatort zu den Toten.

Eigentlich wurde ja der 2. November im Jahre 1006 von Papst Johannes XIX. als Totengedenktag für die katholischen Christen eingeführt. Aber in Polen gehen die Menschen schon am 1. November auf den Friedhof, da unter der kommunistischen Regierung dieser Tag arbeitsfrei war.

Der Tag beginnt mit einer der vielen Allerseelen-Messen, in denen sich die Gläubigen an diesem Tag mehrmals treffen, um für die Verstorbenen zu beten. Vor der Messe erhält der Priester lange Listen mit den Namen der Verstorbenen verschiedener Familien. Gegen eine Spende betet er dann zusammen mit der Gemeinde für deren Seelenheil.

Manch einer zündet in der Kirche für die armen Seelen zusätzlich noch eine Kerze an, besonders dann, wenn er nicht weiß, wo der Tote begraben liegt.

Mit Hilfe von Gebeten und Lichtern wollen die Gläubigen den Seelen die Qualen des Fegefeuers verkürzen.

Nach dem Gottesdienst zieht die Gemeinde in einer Prozession über den Friedhof, zu der sich immer mehr Friedhofsbesucher gesellen. Während der Priester Weihwasser über die Gräber sprengt, folgt ihm die singende und betende Gemeinde.

Die Familienangehörigen treffen sich anschließend an den Gräbern und tauschen Neuigkeiten mit Verwandten und Bekannten aus, die sie oftmals nur bei diesem Anlass sehen. So verweilen die Hinterbliebenen oft viele Stunden auf dem Friedhof. Und die Kommenden lösen die Gehenden ab, so dass immer jemand am Grab bleibt. An diesem Tag sind die Gräber auf besondere Weise geschmückt. Sie werden mit Kränzen und trotz der winterlichen Temperaturen auch mit zahlreichen Schnittblumen, besonders mit weißen Chrysanthemen, dekoriert. Im Schein der vielen hundert Lichter, die in Tonschalen oder in bunten Gläsern auf den Gräbern stehen, macht der Friedhof einen feierlichen Eindruck. Auf manchen Gräbern stehen so viele Kerzen, dass kein Platz mehr frei bleibt.

Schon von Weitem ist der hell erleuchtete Friedhof zu sehen, wenn alle Totenlichter brennen.

Das Licht war am Allerseelentag schon immer von großer Bedeutung. Bevor die Kerzen und Lämpchen Ende des 16. Jahrhunderts eingeführt wurden, zündete man große Feuer an. Die Toten konnten dadurch den Weg zum Friedhof oder zu ihrer Familie besser finden und sich am Feuer wärmen. Heute ist das Grablicht eher ein Symbol für ewiges Leben.

Das Allerseelenfest war früher auch ein Tag, an dem man den Armen Nahrungsmittel oder Geld gab. Als Gegenleistung mussten sie für die Verstorbenen der Familie beten.

Aber nicht nur die Armen versorgte man mit Speisen, sondern bis zum Ende des 19. Jahrhunderts auch die Toten selbst. Da die Hinterbliebenen annahmen, dass die Bedürfnisse der zurückgekehrten Toten dieselben wie die der Lebenden seien, stellten sie Nahrungsmittel auf die Gräber. Gemeinsam aßen sie am Grab, verbrachten die Nacht dort und warteten auf äußere Zeichen. Denn die Toten waren anwesend und konnten sich in der Bewegung eines Zweiges oder einer Kröte bemerkbar machen.

Früher sollten an diesem Feiertag die Toten versöhnlich gestimmt werden. Heute wollen die Hinterbliebenen den Verstorbenen vor allem zu einem guten Leben im Jenseits verhelfen.

Stadtfeste

In dem kleinen mittelalterlichen Städtchen Ribeauvillé, nicht weit von der deutsch-französischen Grenze entfernt, feiern Anwohner und Besucher am ersten Sonntag im September den Pfifferdaj (Pfeifertag). Der Pfifferdaj ist das älteste elsässische Fest, das heute noch gefeiert wird.

Der König der Spielleute in Ribeauvillé

Die Spieler von Saiten- und Blasinstrumenten, dazu gehörten auch die Pfiffer (Flötenspieler), sowie die Trommler wurden im Mittelalter von der Kirche als „Vorboten der Hölle" angesehen. Beim Volk dagegen waren sie sehr beliebt, besonders auf Festen und in Herbergen, wo sie für gute Stimmung sorgten.

Ende des 14. Jahrhunderts mussten sich die Spielleute in frommen Bruderschaften organisieren und bekamen Satzungen auferlegt. Die Rechtsgewalt über die Musikanten seines Herrschaftsgebietes hatte ab 1390 der Herr von Rappoltstein (heute Ribeauvillé). Dieser übertrug seine Gewalt jedes Jahr für einige Tage auf den „König der Spielleute", der ihm einen Eid leisten musste. Aus diesem Grund kamen die Spielleute alljährlich an Mariä Geburt (8. September) nach Ribeauvillé.

In einer langen Prozession begaben sie sich zuerst zur Kirche, um eine Messe zu Ehren ihrer Patronin, „Unserer Lieben Frau von Dusenbach", zu feiern. Für die damalige Zeit war es ungewöhnlich, dass selbst die Protestanten unter den Spielleuten, über die Glaubensgrenzen hinweg, an diesem katholischen Gottesdienst teilnahmen. Das Zugehörigkeitsgefühl zu der Zunft überwog.

133

Anschließend zogen sie in einem Festumzug, an der Spitze ein Pfeifer mit zwei Trommlern, Dudelsackspielern und anderen Spielleuten, gefolgt von den Fahnenträgern der Bruderschaften und dem „König der Pfeifer", zum Schloss, um den Herrn von Rappoltstein zu feiern. Einer der Spielleute hielt eine Lobrede und alle trugen ihr Lieblingslied vor. Allerdings spielten sie gleichzeitig. Als Dank stiftete ihr Gönner Wein für alle, den sie während des ausgelassenen Festes am Abend in der Herberge tranken. Einen halben Liter musste der Pfeiferkönig allerdings sofort trinken.

Am Tag danach tagte das Tribunal der Spielleute. Streitigkeiten wurden vorgebracht, und die Missetäter bekamen Geldstrafen auferlegt. Man erwarb seinen jährlichen Gewerbeschein, und neue Mitglieder leisteten ihren Eid.

Während der Französischen Revolution 1789 wurde das Fest verboten und die Bruderschaft mit ihrem feudalen Ursprung aufgehoben. 13 Jahre später erweckten die Bewohner den Pfifferdaj mit einem Umzug wieder zum Leben.

Nach dem Ersten Weltkrieg wurden Wagenparaden eingeführt, die seit Ende des Zweiten Weltkriegs alljährlich nach einem anderen Motto gestaltet werden.

In einem Jahr lautete das Motto z.B.: „Das Mittelalter mit seinen Erfindungen und Entdeckungen". 27 verschiedene Gruppen präsentierten sich in diesem Umzug. Darunter waren auch einige ausländische Teilnehmer: Fanfarenzüge aus Deutschland und Fastnachtsvereine aus der Schweiz. Die kunstvollen, phantasiereichen und zugleich historisch orientierten Wagen mit ihren Darstellungen mittelalterlicher Szenen sowie das Fußvolk der Pfeifer wurden alle von Vereinen aus Ribeauvillé und der näheren Umgebung gestellt.

Nicht nur die Teilnehmer kamen aus verschiedenen Ländern, sondern auch die Zuschauer. Besonders viele sind aus dem nahegelegenen Deutschland herübergekommen, um einen schönen Sonntag zu verbringen.

Um zwölf Uhr eröffneten Trompetenbläser vom Stadtturm aus das Fest. Nun zogen die Kinder und Jugendlichen, verkleidet als Bettler, durch die Gassen und sammelten Geld. An mancher Straßenecke konnte man sich gegen Geld von rot oder weiß gekleideten Gestalten schminken lassen. Diese Neuerung erinnert an den Karneval von Venedig.

Um 15 Uhr begann der Umzug, der von einem Stadtende zum anderen zog, um dann auf der gleichen Strecke wieder zurückzukehren. 15.000 Besucherinnen und Besucher waren gekommen und umsäumten die Straßen des mittelalterlichen Städtchens, dessen Kulisse wunderbar zum Motto des Umzuges passte.

An der Spitze schritten die Mitglieder des Stadtrats in Schöffenkostümen. Gleich anschließend waren die Pfeifer zu sehen. Alte und junge Männer mit Filzhüten und kurzen, mit einem Gürtel zusammengehaltenen Roben, unter denen sie Strumpfhosen trugen, spielten auf ihren Flöten fröhliche Lieder. Unter ihnen war der Pfeiferkönig an seiner purpurroten Kleidung zu erkennen.

Im Zug gingen auch Spielmannsfamilien mit. Die Kinder spielten Flöte, der Vater blies den Dudelsack, und die Mutter zupfte das mittelalterliche Saiteninstrument.

Zehn Wagen mit szenischen Darstellungen konkurrierten um den ersten Preis. Der Vogesenclub aus Ribeauvillé stellte eine Pilgerfahrt zu „Unserer Lieben Frau von Dusenbach" dar. Die Mitglieder trugen ihre Schutzheilige durch die Straßen. Auf einem anderen Wagen pries ein Schnapsbrenner sein Produkt an. So wurde daran erinnert, dass im Mittelalter die Destillation von Alkohol bei 60°C entdeckt wurde. Der türkische Kultur- und Sportverein Ribeauvillé zeigte die Kunst des Glasblasens, mit dessen Hilfe man im Mittelalter die ersten Brillengläser herstellte. In einem Wagen wurde, für die Zuschauer unsichtbar, seziert. Man sah nur hin und wieder Knochen vom versteckten Seziertisch fliegen. Eine wichtige Erfindung des Mittelalters führten zwei junge Frauen vor: das Spinnrad.

Als die Darstellerinnen und Darsteller an der Tribüne vorüberzogen, gaben sie sich besondere Mühe, denn hier sitzt alljährlich die

Der Pfifferdaj in dem französischen Städtchen Ribeauvillé   © Avinash Pandey

135

Jury. Die Gruppe der Winzer lud einen Bottich von einem hölzernen Pferdewagen ab, stellte ihn auf den Boden, und junge Frauen mit hochgerafften Röcken zertraten darin mit nackten Füßen die Trauben: ein Verfahren, wie es vor Erfindung der Traubenpresse üblich war.

Im Umzug schleppte sich auch ein Gefangener durch die Gassen mit einem Balken auf den Schultern, in dem seine „blutverschmierten" Hände und sein Hals eingeschlossen waren. Ihm folgte ein Henker mit roter Kapuze.

Zwischen den Wagen gingen buntgekleidete Fanfarenzüge und Fahnenwerfer, die ihr Können zum Besten gaben. Darunter auch die Feuerspucker, die in der Gran Rue das Publikum begeisterten. Ihre Gesichter waren ganz rußverschmiert.

Nach dem zweistündigen Umzug wurde, in Erinnerung an den im 14. Jahrhundert gestifteten Wein der Herren von Rappoltstein, kostenlos Wein ausgeschenkt. Aus dem mit Blumen dekorierten Brunnen floss an diesem Tag nicht Wasser, sondern Wein.

Im Laufe der Jahrhunderte haben die Menschen viele Änderungen und Neuerungen an dem Fest vorgenommen. In den letzten Jahren sind das nächtliche Feuerwerk und die Burgenbeleuchtung dazugekommen.

Konkurrierende Stadtviertel beim Palio im italienischen Siena

In Siena findet zweimal im Jahr, am 2. Juli und am 16. August, ein großes Fest statt: der Palio. Am Festtag gibt es eine historische Parade mit aufsehenerregenden Darbietungen der Fahnenschwinger. Ein weiterer Höhepunkt ist das Pferderennen am Abend.

Der Festname „Palio" leitet sich von dem lateinischen Wort „pallium" ab und bedeutet Tuch oder Fahne. Einen Palio, eine Fahne, deren Motiv alljährlich von einem anderen Künstler gestaltet wird, erhält der Gewinner des Rennens.

Bis zu 60.000 Zuschauer kommen am Festtag, um den Palio mitzuerleben. Um acht Uhr morgens liest der Erzbischof von Siena die Jockey-Messe, in der die Reiter, die Rennpferde und sonstige Teilnehmer des Palio gesegnet werden. Um vierzehn Uhr beginnen dann die Umzüge zur Piazza del Campo, wo das Rennen ausgetragen wird. Die Gruppen repräsentieren jeweils ein Stadtviertel und werden wie das Stadtviertel selbst „Contrada" genannt.

Die Contraden bildeten sich um die Pfarreien in einer Zeit, als Siena von den Langobarden beherrscht war. Die siebzehn heute noch existierenden Contraden haben eigene Namen. So gibt es die Contrade des Adlers, der Welle, die Turmcontrade, die Muschelcontrade, die Contrade der Wölfin und einige mehr. Ihre Namen zeigen sich als Emblem in den großen Bannern, die die Träger schwenken, manchmal auch in der Ritterrüstung des Anführers. Alle Teilnehmer der Umzugsgruppen sind in historische Kostüme gekleidet.

Der Palio in der italienischen Stadt Siena   © Marcello Bertinetti

In Richtung Piazza zieht auch die Adler-contrade, vorbei an den jubelnden Zuschauern. Voraus gehen, begleitet von ihrem Trommler, die Fahnenschwenker mit den beiden goldgelben Fahnen, auf denen der schwarze Doppelkopfadler und blaue Ornamente zu sehen sind. Anschließend kommt der Hauptmann in prächtiger Ritterrüstung mit Helm und Schwert, gefolgt von einem kleinen Trupp Bewaffneter. Als nächstes sieht man den Ersten Pagen mit Standarte, begleitet von seinen beiden Knappen. Danach reitet der Jockey, umhüllt von einem kostbaren Samtumhang, auf einem Paradepferd mit funkelndem Geschirr: Ein Reitknecht führt ihn. Am Ende schließlich folgt das Rennpferd am Zügel eines weiteren Knechtes.

Ganz langsam ist der Marsch der Gruppe, die immer wieder stehenbleibt, damit die Fahnenträger unter Trommelwirbeln ihre Kunststücke vorführen können. Es gibt mehrere Dutzend Figuren für die Fahnendarbietungen. Jede Contrade hat ihre eigenen Varianten, die sie von Generation zu Generation weitergegeben hat. Geschickt wird die Fahne meterhoch in die Luft geworfen. Sie dreht sich hoch oben um die eigene Achse und fällt zurück in die Hände des Werfers. Der lässt sie von einer Hand in die andere gleiten, schwenkt sie hinter dem Rücken durch die Beine zurück in die rechte Hand und springt darüber.

Die Bewohner der Stadtviertel schwenken bei solchen Einlagen begeistert kleine Tüchlein, die den Farben ihrer Contrade entsprechen.

Gegen zwanzig Uhr gelangen die einzelnen Umzugsgruppen zur Piazza del Campo. Hier drängt sich eine große Zuschauermenge um die runde Sandbahn. Auf kleinstem Raum, auf allen erdenklichen Plätzen, sogar auf den Dächern stehen Zuschauer. Wenn alle Contraden auf dem Platz versammelt sind, steigert sich die Spannung immer mehr. Von nun an konzentriert sich alles auf das bevorstehende Pferderennen.

Wie jedes Jahr wurden per Los zehn Contraden ausgewählt, die an dem Rennen teilnehmen dürfen. Die sieben anderen haben das Recht, im nächsten Jahr mitzumachen. Die Rennpferde und Startnummern werden nun ausgelost und den Jockeys der Contraden zugeteilt. Totenstille herrscht, bis die Startpositionen der einzelnen Jockeys bekanntgegeben werden. Dann werden Rufe der Zufriedenheit laut, andere Zuschauer äußern ihren Unmut.

Alle warten nun auf den Startschuss. Wochenlang haben sich die Teilnehmer vorbereitet auf dieses ein bis zwei Minuten dauernde Ereignis. Komplexe Abmachungen und feingesponnene Bündnisse wurden zwischen den Contraden abgeschlossen, die versuchen, einen gemeinsamen „Feind" von der Bahn zu drängen oder sich gegenseitig zum Sieg zu verhelfen. Die aneinandergrenzenden Stadtviertel konkurrieren besonders stark und die Rennbahn ist der Ort, an dem die Rivalitäten offen ausgetragen werden.

Das Rennen beginnt meist erst nach mehreren Fehlstarts, denn ein „guter Start ist der halbe Palio". Dreimal müssen die Jockeys, die ohne Sattel reiten, die 339 Meter lange und 7,5 Meter breite Sandrennbahn umrunden.

Beim Rennen selbst schreit jeder der vielen tausend Zuschauer den Namen „seiner" Contrade. Die Pferde preschen über die Rennbahn und nach einem kurzen Augenblick ist das Rennen entschieden. Am Ende steht befreiender Jubel oder die Hoffnung, beim nächsten Palio Sieger zu sein.

Ein Blumenmeer in Medellín, Kolumbien

Am 7. August jedes Jahres verwandelt sich Medellín, die Hauptstadt des Departamentos Antioquia in Kolumbien, in ein einziges buntes Blumenmeer. Die Stadt feiert mit einem großen Umzug das Blumenfest, die Fiesta de las Flores. Am Straßenrand stehen dicht gedrängt die Zuschauer, um die Bauern und Blumenzüchter (Silleteros) aus den umliegenden Dörfern der Anden zu sehen, die in einem Gestell (Silleta) auf dem Rücken riesige Blumengestecke tragen. Zu den Klängen fröhlicher Musik laufen etwa 400 Silleteros schwerbeladen durch die Straßen.

Eine Silleta umfasst etwa 1400 Blumen. Unter den 15 bis 20 Blumensorten sind Lilien, Nelken, Rosen, Margeriten, Weihnachtssterne und Chrysanthemen. Meistens werden sie auf Styropor gesteckt, das an der Silleta befestigt ist. Die Auswahl der Blumensorten, der Farben und Ornamente hängt von der künstlerischen Gestaltung der Familie des Silleteros ab. Eine Silleta wiegt durchschnittlich 50 bis 60 Kilogramm.

Der Umzug durch die Stadt dauert etwa vier Stunden, zwischendurch müssen die Silleteros eine Pause einlegen, denn die Last der Silletas wiegt schwer. An der Spitze des Zuges sind Reiter auf edlen Pferden, gleich anschließend folgen die Silleteros, unter ihnen sind auch Frauen und Kinder. Die jüngeren tragen Miniaturausführungen der Silletas (silletas infantiles).

Das Amt für Tourismus in Medellín hat die Silletas im Umzug nach verschiedenen Kategorien eingeteilt. Da gibt es die „silletas emblematicas", deren Blumen in Form von Wappen, der Landesflagge oder als religiöse Symbole auf Styropor festgesteckt sind. Bei den traditionellen Silletas haben die Silleteros ein Arrangement aus vielen kleinen Sträußen, darunter auch Kräuter wie Rosmarin, zusammengestellt. Diese Silletas sind mindestens 70 mal 70 cm groß. Viel wuchtiger sind die „silletas monumentales", die ca. 1,5 mal 1,8 Meter groß und bis zu 100 Kilogramm schwer sind. Ihre Gestaltung bleibt den Trägern überlassen, die die Konstruktion wegen des Gleichgewichts gut planen müssen. Außerdem gibt es noch die „kommerziellen Silletas", auf denen die Symbole der Unter-

Fiesta de las Flores, Blumenfest in Medellín, Kolumbien

© Stadtverwaltung Medellín

139

nehmen in Blumenform zu sehen sind, die
die betreffenden Silletas gesponsert haben.
Diese Kategorie ist vom Wettbewerb um die
Preise für die schönsten Silletas ausgeschlos-
sen. Jede der vorbeiziehenden Umzugsgruppen erntet tosenden Applaus für die Pracht,
die sie auf dem Rücken schleppt.

Nach den Silleteros kommen Musikgruppen mit auffallend vielen Saiteninstrumen-
ten. Sie spielen und singen so bekannte Folk-
lorelieder wie die Bambucos und Pasillos, die
die Menschenmenge begeistern und zum
Mitsingen und Tanzen anregen. Die farbenfrohen Trachten der Folkloregruppen zeigen,
aus welchem Gebiet sie stammen. Alle tragen Blumen im Haar oder an den Hüten und
Blusen. Ganz in Blumen gehüllt ist der Pferdewagen am Ende des Zuges, auf dessen
Plattform jede Folkloregruppe durch eine
Frau repräsentiert wird.

Am Ende des Umzuges werden vor dem
Regierungsgebäude die schönsten Silletas
durch Medaillen, Urkunden und Geldpreise
ausgezeichnet. Eine sehr schwierige Aufgabe bei all dieser Pracht und der fantasievol-
len Gestaltung. Anschließend bringen die
Silleteros ihre herrlich bunten Blumensill-
etas zu Kirchen, Hotels, Restaurants, Amts-
gebäuden oder zu den Sponsoren, die die
Silletas einige Zeit ausstellen. Nach dem gemeinsamen, von der Stadt gestifteten Essen
werden die Silleteros mit Sonderbussen zurück in ihre Dörfer gebracht. Sie sind müde
von dem langen Tag und der schweren Last,
die sie aus Prestigegründen, in der Hoffnung, einen Geldpreis zu gewinnen und zum

© Stadtverwaltung Medellín

Fiesta de las Flores, Blumenfest in Medellín, Kolumbien

Vergnügen der Zuschauerinnen und Zuschauer geschleppt haben.

Der Ursprung der Fiesta de las Flores liegt
im 19. Jahrhundert. Damals schmückte die
arme Landbevölkerung aus dem Departe-
ment Antioquia, einer Provinz in der Nähe
der kolumbianischen Hauptstadt, im Monat
Mai die Kirchen und Marienstatuen mit Blumen. Mit der Zeit wurde der Blumenschmuck
auf ihre Häuser ausgeweitet. Da sich dieser
Brauch auch in den Städten verbreitete, kul-
tivierten die Bauern große Blumenfelder, um
die Blumen zu verkaufen. Heute exportiert
die Provinz Antioquia viele Schnittblumen
ins Ausland. Die Silleteros gingen den weiten
Weg nach Medellín zu Fuß, um dort auf der

Placita de las Flores (Blumenplätzlein) ihre Blumen zu verkaufen. Je mehr sie mitbrachten, desto mehr konnten sie verkaufen. Aus diesem Grund verwendeten sie als Transportmittel die traditionelle Silleta, das Transportmittel der Indios und Mestizen in den Anden. Sie besteht aus einem Gestell aus Holz und Schnüren, das auf dem Rücken getragen wird, dessen Hauptlast aber auf dem Trageband liegt, das um die Stirn führt. In den umwegsamen Gegenden der Anden war die Silleta wichtig für den Transport von Alten, Kranken und von Gegenständen. Silletero, Träger einer Silleta, war ein wichtiger und anerkannter Beruf. In schwer zugänglichen Gebieten ist er es für Lasten-, Krankentransporte und müde Touristen noch heute.

Mit der Zeit kamen so viele Blumen-Silleteros auf die Placita, den kleinen Blumenverkaufsplatz, dass der Markt in den Parque Bolivar (Bolivar-Park) verlegt wurde. Da die Städterinnen und Städter so begeistert waren von dem Anblick der mit bunten Blumen beladenen – aber auch schwer schleppenden – Silleteros, organisierte die Stadt Medellín einen Umzug. Der erste Umzug fand 1957 mit 40 Silleteros statt, die zu Fuß mit den vielfältigsten Blumen beladen in die Stadt kamen, um ihre Blumenpracht zu verkaufen.

1958 zogen schon 100 Silleteros durch die Straßen von Medellín zum Parque Bolivar. Einige Unternehmen gaben Geld für die Blumenpracht und stellten Preise zur Verfügung, die die Silleteros gewinnen konnten. Die Silletas waren nun nicht mehr Transportmittel, in denen so viele Blumen wie möglich zum Markt transportiert werden sollten, sondern die Silleteros drapierten darauf kunstvoll ihre Blumen. Die ärmere Landbevölkerung wurde zu Künstlern, die die Silletas umfunktionierten, damit sie sie besonders gut dekorieren konnten.

Seit 1972 findet die Fiesta de las Flores im August statt, zusammen mit dem alljährlichen Medellíner Pferdemarkt. Heutzutage ist das Blumenfest eine große Attraktion, die über die Landesgrenzen hinaus bekannt ist und viele Touristen anzieht.

© Stadtverwaltung Medellín

Fiesta de las Flores, Blumenfest in Medellín, Kolumbien

141

Erntefeste

12

Erntedank in Stadt und Land

Für den Erntedankgottesdienst werden die Kirchen auf besondere Weise geschmückt. Da die Gemeindemitglieder und die Pfarrer einen großen Spielraum in der Gestaltung des Erntedankfestes haben, prägt ihre Kreativität und ihr Ideenreichtum das Fest am nachhaltigsten. Die Dekoration des Altars, die Gestaltung des Gottesdienstes und des Umfeldes des Festes unterscheiden sich dadurch von Gemeinde zu Gemeinde. Es lassen sich aber auch Unterschiede zwischen ländlichen, kleinstädtischen und städtischen Erntedankfesten feststellen.

Beim Besuch eines Erntedankfestes in einer ländlichen Gegend Mittelfrankens fällt der Blick sofort auf einen alten hölzernen Pferdewagen, der an diesem Tag neben dem Altar steht. Die Messnerin hat ihn mit den Früchten dekoriert, die ihr die Bäuerinnen gebracht haben. Als Prunkstück steht in der Mitte eine Erntekrone, gebunden aus Weizen, Roggen, Gerste und Hafer, deren Mittelpunkt ein Kreuz aus bunten Astern bildet.

Drumherum sind handgeflochtene Weidenkörbe mit Kartoffeln, Äpfeln, Pflaumen, Birnen, Lauch, Sellerie, Möhren, Rote Beete, den letzten späten Tomaten, Weintrauben, Mais und Zwiebeln zu sehen. Die großen orangen Kürbisse, die dicken grünen Zucchini, die braunen Zuckerrüben und mehlbestäubten Landbrote liegen lose auf dem Wagen neben Sichel, Sense und einem alten Dreschflegel. Hundsrosenzweige voll roter Hagebutten, Hopfenranken und Reben umrahmen das Kunstwerk. Kleine Astern- und Dahliensträuße leuchten dazwischen in allen Farben.

Wie die meisten Gottesdienste zu Erntedank beginnt auch dieser mit dem Eingangsvotum aus Psalm 145 Vers 15 *„Alle Augen blicken voll Hoffnung auf Dich, und jedem gibst Du Nahrung zur rechten Zeit."* Die Gemeinde dankt Gott, dass er die Ernte gedeihen ließ, und der Pfarrer erinnert daran, mit den Bedürftigen zu teilen.

An diesen evangelischen Gottesdienst schließt sich eine Kundgebung des Bayerischen Bauernverbandes an. In ihrer Rede spricht die Bezirksbäuerin aktuelle Themen an wie Überproduktion, fallende Preise bei reicher Ernte und die Perspektiven der bäuerlichen Landwirtschaft in Deutschland. Anschließend verbringen viele Kirchenbesucher den Tag bei deftigem Essen oder Kaffee und Kuchen auf dem Bauernmarkt, auf dem viele Höfe, die biologischen Anbau betreiben, mit Ständen vertreten sind.

Eine andere Form des Gottesdienstes finden wir in der Kleinstadt Leimen. Hier gestaltete der katholische Kindergarten den Erntedankgottesdienst. Kinder und Erzieherinnen hatten das Thema „Kartoffel" und dazu passende Lieder ausgewählt. Alles rund um die Kartoffel ist schon seit Tagen im Kindergarten besprochen worden: ihre Herkunft aus Südamerika, ihr Anbau, ihre Ernte und die Vermarktung. Als Höhepunkt führen die Kleinen, bekleidet mit Kartoffelsäcken und Tierkostümen, „Das Märchen vom Kartoffelkönig" auf. Nach dem Gottesdienst gibt es Kartoffelsuppe im Gemeindehaus.

Der Altarschmuck bleibt noch einige Tage in der Kirche stehen. Alle Früchte und Blumen hängen wie bunte Girlanden lose oder in Netzen an dem Gestell der großen Erntekrone. Die Erntekrone banden vor drei Jahren Flüchtlingsfrauen, die nach dem Krieg aus dem Sudetenland gekommen waren. Da niemand mehr dieses Handwerk beherrscht, wird die Krone seit mehreren Jahren verwendet.

In anderen Gemeinden spielen die Erntefrüchte eine geringere Rolle. Die Kinder bringen am Erntedanksonntag nur kleine Körbchen mit einem Apfel, einem Kohlrabi oder einer Zwiebel, ein Sträußchen Astern oder gar importierte Produkte wie eine Packung Reis mit.

Auch in Großstädten wie Frankfurt sind die Kirchen mit den traditionellen Erntefrüchten geschmückt. Aber nur wenige Besucher haben heutzutage eine klare Vorstellung von der Erntearbeit. In der heutigen Industriegesellschaft gilt der „Erntedank" allen „Früchten" menschlicher Arbeit. Ein Automechaniker ist so wichtig wie ein Bauer, eine Apothekerin so wichtig wie eine Bäuerin. Seit etwa zehn Jahren gibt es vereinzelt Gemeinden, die ihre Altäre mit den Früchten der Arbeit ihrer Mitglieder schmücken: mit Autoreifen, Farbdosen, getippten Briefen, Keksdosen u.a.

Das Erntedankfest gewinnt an Bedeutung durch das wachsende Umweltbewusstsein, durch die Verantwortung im Umgang mit der Schöpfung und durch den Hunger in der Welt. Die Botschaft der meisten Pfarrerinnen und Pfarrer lautet: „Lernt, Gott dankbar zu sein für die vielen Lebensmittel, die zur Selbstverständ-

Das Erntedankfest in Deutschland   © Laenderpress/Gruber

lichkeit geworden sind. Denkt an die Menschen in Not in aller Welt, in Kriegsgebieten oder in Hungersnöten und teilt mit ihnen." Die Kollekte der Gottesdienste ist für die „Hungernden der Welt" bestimmt.

Erntefeste gehören zu den ältesten bekannten Festen. Sie sind abhängig vom Zeitpunkt der Ernte und werden überall auf der Erde gefeiert.

Früher waren die Erntefeste in Deutschland wegen des unterschiedlichen Ernteverlaufs nicht auf einen bestimmten Tag festgelegt. In Preußen wurde das Erntedankfest 1773 offiziell auf den Sonntag nach Michaelis gelegt. Heute feiern alle evangelischen und katholischen Kirchen in Deutschland das Erntedankfest am ersten Sonntag im Oktober, obwohl in den katholischen Kirchen offiziell kein bestimmter Tag dafür festgelegt wurde.

Zwei Gründe führten nach dem Zweiten Weltkrieg dazu, dass sich die Bedeutung des Erntefestes verringerte. Zum einen hatte Hitler in der Zeit des Nationalsozialismus den Erntebrauch für seine politische Blut-und-Boden-Ideologie missbraucht. Zum anderen gab es große Strukturveränderungen in der Landwirtschaft. Mit der Mechanisierung der

Landwirtschaft schwand die Bedeutung der Erntearbeiterinnen und -arbeiter. Immer weniger Arbeitskräfte wurden gebraucht, um große Getreideflächen abzuernten. Heutzutage genügt ein einziger Mensch, der mit einem riesigen Mähdrescher alle Arbeitsgänge in kurzer Zeit erledigt. Am Ende liegt das ausgedroschene Korn auf dem einen Wagen und die gebundenen Strohballen liegen auf dem anderen.

Vor dem Zweiten Weltkrieg überreichten die Erntearbeiterinnen als feierlichen Abschluss der Erntearbeit dem Hofbesitzer einen Erntekranz, Erntehahn oder eine Erntepuppe. Der Erntekranz, gewunden aus Ähren und Feldfrüchten, ist ein Symbol der Fruchtbarkeit.

Bevor die großen Erntemaschinen in der Agrarwirtschaft Einzug hielten, war es die Pflicht jedes Gutsbesitzers, für die Erntear-beiterinnen und -arbeiter ein Erntefest mit Mahl, Umtrunk und gemeinsamem Tanz zu veranstalten. Die Gutsbesitzer dankten damit den Mähern, Binderinnen, Aufraffern, Hockenstellern, Rechenziehern, Aufladern und Worflern. Wohlstand und Gedeihen der ländlichen Güter, aber auch der Stadtbevölkerung hingen insbesondere vom Geschick ihrer Hände, vom Erfolg der Getreideernte ab.

Erntefeste außerhalb der Kirche gibt es heute nur noch wenige. In Neustadt an der Weinstraße findet ein Winzerfest mit großem Umzug und Auftritt der Deutschen Weinkönigin statt. In den vergangenen Jahren gab es in der Frankfurter Fußgängerzone ein Erntefest, bei dem „das Land zu Gast in der Stadt" war. Die Stadtkinder konnten Bienenvölker und eine Muttersau mit Ferkeln bestaunen. Sie durften Häschen streicheln und beim Schafscheren zusehen.

Das Onam–Fest in Südindien und Deutschland

Am Ende der Reisernte feiern die Keralesen im südindischen Bundesstaat Kerala das Erntedankfest Onam. Es ist das größte und spektakulärste Fest in dieser Region. Alle Konfessionen feiern gemeinsam: Muslime, Hindus, Buddhisten, Christen und andere.

Das Fest dauert in Kerala eine Woche. Während dieser Zeit schmücken die Frauen die Vorplätze der Häuser mit bunten Blumenteppichen (Athapoovidal), die von Tag zu Tag größer und schöner werden. Am dritten Tag, dem Höhepunkt des Festes, geben die Erwachsenen den Kindern kleine Geschenke und die Familie wird, wenn sie es sich leisten kann, neu eingekleidet. Gemeinsam verzehren Großfamilien und Nachbarn das vegetarische Festessen, das mit der köstlich süßen Onam-Nachspeise Payazam endet. Sie besteht aus dicker, süßer Milchpaste mit Reisnudeln, Cashewnüssen, Rosinen, gerösteten Kokosnussraspeln, Kardamom, Ingwer und anderen Gewürzen. Nach dem Essen spielen und tanzen die Menschen zusammen und verbringen einen fröhlichen Abend.

Während Onam finden auch die berühmten Schlangenbootrennen in Payipad, Alleppy und Aranmula statt. In den schmalen Booten sitzen etwa 34 Paddler, die eine Strecke von drei bis fünf Kilometern zurücklegen müssen. Dorfgemeinschaften, Vereine oder Familien bilden eine Mannschaft und versuchen, die Schnellsten zu sein und den Pokal zu gewinnen.

In Deutschland haben die Keralesen den Festablauf verändert und ihren hiesigen Bedürfnissen und Möglichkeiten angepasst. In Frankfurt hatte der Kerala-Verein zum Onam-Fest in eine große Festhalle eingeladen. Unter den Gästen waren Nord- und Südinder, Hindus und Christen, Deutsche und einige Migranten aus anderen Ländern. Das Programm bot nicht nur südindische Tänze, sondern auch einen nordindischen Tanz: den Kathak, vorgetragen von einer deutschen Tänzerin. Selbst das Programmheft war dreisprachig: in Malayalam (eine der großen Sprachen in Kerala), Deutsch und Englisch.

In diesen drei Sprachen begrüßte der Vorsitzende des Kerala-Vereins die Gäste zu Onam, dem Fest des Reichtums und der Freude. Dieser Abend solle, so meinte er, eine Erinnerung sein für die, die Onam in Kerala erlebten, und eine Erfahrung für die hier Geborenen. Zusammen mit dem indischen Konsul entzündete er anschließend die fünf Dochte der großen goldenen Öllampe, die auf einem mit bunten Blüten bedeckten Tisch vor der Bühne stand. Dieser Tisch mit seiner Blumendecke aus lila, rosa, gelben und orangen Nelken, Sonnenblumen, Tagetes und Chrysanthemen erinnerte an die Blumendekoration vor den Häusern in Kerala.

Zu Beginn des Programms wurde die Onam-Geschichte erzählt, die die Schüler der Tanzschule des Migrantenvereins in Tänzen und Theaterszenen darstellten. Auf der Bühne thronten majestätisch König Mahabeli und seine Frau, beide in prächtige rote Stoffe gekleidet, mit Kronen auf dem Kopf. Daneben saß der Berater des Königs, ein alter Mann mit grauem, langem, dünnem Bart. Vier kleine Mädchen und Jungen betraten die Bühne, stellten sich vor das Königspaar und schwenkten als jubelndes Volk ihre Fähnchen, während über Lautsprecher die Geschichte erzählt wurde:

Vor langer Zeit lebte König Mahabeli, der ein gütiger Herrscher voller Herzlichkeit war. Er machte keine Unterschiede zwischen den Kasten, zwischen arm und reich. Die Menschen waren sehr zufrieden mit ihm.

Das jubelnde Volk verließ die Bühne und acht junge Frauen in weiß-goldenen Saris bildeten vor dem Königspaar einen Kreis, in dessen Mitte ein Gefäß mit den Blüten einer Kokospalme und eine Lampe mit brennenden Kerzen stand. Sie tanzten Thiruvathira, den nur für Onam bestimmten Tanz, der das Leben zur Zeit Mahabelis darstellt. Fröhlichkeit und Reichtum drückten die Tänzerinnen durch Augen- und Kopfhaltung, durch Finger- und Handbewegungen aus, während sie in immer schnelleren Rhythmen tanzten und die Musik durch ihre Fußrasseln verstärkten.

Onam, Erntedankfest der Keralesen in Frankfurt am Main   © Avinash Pandey

Die Stimme aus dem Lautsprecher erzählte weiter:

Mahabelis Ruhm reichte so weit, dass auch die Götter davon hörten und eifersüchtig wurden. Sie beschwerten sich bei dem Gott Vishnu. So kam Vamanan als Vishnus Inkarnation auf die Erde und erbat sich als armer Mann drei Schritte Land. König Mahabeli willigte ein, Vamanan wurde wieder zu einem Gott und durchmaß die Erde mit zwei Schritten und versenkte Mahabeli mit dem dritten Schritt in die Erde. Der König hatte aber noch einen letzten Wunsch, er wollte sein Volk wenigstens einmal im Jahr, zum Onam-Fest, besuchen. Vamanan gab ihm die Erlaubnis dazu.

Die folgenden Tänze brachten die Freude der Reichen und Armen über Mahabelis Gegenwart an Onam zum Ausdruck.

Aber durch die lange Abwesenheit Mahabelis während des Jahres verminderte sich die Herzlichkeit im Volk; die Reichen wurden reicher und die Armen ärmer.

Die Armut der nächsten Tänzerinnen zeigte sich an den einfachen karierten Stoffen, den weißen Kopftüchern, den Glasarmreifen und den Sicheln, die sie in den Händen trugen. Sie tanzten eine Reisernte.

147

Als letzter im Programm – vor der Eröffnung des vegetarischen Buffets – betrat der erste ausländische Kölner Kinderkarnevalsprinz die Bühne. Seine Familie stammt aus Kerala. Die Frankfurter Keralesinnen und Keralesen waren nach seiner „schon mehr als hundertmal vorgetragenen Karnevalsrede" in perfektem Kölner Dialekt sehr stolz auf ihn.

Das Buffet lud ein zu verschiedenen Currys, Soßen mit exotischen Gewürzen, Gemüsen, Reis und anderen herrlich schmeckenden Zutaten und natürlich zu Payazam, der süßen Onam-Nachspeise.

Der Divine Artsclub Bochum, eine Musikgruppe mit Keyboard, Trommeln, Bass, Gitar-re, Schlagzeug und zwei Sängern, ließ den Abend ausklingen. Die in Malayalam gesungenen Musikstücke wurden hin und wieder von einem Geschichtenerzähler unterbrochen, dessen Erzählung von Susanna, einer Christin, handelte, die sehr kleingläubig war und deren Leben im Chaos endete. Das Musikstück stieß auf große Resonanz, die sich in Lachen, Ausrufen und viel Applaus kundtat. Ca. 95 % aller in Deutschland lebenden Keralesen sind syro-malabarische Christen, deren Oberhaupt der römisch-katholische Papst ist. Sie werden auch Thomas-Christen genannt, da sich das Christentum durch den Heiligen Thomas, einen Jünger Jesu, schon im 1. Jahrhundert in Südindien verbreitete.

Im Kibbuz, in der Synagoge, im Kindergarten: Überall ist Schawuoth

Schawuoth ist, ebenso wie Pessach und Sukkot, eines der drei jüdischen Wallfahrtsfeste. Ihnen gemeinsam ist ihr Ursprung, der im Agrarzyklus liegt. Sie alle waren einmal Erntefeste, die später zusätzlich eine historisch-religiöse Bedeutung bekamen. Zu Pessach wurde in biblischen Zeiten die Gerste geerntet, zu Schawuoth der Weizen und an Sukkot begann die Ernte der Früchte. Schawuoth wird in Erinnerung an die landwirtschaftliche Bedeutung des Festes auch Chag Hakazir, Erntefest, genannt.

Die Weizenernte und damit das Schawuoth-Fest wird genau sieben Wochen nach dem ersten Pessachtag gefeiert. Schawuoth ist hebräisch und heißt übersetzt „Wochen", deshalb nennt man es im Deutschen „Wochenfest". Die Wochen nach Pessach werden gezählt, bis am 6. Tag des Monats Siwan und in der Diaspora auch am 7. Siwan die Zeit des Schawuoth-Festes gekommen ist.

Schawuoth hat neben der Bezeichnung Chag Hakazir noch einen dritten Namen, Chag Habikkurim, Fest der Erstlinge. Diese Bezeichnung erinnert daran, dass die Israeliten zur Zeit, als der Tempel in Jerusalem noch nicht zerstört war, Gott die Erstlinge ihrer Früchte als Dankopfer darbrachten. Aus diesem Grund pilgerten Menschen aus allen Gegenden zum Tempel und brachten, sofern es ihnen möglich war, einen Korb mit sieben Produkten: Weizen, Gerste, Trauben, Feigen, Granatäpfel, Oliven und Datteln.

Nach der Zerstörung des zweiten Tempels im Jahre 70 n. Chr. konnten keine Dankopfer mehr dargebracht werden. Viele Juden gingen ins Exil und zerstreuten sich über die Jahrhunderte in der ganzen Welt. An ihren neuen Wohnorten gab es andere Landwirtschaftszyklen und so hatte der Feiertag als Fest der Ernte oder der Erstlinge keine Bedeutung mehr.

Dennoch feiern die Juden das Wochenfest auch heute noch. Sie gedenken des religiösen Ereignisses, das dem Fest zugrunde liegt.

Nachdem Moses mit Gottes Hilfe die Israeliten aus der ägyptischen Sklaverei befreit hatte, legten sie zwei Monate lang den mühsamen Weg zum Berg Sinai zurück. Dort übergab Gott Moses die Gesetzestafeln mit den zehn Geboten. Die Israeliten erkannten die Gebote an, und Gott schloss einen Bund mit seinem Volk (frei nach 2. Mose 19 u. 20).

Im Mittelpunkt der Gottesdienste in den Synagogen in aller Welt steht an diesem Feiertag die Thora-Lesung der Offenbarung Gottes am Sinai im 2. Buch Mose. Auch das Buch Rut wird traditionsgemäß gelesen. Es gibt verschiedene Theorien, warum es gerade an diesem Feiertag gelesen wird. Eine davon bezieht sich auf die Gersten- und Weizenernte, bei der Rut, die Schwiegertochter der verarmten und verwitweten Naomi, auf den Feldern des Boas nachlesen durfte (siehe Rut 2, besonders die Verse 11 und 23).

Zum Festgottesdienst tragen viele Kinder Blumenkränze auf dem Kopf. Mancherorts werden selbst die Synagogen zu Schawuoth mit Blumen oder frischen Zweigen geschmückt. Diese Pflanzendekoration und die Blumenkränze der Kinder erinnern an die schön drapierten Opfergaben, die die Israeliten zu Zeiten des Tempels als Erstlingsgaben dorthin brachten.

Besonders ausgiebig wird Schawuoth als Ernte- und Erstlingsfest in den Kibbuzim gefeiert, wo Jung und Alt die Ernteprodukte auf einer Bühne aufbauen und bis in die Nacht hinein ausgelassen miteinander singen und tanzen.

In vielen jüdischen Familien wird an Schawuoth eine ganz besondere Festtagstafel aufgetragen. Die Tafel ist voller Früchte und grüner Zweige, dazwischen stehen vor allem „milchige Speisen", als typische Schawuoth-Speisen. Es gibt Käsekuchen in allen Varianten: mit Schokolade, mit verschiedenen Früchten, der Phantasie und Backkunst sind keine Grenzen gesetzt.

Im jüdischen Kindergarten in Frankfurt beginnt die Einstimmung auf Schawuoth schon vier Wochen vor dem eigentlichen Festtag. Kindgemäß bereitet jede Erzieherin für ihre Gruppe den Themenschwerpunkt „Schawuoth" vor. Die Gruppenräume werden mit Erntebildern und allem, was zu dem Fest passt, geschmückt. Alle Gruppen hören die Erzählung von der Begebenheit auf dem Berg Sinai, als Gott Moses die Gesetzestafeln übergab. Die einen beschäftigen sich dann mit den zehn Geboten und überlegen, ob und warum es auch im Kindergarten Regeln gibt. Die anderen sprechen über Moses, der in Wut und Zorn die Gesetzestafeln zerbrach: eine Eigenschaft, die die Kleinen auch von sich selbst gut kennen. Auch dem Aspekt der Ernte und der Erstlingsgaben geben die Erzieherinnen Raum. Sie gehen mit ihrer Kindergruppe auf den Markt, kaufen Früchte und bereiten einen Obstsalat zu oder betrachten den Zyklus einer Frucht vom Pflanzen bis zur Ernte oder sogar Verarbeitung.

Eine Woche vor Festbeginn bringen die Mädchen und Jungen einfache Körbchen mit in den Kindergarten. Manche sind aus Plastik und dienten zuvor als Behälter für Erdbeeren oder Feldsalat aus dem Super-

markt. Mit Schere, Klebstoff und Werbeprospekten für Obst, Gemüse und Pflanzen ausgerüstet, beginnen die Kinder die Körbchen mit den zuvor ausgeschnittenen Motiven zu bekleben. Am Festtag selbst füllen sie diese Körbchen mit Obst und Gemüse und tragen sie in einer Prozession durch den Kindergarten zu einem selbst hergerichteten „Altar-Tisch". Dabei tragen alle Kinder auf dem Kopf einen Kranz aus Efeu oder Blumen, den sie eigens dafür von zuhause mitgebracht haben. Sie stellen ihre Körbe auf dem Altar ab, so wie es die Israeliten früher mit den Erstlingsgaben im Tempel machten. Dann bilden sie mit den Erzieherinnen zusammen einen Sitzkreis und singen, begleitet von einer Zieh-

Jüdisches Schawuoth-Fest

© Rafael Herlich

150

harmonika, verschiedene Schawuoth-Lieder. Eines davon heißt auf Hebräisch „Salejnu al k'tefenu", der Refrain lautet „Wir kommen mit den Körben auf unseren Schultern, um die Erstlingsfrüchte darzubringen." Die Lieder und die dazugehörigen Handbewegungen können die Kleinen längst auswendig und auf die Frage der Kindergartenleiterin nach dem 5. Gebot wissen sie sofort die Antwort: „Du sollst Vater und Mutter ehren."

Manchmal führt der Umzug der geschmückten Kinder über den Hof zum Gemeinderabbiner, der sich bei so einer Gelegenheit gerne besuchen lässt. Oder das Kindergartenfest endet mit dem Lied „Das Land, in dem Milch und Honig fließen" und die Kinder halten ihr eigenes Festmahl mit dem beliebten, für Schawuoth typischen Käsekuchen.

Das indische Pongal-Fest in einem hessischen Bürgersaal

Die Tamilen sind eine Volksgruppe, die im Süden Indiens sowie im Norden und Osten Sri Lankas lebt. Jedes Jahr am ersten und zweiten Tag des ersten tamilischen Monats (Thai) feiern sie als Dank für die eingebrachte Reisernte das Erntedankfest Pongal. Der Monat Thai beginnt etwa Mitte Januar.

Schon einige Tage vor dem Festbeginn reinigen die Familien Haus und Hof. Der erste Tag von Pongal ist der Sonne gewidmet, bei ihr bedanken sich die Tamilen für deren Kraft und Unterstützung. Ohne die Hilfe der Sonne gäbe es kein Leben, keine Reisernte, nichts hätte wachsen können. Die Leute stehen sehr früh auf, noch vor Sonnenaufgang. Sie nehmen ein Bad, beten und beginnen, den Innenhof zu dekorieren. Der östliche und nördliche Hof bekommt einen neuen Estrich aus Kuhdung, auf den anschließend wunderschöne Ornamente aus buntem Reismehl getupft werden. Nun stellen die Frauen einen neuen Tontopf mit Milch und Wasser aufs Feuer und lassen ihn überkochen. Pongal heißt übersetzt „aufwallen und übersprudeln". Auf Sri Lanka glauben die Tamilen, dass es ein gutes Zeichen für die Zukunft ist, wenn die Flüssigkeit in östlicher und nördlicher Himmelsrichtung überläuft.

Anschließend kochen die Frauen in dieser Milch eine süße Reisspeise, die auch Pongal genannt wird. Dieser Pongal besteht aus frischgeerntetem Reis, Mungobohnen, Palmzucker, Cashewnüssen und je nach Familienrezept aus verschiedenen Gewürzen.

Wenn dann die Sonne aufgeht, empfangen die Tamilen sie mit dem frischgekochten Pongal, verschiedenen Süßigkeiten und Früchten, die sie ihr als Opfer darbringen. Jede Familie teilt ihre Opfergaben mit Nachbarn und Bekannten, um sie dann gemeinsam zu essen.

Am zweiten Tag des Festes danken die Bauern ihren Arbeitstieren, die die beladenen Karren und die Pflüge zogen. Wenn die Tamilen nach mehrmonatiger schwerer Feldarbeit, in der Morgenkälte, in brennender Mittagshitze und unter tropischem Regen ihre Ernte eingebracht haben, vergessen sie ihre Helfer, die Kühe, Ochsen und Wasserbüffel nicht. Sie werden mit großer Sorgfalt im Fluss gebadet, mit Blumen geschmückt, mit Farben bemalt und bekommen auch vom süßen Pongal zu essen.

Die Tamilen, die in Deutschland in der Migration leben, haben nicht die Möglichkeit, Pongal wie in ihrem Heimatland zu feiern. Dennoch begehen sie das traditionelle Erntedankfest, wenn auch in engerem Rahmen und in abgewandelter Form. 1994 feierten die Frankfurter Tamilen Pongal im Jugendzentrum von Frankfurt-Höchst.

Die Gäste werden an der Eingangstür von vier jungen Tamilinnen in wunderschönen rosa Saris empfangen. Jeder Gast, der möchte, bekommt von ihnen als Zeichen der Festlichkeit einen gelben Punkt aus zerstoßenem, wohlriechendem Sandelholz auf die Stirn getupft. Gleich am Eingang steht auch der Altar mit den Opfergaben für die Sonnengottheit. Auf einem kleinen Tisch liegt ein großes, grünes Bananenblatt, auf dem in der Mitte ein silbernes, mit Reis gefülltes Gefäß mit einer Kokosnuss platziert ist. Rechts und links davon stehen zwei silberne Ständer mit brennenden Räucherstäbchen. Daneben liegen Nüsse und Bananen, kleine Dosen mit Pulver aus Asche von Kuhdung, aus zerstoßenen Rosenblättern und Sandelholz.

Nachdem die Gäste, die meisten sind aus Sri Lanka, Platz genommen haben, beginnt das Fest mit einer Gedenkminute für die ta-

milischen Opfer des letzten Bürgerkrieges auf Sri Lanka. Für die tamilischen Flüchtlingsorganisationen ist das Fest auch ein Anlass, um auf die Situation der Tamilen in ihrem Herkunftsland hinzuweisen.

Anschließend zünden zwei deutsche Ehrengäste die Dochte der hohen Messingöllampen auf der Bühne an. Der Bezug zum traditionellen Erntedankfest wird durch die Bühnendekoration hergestellt: ein großes bemaltes Tuch, auf dem ein Bauer mit Ochsen und Pflug bei aufgehender Sonne dargestellt ist. Der Vorsitzende des Vereins hält die Willkommensrede, begrüßt die deutschen Ehrengäste und spricht über die Arbeit der Tamilenvereine in Deutschland. Sie betreuen tamilische Flüchtlinge aus Sri Lanka, weisen die Öffentlichkeit auf die politische und kulturelle Situation der Tamilen in ihrer Heimat hin und unterrichten die Kinder in ihrer Muttersprache, damit sie bei der Rückkehr sprachlich nicht benachteiligt sind. Sie bieten ein umfangreiches Kursprogramm für ihre Mitglieder an, von Computerlehrgängen bis zu Tanzunterricht vor allem für Mädchen.

Die Tanzgruppen zeigen im Verlauf des Festes, was sie gelernt haben. Kleine Mädchen und junge Frauen präsentieren viele über 2000 Jahre alte Tänze drawidischen Ursprungs. Die Tänzerinnen tragen breite Fußbänder mit vielen Glöckchen, die zum Rhythmus der Musik erklingen. Sie tragen bunte Pumphosen oder weite Röcke, Schleier, goldene Armspangen, Gürtel und wunderschönen Nasenschmuck. Häufig sind die Fuß- und Handränder der Tänzerinnen mit roter Farbe bemalt. Auffallend bei den Tänzen sind die erzählenden Handbewegungen und die ausdrucksstarke Mimik, bei der besonders die Augen „sprechen".

Im speziellen Thai-Pongal-Tanz erzählen die Tänzerinnen mit den gelben Schleiern im schwarzen Haar durch ihre Handbewegungen, dass die Ernte gut war, dass sie sich darüber freuen und weitergaben, was sie zuviel hatten. Nachdem noch einige Worte zur Bedeutung des Pongal-Festes gesagt wurden, verteilen einige Frauen die süße, wohlschmeckende Pongal-Speise an alle Gäste.

Von nun an beherrschen die Musiker mit Flöte, Zimbeln, Trommel und Gesang sowie die vielfältigen Tänze die Atmosphäre. Die Zuschauer erfreuen sich am Pfauentanz mit Kostümen aus echten Pfauenfedern, am Kesseltanz aus Südindien, bei dem die Frauen barfuß auf den Rändern eines Tabletts balancieren, und vielen anderen Darbietungen. Später folgen zwei Soldatentänze, die aktuelle Begebenheiten in Sri Lanka darstellen.

Gegen Ende des Festes zeigt ein junger Mann einen modernen Discotanz und zwei Männer tanzen die Szene vom König, der die Königin umwirbt; die Zuschauer sind sehr begeistert. Besonders angetan ist das Publikum von dem Theaterstück am Schluss, bei dem auch die Frauenrollen von Männern gespielt werden. Auf witzige, aber auch lehrreiche Art wird hier den tamilischen Zuschauern ein Spiegel vorgehalten. Sie sehen ihre eigene Situation als Flüchtlinge in Deutschland, die Konflikte, die eine Familie in der modernen westlichen Welt haben kann. So mancher Ehemann und manche Ehefrau oder Schwiegermutter erkennt sich wieder und lacht über sich selbst.

Nach vielen Stunden endet ein unterhaltsames Fest, bei dem sich die tamilischen und deutschen Gäste nähergekommen sind.

Pongal, das Erntedankfest der Tamilen in Frankfurt am Main   © Avinash Pandey

Feste in der Winterzeit

13

Anfang Dezember sind die Tage kürzer geworden. Es ist kühl, fast schon Winter. In dieser Zeit bringt der Nikolaus den Kindern Geschenke. In manchen Familien kommt er in der Nacht vom 5. auf den 6. Dezember, da haben die Kleinen wenig Chancen, ihn zu sehen, wenn er ihre Schuhe oder Strümpfe füllt. In anderen Familien kommt er erst am Abend des 6. Dezember. So manches Kind, das seinen Stiefel vor die Tür oder vors Fenster gestellt hat, versucht, um die Ecke zu schauen und den Gabenbringer zu entdecken. Hat es da nicht geraschelt, war da nicht ein Huschen zu sehen? In manchen Familien ist es üblich, dass der Nikolaus persönlich kommt. Er klingelt, betritt die Wohnung und redet mit den Kleinen, die dann vor dem Geschenkeverteilen noch ein Gedicht oder ein Lied vortragen.

Woher kommt der Nikolaus?

Anderswo ist die Figur des Nikolaus auch für Kindergartenkinder schon entmystifiziert, keiner „glaubt" mehr an ihn.

Heutzutage trägt er meist einen langen roten Mantel, eine ebenso rote Zipfelmütze und einen weißen Bart. So wurde er vor Jahrzehnten aus einer us-amerikanischen Werbung bekannt. Aber bei offiziellen Auftritten (einem Kirchenfest, einem Weihnachtsmarkt) kommt es noch vor, dass er einen weiß-rot-goldenen Bischofsmantel und auf dem Kopf eine Mithra (eine hohe Bischofsmütze) trägt. In der Hand hält er einen Bischofsstab. In unseren modernen Zeiten wundern sich viele Kinder und selbst Erwachsene darüber, wer das wohl sein soll. Es ist der heilige Bischof Nikolaus, von dem nur noch wenige wissen, wer er war und woher er kam.

Nikolaus war kein Deutscher. Seine Heimatstadt Myra liegt in der heutigen Türkei, an der Südwestküste von Demre. Dort wurde er im 4. Jahrhundert n. Chr. geboren. Als Sohn wohlhabender Eltern verzichtete er auf seinen Reichtum, wurde Priester und später Bischof von Myra. Schon zu seinen Lebzeiten verehrten ihn seine Mitmenschen, weil er ein rechtschaffenes Leben führte. Später, vom 6. bis zum 9. Jahrhundert, breitete sich der Nikolauskult in der gesamten Kirche des byzantinischen Reiches aus. 1087 n. Chr. raubten italienische Kaufleute die Gebeine des Bischofs aus der Türkei und verschifften sie nach Bari, in den Süden Italiens.

Bald darauf wurde er auch nördlich der Alpen verehrt, wo die Handelsflotte der Hanse viel zu seiner Verbreitung beitrug.

Im Laufe der Zeit baute man viele Nikolauskapellen entlang der Küsten und Flüsse. Diese Kapellen waren für die Schiffer gut erreichbar. Und so ist es nicht verwunderlich, dass sie ihn zu ihrem Schutzpatron machten.

Es wird erzählt, dass sich zu seinen Lebzeiten folgende Geschichte zugetragen haben soll:

Es geschah, dass Seeleute auf dem Meer fuhren und durch einen Sturm in große Not gerieten. Da riefen sie Bischof Nikolaus an und baten ihn um Hilfe. Nikolaus erhörte ihr Bitten und erschien auf dem Schiff. Er sprach ihnen Mut zu und half, die Segel einzuholen.

Alsbald legte sich der Sturm und die Wogen des Meeres glätteten sich. Nachdem die Seeleute glücklich wieder an Land gekommen waren, gingen sie sogleich zu seiner Kapelle und dankten ihm dafür.

Aber Nikolaus ist nicht nur der Schutzheilige der Schiffer. Es gibt so zahlreiche Legenden über ihn, dass er als Retter in jeder Not angerufen werden kann. So ist er z.B. der Schutzheilige für die Reisenden, die Kaufleute, Verkäufer, Apotheker, Vereine, Bruderschaften, Haustiere, Gefangenen, Mädchen und Schulkinder.

Die Schülerlegende, eine erst im 12. Jahrhundert entstandene Geschichte, beeinflusst auch heute noch den Nikolausbrauch.

Einst kehrten drei wandernde Schüler in einer einsamen Herberge ein. Der Wirt, ein übler Bursche, ließ sie in seinem Haus übernachten, da er Schätze bei ihnen vermutete. Gemeinsam mit seiner Frau tötete er die drei gleich in der ersten Nacht. Um sich aller Spuren zu entledigen, pökelten sie die Schüler in einem Fass ein. Da aber kam der Heilige Nikolaus in Gestalt eines Bettlers, überführte die Wirtsleute und erweckte die Schüler wieder zum Leben.

Heutzutage kommt der Nikolaus nur noch in wenigen Ortschaften zusammen mit Knecht Ruprecht, der auch Pelznickel oder Pelzebub genannt wird. Dieser trägt meist eine Kette, einen Sack und eine Rute. Während Knecht Ruprecht mit seiner Rute den bösen Kindern droht, belohnt Nikolaus die braven Kinder. In jüngster Zeit wird der Heilige Nikolaus meist Weihnachtsmann genannt. Der Weihnachtsmann, mit seinem weißen Bart und der roten Zipfelmütze, geht auch in die Kindergärten, steht auf dem Weihnachtsmarkt, vor den Kaufhäusern und ist im Fernsehen zu sehen.

Aber wer weiß schon, dass er einst ein „türkischer Bischof" war?

Nikolaustreffen   © Karl-Michael Soemer/pixelio.de

Die Schweizer jagen den Klaus

Am 5. Dezember kommen alljährlich mehr als 10.000 Besucherinnen und Besucher zum Klausjagen in den Schweizer Ort Küssnacht am Rigi. Sie alle stehen am Abend an den Straßenrändern und warten auf den Umzug der Klausjäger, der Lichterkläuse und des Heiligen Nikolaus.

Um 20 Uhr verlöschen alle Lichter in den Straßen. In dieser ungewohnten Finsternis verkündet ein Böllerschuss den Abmarsch des Umzuges. Schon von Weitem kündigt sich der Zug durch seinen enormen Lärm an. Obwohl die Zuschauer am Straßenrand auf das Startsignal gewartet haben, beschleicht viele durch das Dröhnen des nun nahenden Zuges und die völlige Dunkelheit ein schauriges Gefühl.

Allen voran schreiten die etwa 50 Geißelchlepfer (Peitschenknaller), in einer Reihe, einer hinter dem anderen. Sie tragen dunkle Hosen, weiße Hirtenhemden und rote Halstücher. Um die Kunst des beidhändigen Schlagens der langen Schafsgeißeln zu beherrschen, mussten die Geißelchlepfer schon viele Wochen vor dem Fest üben. Mit ihren harten Schlägen, die rhythmisch aufeinander abgestimmt sind, haben sie die Funktion von Wegbereitern oder Platzmachern. Die Menschen gehen schnell zur Seite; sie haben Respekt vor den Peitschen.

Nun ist genug Raum für die in größerem Abstand folgenden Iffeleträger, auch Lichterkläuse genannt. Es sind 200 an der Zahl. Iffelen sind 1,5 bis 2 Meter hohe, auf dem Kopf getragene Gebilde, die nach oben im Bogen spitz zulaufen und deren ausgeschnitzte, mit buntem Seidenpapier überklebte Ornamente von innen durch Kerzen beleuchtet werden. Die Iffelen ähneln lichtdurchfluteten bunten Kathedralenfenstern. Es handelt sich bei der Iffele um eine Art überdimensionale Mitra („Bischofsmütze"), die in ihrem Aussehen an die echte Mitra erinnert, wie sie auch der Heilige Bischof Nikolaus getragen hat. So eine riesige Iffele auf dem Kopf zu tragen, erfordert viel Kraft und Geschicklichkeit, zumal die Iffeleträger nicht ruhig dahinschreiten. Zwar machen sie keinerlei Lärm, trippeln aber in kleinen Schritten, drehen sich um sich selbst, deuten Verbeugungen an und bringen dadurch ihre beleuchteten Kunstwerke vor den Zuschauern zur Geltung. Um sich mit den etwa 20 Kilogramm schweren Iffelen so behende bewegen zu können, müssen die Träger mit den weißen, knöchellangen, mit Goldborten verzierten Gewändern die Riesenmitren auf dem Kopf mit beiden Armen stützen. Durch die Drehungen verursacht der Kerzenschein der Iffelen in der dunklen Nacht wunderbare Lichtspiele. Ihr Anblick bezaubert viele Zuschauer.

Nach den Lichterkläusen folgt der erst 1928 eingeführte „echte" Nikolaus in Bischofskleidung. Er grüßt nach allen Seiten das Publikum,

und seine dunklen Begleiter, die Schmutzli, verteilen Weihnachtsgebäck aus ihren Gabensäcken.

Die Figur des Nikolaus wird im Umzug zweimal dargestellt, einmal in den Lichterkläusen (erkennbar an den überdimensionalen Mitren und dem Namen „Klaus"), das andere Mal durch den Heiligen Bischof Nikolaus. Der nachträglich in den Umzug eingeführte Nikolaus erinnert heutzutage durch seine Ornatskleidung viel mehr an den historischen Bischof Nikolaus, der im 4. Jahrhundert in Myra, in der heutigen Türkei, geboren wurde, als die merkwürdig aussehenden Lichterkläuse.

Nun rückt der enorme Lärm der Klausjäger immer näher. Mehr als 500 Treichler, die eigentlichen Klausjäger, sind in endlos erscheinenden Fünferreihen im Anmarsch. Sie tragen weiße Kapuzenhemden und ein rotes Halstuch. Um die Hüften haben sie riesige Kuhglocken gebunden. Alle Treichler halten ihre Glocken mit den Händen fest und setzen sie bei jedem Schritt von einem Oberschenkel auf den anderen. Die Glocken dröhnen im Takt. Der Lärm ist so gewaltig, dass er kilometerweit zu hören ist. Das Scheppern der Glocken verspüren die Zuschauer am Straßenrand nicht nur akustisch. Mark und Bein werden tatsächlich erschüttert.

Den Abschluss des Zuges bilden die etwa 50 Hornbläser, die auf ihren Kuhhörnern unaufhörlich zwei kurze und einen langen Ton blasen.

Das Lichterspiel der kunstvollen Iffelen und das monotone, alles durchdringende

Klausjagen in Küssnacht, Schweiz © SVZ/Ph. Giegel

Gedröhne der Geißelchlepfer, Treichler und Hornbläser nehmen die Zuschauer völlig gefangen und hinterlassen einen tiefen Eindruck.

Nach dem Umzug treffen sich viele der Aktivisten – leider sind auch heute noch ausschließlich Jungen und Männer zugelassen – in den Wirtshäusern. Das erlaubt den Passanten, die vor den Gasthäusern abgestellten, gut bewachten Iffelen genauer zu betrachten. Die prachtvollen Gebilde sind aus Karton, damit ihr Gewicht nicht zu schwer wird. In ungefähr 500 Arbeitsstunden wird eine Iffele herge-

stellt. Besonders aufwendig ist das Schnitzen der Rosetten, Kreuze, Sterne und des Heiligen Nikolaus, der auf der Vorderseite jeder Iffele zu sehen ist. Einige Forscher leiten die Bezeichnung Iffele vom lateinischen „Infula" ab. Infula hieß bei den Römern die Stirnbinde der Priester.

Um 6 Uhr am nächsten Morgen geht das „Sächsizügli" um, an dem noch einmal bis zu 700 Klausjäger teilnehmen. Für die Bewohner von Küssnacht bleibt nicht viel Zeit zum Schlafen, aber sie nehmen das gern in Kauf.

So war das nicht immer. Vor 1928 waren die umherstreifenden Gruppen aus Lichterkläusen und vermummten Klausjägern vielen ein Ärgernis. Zumal es des Öfteren zu Prügeleien kam, wenn verschiedene Gruppen aufeinandertrafen. Das Klausjagen war kaum organisiert und die Klausjäger zogen schon vor dem Fest nächtelang durchs Dorf. Neben Iffeleträgern, Treichlern, Geißelchlepfern und Hornbläsern liefen auch Burschen mit, die mit Blechdosen und anderen modernen Geräten Lärm machten. Mit der Gründung der St.-Nikolaus-Gesellschaft im Jahre 1928 veränderte sich das Klausjagen. Seitdem dürfen die Teilnehmer nur noch die traditionellen Lärminstrumente wie Glocken, Peitschen und Kuhhörner verwenden, und die einzeln umherstreifenden Klausgruppen sind zu einem Umzug mit festgelegter Reihenfolge zusammengefasst. Trotz des Versuches, diesen Brauch in seiner „Ursprünglichkeit" zu konservieren, veränderte er sich – wie es alle Bräuche und Rituale im Laufe der Zeit tun. So wurden nach Gründung der St. Nikolaus-Gesellschaft die ehemals kleinen Kopfaufbauten der Iffeleträger durch die Kreativität eines Küssnachter Metzgermeisters zu hohen, kunstvoll angefertigten, von innen beleuchteten Gebilden.

Die jüngere Forschung sieht die Bedeutung des Nikolausbrauches und im Speziellen des Klausjagens in der christlichen Dualismusvorstellung von Gut und Böse und sucht seinen Ursprung nicht mehr, wie früher angenommen, in vorchristlichen Bräuchen.

Das deutsche Weihnachtsfest vor 100 Jahren

Schon in der Vorweihnachtszeit, im Advent, stimmen – neben der Werbung in den Medien und Kaufhäusern – die Bastelaktivitäten in den Schulen und Kindergärten, die Weihnachtskonzerte, Basare und Märkte auf das kommende Weihnachtsfest ein. Bekannte Weihnachtsmärkte, zu denen die Besucher oft von weither anreisen, gibt es unter anderem in Nürnberg, München und auch in Frankfurt. Der Frankfurter Weihnachtsmarkt vor der Nikolaikirche war schon im 19. Jahrhundert ein Zentrum für den Handel, besonders für Spielzeug. Auch heute noch hat er mit seinen erleuchteten Buden, den süßen und deftigen Düften, dem Karussell, dem traditionellen Turmblasen und dem weihnachtlichen Glockenspiel eine besondere Ausstrahlung. Der Nürnberger Weihnachtsmarkt ist besonders wegen seiner Lebkuchenbäckereien sehr beliebt.

Der 24. Dezember, der Tag, an dem die Kinder das letzte Türchen ihres Adventskalenders öffnen, ist der Höhepunkt des deutschen Weihnachtsfestes. Es ist Heiligabend.

Die Vorbereitungen zu dem Familienfest, das auch von ausländischen und – was Baum und Geschenke betrifft – sogar von manchen nicht-christlichen Menschen in Deutschland gefeiert wird, unterscheiden sich je nach familiärer und regionaler Tradition. Allen gemein-

159

Weihnachtliches Krippenspiel in Heidelberg © C.E-B

sam ist der private Charakter des Festes. Man feiert im Familienkreis und macht an den Weihnachtsfeiertagen Verwandtenbesuche.

In der einen Familie schmücken die Eltern gemeinsam mit den Kindern den schon Tage zuvor gekauften Weihnachtsbaum. Bei einer anderen steht der fertig geschmückte Baum schon während der Adventszeit im Garten oder auf dem Balkon. In einer dritten Familie schmücken die Eltern den Weihnachtsbaum am 24. Dezember heimlich im Wohn-

zimmer. Später erzählen sie den kleineren Kindern, dass das Christkind selbst den Baum geschmückt habe. Der Christbaumschmuck sieht je nach Gegend und Geschmack unterschiedlich aus. Die Dekoration kann aus goldenen und silbernen Kugeln, Sternen und Zapfen, Engelshaar oder Lametta bestehen, oder aber aus kleinen roten Äpfeln, Nüssen, Spekulatius, Strohsternen, Holzfigürchen und vielem anderen mehr. Auf jeden Fall aber zieren Wachskerzen oder elektrische Kerzen den Baum. In vielen Familien steht unter dem Baum auch noch eine Krippe. Ist alles fertig geschmückt, so läutet am Heiligabend ein Glöckchen oder es erklingt Weihnachtsmusik. Dies ist ein Zeichen für die anderen Familienmitglieder, dass sie das Zimmer betreten dürfen.

Staunend betrachten die kleineren Kinder im dunklen Raum den leuchtenden Christbaum. Auf dem Wohnzimmertisch steht ein Weihnachtsteller mit Gebäck, Christstollen, Lebkuchen oder Hutzelbrot, Schokoladennikoläusen, Datteln und Nüssen. Schnell huschen die Blicke wieder zum Weihnachtsbaum, unter dem schön verpackte Weihnachtsgeschenke liegen. Sie sind heutzutage neben dem familiären Beisammensein für viele das Wichtigste am Weihnachtsfest. Vielleicht tragen die Kinder noch ein Weihnachtsgedicht oder ein Weihnachtslied vor. Aber spätestens danach werden die Geschenke verteilt und alle sind damit beschäftigt, sie auszupacken, sich zu bedanken und zu freuen – falls das Christkind den Wunschzettel der Kinder „richtig" erfüllt hat. Nachdem die Geschenke ausgepackt sind, isst die Familie gemeinsam und manche gehen anschließend in die Mitternachtsmette.

Die Kirchen sind zu Weihnachten ungewöhnlich voll. Viele kommen, weil sie die weihnachtliche Atmosphäre erleben wollen, andere, weil sie als Christen hier die Geburt Christi, des Heilands, feiern möchten. Am Eingang oder neben dem Altar ist zur Weihnachtszeit in den katholischen Kirchen eine Krippe aufgebaut. Zu sehen sind Maria und Josef sowie in einer Futterkrippe das Jesuskind. Daneben stehen die Hirten, die, der biblischen Erzählung nach, als erste das Kind anbeteten. Hoch oben am Stall hängt der Stern, dem die drei Weisen aus dem Morgenland gefolgt sind, um Jesus zu finden. Diese Heiligen Drei Könige werden aber erst am sechsten Januar dazugestellt.

In der biblischen Geschichte heißt es:

Zu jener Zeit ordnete Kaiser Augustus an, dass alle Bewohner des römischen Reiches in Steuerlisten eingetragen werden sollten. Auch Josef machte sich auf den Weg (nach Bethlehem). Maria, seine Verlobte, ging mit ihm. Sie brachte (dort) einen Sohn zur Welt ... wickelte ihn in Windeln und legte ihn in eine Futterkrippe im Stall. Eine andere Unterkunft hatten sie nicht gefunden. (Lukas 2, Verse 1, 4a, 5a und 7)

Die Weihnachtsgeschichte führen Kinder in Kindergärten und manchmal auch in Kirchen als Theater oder Singspiel vor.

Die Deutschen feierten den Heiligabend jedoch nicht immer so wie heute. Zu einem Bescherfest für Kinder wurde das Weihnachtsfest erst im 19. Jahrhundert. Das Bürgertum verwandelte den Heiligabend in ein Familienfest. Zuvor war er ein Fest, das man außerhalb des Hauses feierte, z.B. in Zunfthäusern oder auf dem Dorfplatz, wo ein gemeinsamer Tannenbaum errichtet wurde. Den Tannenbaum mit dem selbstgebackenen Schmuck durften die Armen und später die Kinder abernten. Die Verbreitung des Weihnachtsbaumes begann allerdings auch erst Ende des 18. Jahrhunderts. Davor war er unbekannt.

Vor dem 14. Jahrhundert hatte das christliche Fest über die Kirche hinaus keine Popularität. Das Wort „Weihnachten" tritt zum ersten Mal im 12. Jahrhundert bei dem Spruchdichter Spervogel auf. Aus dem Mittelhochdeutschen übersetzt heißt es „in den geweihten Nächten".

Zum allgemeinen kirchlichen Feiertag in Deutschland erklärte eine Mainzer Synode die Christgeburtsfeier erst 831 n. Chr. Sechs Jahrhunderte älter ist die Festlegung des Geburtsdatums Christi auf den 25. Dezember unter dem römischen Papst Hippolytos. Dieser Termin eignete sich zur Christianisierung dreier großer nichtchristlicher Feste dieser Zeit, die auch in Rom an diesem Tag gefeiert wurden: der ägyptischen Riten der Isis, des Geburtsfests des syrischen Sonnengottes „sol invictus" (unbesiegbare Sonne) sowie der römischen Saturnalien, großer Gelage, bei denen die Herren die Sklaven bedienten.

In Mittel- und Nordeuropa traf das Weihnachtsfest auf Fruchtbarkeitskulte der Mittwinterzeit, liegt doch der 25. Dezember in der Zeit der Wintersonnenwende.

Die Geschichte zeigt, dass die Deutschen das Weihnachtsfest noch vor zwei Jahrhunderten ganz anders feierten.

© C.E-B

Proben für das weihnachtliche Krippenspiel

Alljährlich feiern die Schweden am 13. Dezember das Lucia-Fest. Nach mittelalterlichen Kalenderberechnungen war dies der Tag mit der längsten Nacht. Heute fällt die längste Nacht des Jahres auf den 21. Dezember. Dennoch wurde das traditionelle Datum beibehalten. Der 13. Dezember ist der Heiligen Lucia aus Syracus in Sizilien gewidmet, die im 4. Jahrhundert gelebt haben soll. Sichere historische Angaben über die Heilige Lucia gibt es nicht,

Die schwedische Heilige Lucia singt in deutschen Altenheimen

dafür aber eine Vielzahl von Legenden.

Lucia hatte einst am Grab der Heiligen Agatha eine Vision; daraufhin gelobte sie Armut und Keuschheit. Ihr enttäuschter Bräutigam zeigte sie beim Statthalter als Christin an. Zu dieser Zeit war der christliche Glaube im Römischen Reich verboten. Der Statthalter verhörte Lucia und verurteilte sie zum Tod auf dem Scheiterhaufen. Die Flammen konnten sie jedoch nicht verbrennen, sie züngelten um sie herum und bildeten auf ihrem Kopf eine Lichterkrone. Deshalb stieß man ihr einen Dolch in den Hals, mit dem sie noch so lange lebte, bis sie die heilige Kommunion empfangen hatte.

Das Lucia-Fest ist eine beliebte Feier in der langen, dunklen schwedischen Winterszeit. Schon frühmorgens spielt ein Familienmitglied, meist eine Tochter oder auch die Mutter, die Rolle der Lucia. Sie trägt ein langes, weißes Gewand und eine Krone mit brennenden Kerzen auf dem Kopf. Lucia bereitet für die gesamte Familie ein Frühstück vor und serviert es am Bett. Auf dem Frühstückstablett dürfen die typischen Spezialitäten dieses Festes nicht fehlen: Lussekatter, ein kleines Hefe-

gebäck mit Safran, oft in der Form eines Sonnenrades, sowie Rosinen und Pfefferkuchen.

Da viele Leute frühmorgens zur Arbeit müssen, verschieben manche Familien das gemütliche Beisammensein und feiern erst am Abend bei Glögg (eine Art Glühwein oder Weihnachtspunsch), Lussekatter und Pfefferkuchen.

Schon um sieben Uhr morgens zeigt das Fernsehen Übertragungen von festlichen Lucia-Umzügen. Lehrerinnen und Lehrer, besonders solche von Abschlussklassen, müssen an diesem Morgen damit rechnen, zwischen vier und sieben Uhr von singenden Schülern geweckt zu werden. Als Trost bekommen sie ein Frühstück serviert. Selbst die Gewinner

Schwedisches Lucia-Fest in Frankfurt am Main

© Ferhat Bouda

des Nobelpreises für Literatur werden in ihren Stockholmer Hotels von Lucia besucht. Sie bekommen ein Lied vorgesungen und ein kleines Präsent überreicht.

In den Schulen, Kindergärten und Büros, in den Dörfern und in den Städten wird eine Lucia gewählt. Manche Zeitungen veranstalten eine Ausschreibung zur Wahl der Lucia ihrer Stadt (z.B. in Stockholm). Mit dem Aufruf einer Tageszeitung zur Wahl der Lucia von Schweden lebte der Lucia-Brauch in den Zwanzigerjahren wieder neu auf.

Auch in Deutschland feiern viele schwedische Gemeinden ein großes Lucia-Fest. In Heidelberg findet dieses Fest am Samstag vor dem 13. Dezember statt. In einem evangelischen Gemeindesaal treffen sich viele schwedische und deutsche Familien. Die Gäste, besonders die kleinen, warten gespannt auf den Höhepunkt des Festes:

Der Saal verdunkelt sich und der Lucia-Zug zieht ein. An der Spitze geht Lucia, ein etwa vierzehnjähriges Mädchen mit langem, weißem Gewand und roter Schärpe. Die Schärpe ist ein Symbol für die Märtyrerqualen der Heiligen Lucia. Sie hat ihre Hände gefaltet. Auf dem Kopf ist ihr langes blondes Haar geschmückt mit einer Krone aus Buchs, auf der sieben brennende Kerzen stecken. Sie erinnern an die züngelnden Flammen auf

Schwedisches Lucia-Fest in Frankfurt am Main

© Ferhat Bouda

dem Scheiterhaufen und sind die einzige Lichtquelle des Raumes.

Lucia bringt Licht in die Dunkelheit des Gemeindesaales und in die Dunkelheit der Jahreszeit. Lucia heißt aus dem Lateinischen übersetzt „die Leuchtende".

Ihr folgen der Größe nach vierunddreißig Mädchen von dreizehn bis fünf Jahren, die alle lange, weiße Kleider tragen und in der Hand eine brennende Kerze halten. Danach kommt der Sternenjunge, dessen Gewand und spitzer Hut mit goldenen Sternen beklebt sind. In der Hand hält er einen Stab mit einem Stern am Ende. Den Schluss des Zuges bilden vier Tomte, das sind Wichtel, unsichtbare Geistwesen, die auf den Höfen gewohnt haben sollen und mit denen man sich gutstellen musste. Die Tomte stammen aus der vorchristlichen Zeit. Sie bekamen regelmäßig süßen Brei von den Hausleuten hingestellt, damit sie nicht böse und gefährlich wurden. Und weil es die Tomte gibt, haben die kleinen Jungen die Möglichkeit, auch am Umzug teilzunehmen.

Die kleinen Tomte tragen rote Hosen und Pullover, rote Zipfelmützen und in den Händen rote, brennende Laternen. Einer von ihnen trägt sogar eine Maske mit langem, weißem Bart.

Beim Einzug in den Saal singt der Lucia-Zug das traditionelle Santa-Lucia-Lied. Dann verteilt sich die ganze Gruppe auf der Bühne. Vorne am Bühnenrand hocken neben einem Tisch mit Kerzenleuchter die kleinen Wichtel, dahinter steht Lucia mit ihrem Gefolge. Einzelne Mädchen aus dem Gefolge kommen zum Bühnenrand ans Mikrophon und tragen

schwedische Gedichte über Lucia, die Tomte, die dunkle Jahreszeit oder das kommende Weihnachtsfest vor. In dem immer noch dunklen Saal schreitet nun auch Lucia vorsichtig mit ihren brennenden Kerzen auf dem Kopf nach vorne, um ein Gedicht zu rezitieren. Gemeinsam singen anschließend alle Kinder schwedische Lieder. Bei den vier letzten Gedichten zünden die Mädchen jeweils eine Kerze an, als Symbol für die Adventszeit.

Die Vorführung dauert ungefähr eine dreiviertel Stunde. Und die ganz kleinen Wichtel gähnen schon ein bisschen, denn die Aufregung und das Singen strengen an. Viele Wochen haben die Kinder mit ihrer Schwedischlehrerin geprobt. Nicht alle sprechen fließend Schwedisch, da die meisten in Deutschland geboren wurden und oft nur ein Elternteil aus Schweden kommt.

Nachdem die vierte Kerze angezündet ist, zieht Lucia mit ihrem Gefolge singend wieder nach draußen. Die Kinder ernten einen riesigen Applaus.

Obwohl der Nikolaus nicht zur schwedischen Tradition gehört, überreicht er anschließend allen Kindern aus dem Saal kleine Geschenke. Dann werden Tombola und Basar eröffnet. Die Einnahmen daraus fließen einer caritativen Arbeit des Stadtteils zu.

Lucia und ihr Gefolge haben auch in Deutschland in den kommenden Tagen einige Aufgaben zu erledigen. Wie in Schweden werden sie zu schulischen Weihnachtsfeiern eingeladen, sie gehen ins Rathaus und in ein Altenheim, um den Menschen Freude und Licht zu bringen.

Der 6. Januar ist in Italien ein aufregender Tag für die Kinder, denn alle warten auf die Hexe Befana und ihre Geschenke.

Die zahnlose Hexe Befana in Italien

Schon am Abend des 5. Januar hängen die italienischen Kinder leere Strümpfe an den Kamin und hoffen, dass die Befana sie ihnen mit Geschenken füllt. Manche legen einen Brief dazu, damit sie auch das „richtige" Geschenk bekommen, andere schicken sogar mit der Post einen Brief an die „Signora Befana". In Rom gibt es zu Befana (Epiphania) extra einen Markt, auf dem Kinder ihre Geschenke aussuchen können. Beschenkt

kommen die Kinder dann gespannt an den Kamin, finden den leeren Teller und schauen nach, was ihnen die Befana gebracht hat.

Keiner hat die Befana je gesehen. Dennoch wird sie als alte Frau beschrieben mit schwarzen, manchmal auch zerlumpten Kleidern und einem schwarzen Hut. Schließlich kommt sie ja durch den verrußten Kamin. Sie hat keine Zähne mehr, aber eine riesige Nase und einen großen Buckel. Und wie alle Hexen reitet sie auf einem Besen.

Ein verbreitetes Gedicht beschreibt sie so:

La befana vien di notte
con le scarpe tutte rotte
col capello alla romana
viva viva la befana

Frei übersetzt heißt das:

Die Befana kommt,
wenn alle Menschen ruhen,
die Füße in kaputten Schuhen,
sie trägt 'nen Hut im Stil
„romana",
es lebe, es lebe die Befana.

© Marina Demaria

Befana in Italien

werden nur die braven Kinder, die unartigen finden in ihrem Strumpf nur Kohle. Aber heutzutage sind selbst die Kohlestückchen aus Zucker.

Vor den Kamin stellen die Kinder einen Teller mit Essen, denn die Befana wird hungrig sein von ihrer langen Reise. Das Essen muss allerdings mit Bedacht ausgewählt werden, weil sie keine Zähne mehr hat. Schließlich ist sie eine sehr alte Frau. Am nächsten Morgen

In italienischen Kinderbüchern wird sie heute mehr als niedliche kleine Hexe dargestellt. Früher flößte sie den Kindern mehr Respekt ein. Denn Befana ist nicht nur eine Gabenbringerin, sie wird auch gefürchtet. Manche Eltern drohen damit, dass die Befana böse Kinder bestraft. Darin ist sie dem Nikolaus ähnlich. Wie er bringt sie den braven Kindern Geschenke und bestraft die unartigen. Der Name der Befana kommt von Epiphania. So heißt der 6. Januar im Kalender der christlichen Kirchen. Epiphania ist ein griechisches Wort und bedeutet „Erscheinung". Die Figur der Befana aber ist älter. In vorchristlichen Zeiten glaubten die Menschen, dass in den dunklen Nächten des Winters Geister ihr Unwesen trieben. Sie erzählten sich Geschichten von Dämoninnen (Perchten), die mit ihrem Gefolge umhergingen und durch die Schornsteine in die Häuser eindrangen.

Diese Wesen vereinten in sich die schöne Gabenbringerin und die grausame Schreckensfigur. Die Figur der Befana wurde also nicht erst für das christliche Epiphania-Fest erschaffen, es gab sie schon zuvor. In anderen christlichen Ländern ist der 6. Januar der Tag der Heiligen Drei Könige. In Italien stellt man die drei Könige zwar in die Krippe, aber die Hauptfigur des Festes ist hier „La Befana".

In Spanien beschenken die Heiligen Drei Könige

In der Nacht vom 5. auf den 6. Januar kommen in Spanien die Reyes Magos, wie die Heiligen Drei Könige dort genannt werden, höchstpersönlich zu den Kindern, um ihnen Geschenke zu bringen. Die Kinder schreiben ihnen Wunschzettel, damit die Könige auch genau wissen, was die Kleinen sich wünschen. Entweder werfen sie den Wunschzettel in einen Briefkasten, adressiert an die „Queridos Reyes Magos del Oriente", oder sie geben den Brief persönlich bei einem König ab. Wie kann das gehen?

In den Städten, z.B. in Barcelona, sitzen die Könige auf ihrem Thron vor den Kaufhäusern. Prächtig gekleidet, umgeben von Dienern, warten sie auf die Kinder, die ihnen ihre Briefe reichen oder persönlich sagen, wie brav sie waren und was sie sich wünschen. Die Könige werden zu diesem Zweck von den Kaufhäusern, Stadtvierteln oder Vereinen engagiert.

Jedes Kind hat einen Lieblingskönig, dem es seinen Wunschzettel zukommen lässt. Vor einem Kaufhaus sitzt der alte König Melchor (Melchior) mit seinem langen, weißen Bart, vor einem anderen Kaufhaus drängen sich die Kinder um den schwarzen König Baltasar (Balthasar) und an einem dritten Ort sitzt der junge König Gaspar (Kaspar), dessen glattes Gesicht von rot-blondem Haar, in anderen Regionen von braunem Haar, umrahmt ist. Jeder von ihnen hat eine große Anhängerschaft. Die Kinder stehen Schlange, um ihre Briefe zu übergeben und ein Foto von sich und dem in Samt und Seide gekleideten König machen zu lassen.

Am Abend des 5. Januar haben die Reyes mit ihrem Gefolge ihren letzten großen Auftritt. Ein großer Umzug zieht durch die Straßen der Städte und Gemeinden. Hinter den Musikkapellen und Comic-Figuren wie Micky Maus oder sogar Figuren wie der König der Löwen folgen die Heiligen Drei Könige, jeder in seiner eigenen Kutsche oder auf seinem eigenen samtgeschmückten Lastkraftwagen.

167

In größeren Städten sind sie von echten Kamelen und Elefanten umgeben, die von einem Zirkus gestellt werden. Die Könige sehen in ihren golddurchwirkten Gewändern und ihrem orientalischen, phantasievollen Kopfschmuck nicht nur prächtig aus, sondern flößen den kleineren Kindern auch Respekt ein. Auf den Wagen, die in Form von Palästen gestaltet und dekoriert wurden, sind die Könige von Dienern umgeben, die ihnen Luft zufächeln. Sie sammeln die letzten Wunschzettel ein und werfen Süßigkeiten, vor allem Bonbons, aber auch abgepackte kleine „Drei-Königs-Kuchen" (roscones) unter die Zuschauer am Straßenrand.

Nach dem Umzug eilen die Kinder mit ihren Eltern nach Hause und schauen sich die Umzüge der größeren Städte im Fernsehen an.

In einigen Regionen Spaniens stellen die Kleinen sogar Verpflegung für die Reyes und ihre Reittiere bereit: drei Möhren für die Kamele und drei Gläser Sekt oder Jerez (Sherry) für die Majestäten. In manchen Familien steht alles auf dem Wohnzimmertisch, in anderen auf dem Balkon. Die Kinder glauben, dass die Könige des Nachts persönlich kommen, aber nicht gesehen werden wollen. In manchen Familien kommt sogar der Vater, als Lieblingskönig verkleidet, spät abends zu den kleinen Kindern nach Hause, holt den Wunschzettel ab und fragt, ob sie artig waren.

Am nächsten Morgen wachen die Kinder als Erste auf und gehen sofort ins Wohnzimmer, wo auf dem Tisch große Geschenkpakete liegen, der Sekt getrunken und die Möhren gegessen oder wenigstens angeknabbert

sind. Es sieht ganz so aus, als wäre Besuch dagewesen. Manchmal finden sogar die Erwachsenen ein Geschenk von den Reyes.

Heutzutage beschenkt man sich sowohl am zwölf Tage vorher stattfindenden Weihnachtsfest als auch am Dreikönigstag; daran gibt es ein wirtschaftliches Interesse, da zwei Feste die Verkaufszahlen erhöhen. Bis in die Sechziger- und teils Siebzigerjahre beschenkte man sich in Spanien ausschließlich am 6. Januar, während am 25. Dezember zu einem großen Weihnachtsessen eingeladen wurde.

Durch das Fernsehen, vor allem durch die Werbung, wurde das Weihnachtsfest und auch der Nikolaus, der eine ähnliche Funktion wie die Heiligen Drei Könige haben kann, weit verbreitet. Weihnachtsfest und Weihnachtsmann drängten das Dreikönigsfest auf den zweiten Platz.

Historisch gesehen wird im Evangelium des Matthäus (Mt. 2, 1-11) zum ersten Mal über die Heiligen Drei Könige berichtet. Matthäus schreibt, dass Sterndeuter (je nach Übersetzung auch Magier oder Weise genannt) aus dem Osten einem Stern gefolgt seien, der ihnen den Weg zum neugeborenen König der Juden gewiesen habe. In Vers 11 heißt es:

Sie gingen in das Haus, fanden das Kind (Jesus) mit seiner Mutter Maria, warfen sich vor Ihm nieder und huldigten Ihm. Dann breiteten sie die Schätze aus, die sie Ihm als Geschenke mitgebracht hatten: Gold, Weihrauch und Myrrhe.

Da der aramäische Urtext des Matthäus-Evangeliums verlorengegangen ist, kann niemand sagen, welches Wort der Autor zur

Bezeichnung der „Magier" benutzt hat. Wir wissen nicht, woher die Männer kamen, wie viele es waren, ob es sich tatsächlich um Könige handelte, und ihre Namen lassen sich historisch schon gar nicht belegen. Einig ist sich die Forschung darüber, dass Gelehrte der astronomischen Wissenschaften gemeint waren. Das griechische Wort „magoi" (Magier) aus den Abschriften des Matthäus-Evangeliums bezeichnete zunächst die Mitglieder einer persischen Priesterkaste, die sich mit Astrologie befassten. Die Bedeutung des Wortes „magoi" reicht aber von „ehrenwerten Leuten" bis hin zu „Traum- und Sterndeutern". Heutzutage verstehen viele Theologen selbst die Erzählung von den drei Magiern als Legende.

Auf alten Wandmalereien und Bildern sind manchmal zwei, manchmal bis zu zwölf Weise abgebildet. Dies zeigt, dass sich die Auffassungen über die Zahl der Weisen im Laufe der Jahrhunderte änderten. Aufgrund der *drei* Geschenke, die die Heiligen Könige dem Christuskind brachten, entschied man – nach einigen Lexika im 3. Jh., nach anderen im 5. Jh. –, dass es auch *drei* Männer gewesen sein mussten. Weitere Spekulationen führten dazu, dass den Heiligen Drei Königen zwischen dem 6. und 9. Jh., auch hier schwanken die Angaben, die Namen Kaspar, Melchior und Balthasar zugeordnet wurden.

Der 6. Januar ist nicht nur der Anbetung Jesu durch die Magier gewidmet, sondern auch dem Weinwunder zu Kana, der Taufe Jesu im Jordan und in manchen Kirchen (z.B. in der armenischen) der Geburt Jesu selbst. Seit dem 4. Jh. feiern die christlichen Kirchen an diesem Tag das Epiphaniafest. In den spanischen Familien sind aber bis heute die Reyes Magos die Hauptfiguren in diesen Januartagen.

Jeden Tag eine Kerze anzünden: das jüdische Chanukka-Fest

Chanukka ist der hebräische Name für das jüdische Lichter- oder Einweihungsfest. Die Feier dauert acht Tage und beginnt am 25. Kislev – dieser Monat entspricht ungefähr dem November/Dezember.

Chanukka ist ein fröhliches und beliebtes Familienfest. Jeden Abend nach Sonnenuntergang trifft sich die Familie mit den eingeladenen Gästen. Alle stellen sich dann um den wichtigsten Gegenstand dieses Festes, den neunarmigen Chanukkaleuchter oder die Chanukkaöllampe. Bevor ein Familienmitglied die Kerzen anzündet, spricht man gemeinsam einen Segen.

An jedem Abend darf ein anderer eine weitere Kerze anzünden. Jedes der acht Lichter ist heilig und darf deshalb nicht zum Anzünden der anderen benutzt werden. Dafür gibt es das neunte Licht, das Bedienungslicht (Schamasch), mit dem die anderen Kerzen entflammt werden. Erst am letzten Festtag brennen alle acht Flammen und der Schamasch.

169

Chanukka, das jüdische Lichterfest in Frankfurt am Main   © Rafael Herlich

Der Chanukkaleuchter wird meist auf das Fensterbrett gestellt. Dort leuchten die Flammen bis tief in die Nacht und zeigen jedem, der vorbeikommt, dass Chanukka ist. An der Zahl der Lichter ist zu erkennen, der wievielte Tag des Festes gefeiert wird.

Nach dem Anzünden der Kerzen singt die Familie mit den Gästen ein Lied, das von dem historischen Ereignis erzählt, an das der Leuchter erinnern soll:

Einst entbrannte ein Kampf zwischen dem Syrerkönig Antiochus Epiphanes und einem Teil der Juden, angeführt von einem Priester und seinen fünf Söhnen, den Makkabäern.

Antiochus hatte den jüdischen Tempel entweiht, indem er ein Abbild des Zeus darin aufstellen ließ. Er wollte das jüdische Volk zwingen, von seiner Religion abzufallen. Die Makkabäer zogen deshalb in den bewaffneten Kampf gegen die Truppen des Syrerkönigs.

Eine Kampfpause nutzten sie dazu, ihren Tempel wieder zu reinigen und neu zu weihen. Unter Anführung von Juda dem Makkabäer rissen sie die heidnischen Altäre nieder,

reinigten die Hallen, fertigten neues Tempel-
gerät und einen neuen Altar.

Für das Wiedereinweihungsfest fanden
sie jedoch nur noch ein Fläschlein mit Öl, das
mit dem Siegel des Hohepriesters versehen
und somit nicht entweiht war. Aber, so berichtet die Legende, das Öl reichte nicht nur
wie gewöhnlich für einen Tag, sondern die
Lichter brannten acht Tage lang.

So feiern die gläubigen Juden seit 164 v.
Chr. jedes Jahr acht Tage lang die Wiederein-
weihung des Tempels. Diese Geschichte führen die Kinder in größeren Gemeinden als
Theaterstück auf.

Die langen Winterabende in der Zeit von
Chanukka sind ausgefüllt mit fröhlichem Beisammensein, besonderem Essen, Musik und
Spielen. Typische Chanukkaspeisen werden
serviert: Kartoffelpuffer (Lattkes) und Berliner
sowie andere in Öl ausgebackene Speisen,
die an das Wunder mit dem Öllämpchen im

Tempel erinnern. Nach dem Essen gibt es für
die Kinder kleine Sachgeschenke, Münzen
und Süßigkeiten.

Anschließend beginnt für Erwachsene
und Kinder die Zeit des Spielens. Beliebt ist
ein Würfelspiel, das den Chanukkatagen
vorbehalten ist. Der Würfel heißt Dreidel
und ähnelt einem Kreisel. Auf seinen vier
Seiten steht je ein hebräischer Buchstabe: N,
G, H, Sch. Bevor der Dreidel gedreht wird,
legt jeder seinen Einsatz in Form von Nüssen oder Münzen in die Mitte. Wer gewinnt,
hängt von dem Buchstaben ab, der oben
liegen bleibt. Bei einem N gewinnt man
nichts und bei einem G bekommt man den
ganzen Einsatz usw.

Die vier Buchstaben erinnern wieder an
die Geschichte, die Chanukka zugrundeliegt.
Sie sind die Anfangsbuchstaben des Satzes
„Nes gadol haja scham" (ein großes Wunder
ist dort geschehen).

Jüdisches Chanukka in Frankfurt am Main   © Ferhat Bouda

Zu Besuch im jüdischen Kindergarten

14

Wie jeden Morgen passieren die Kinder auf dem Weg zum jüdischen Kindergarten in Frankfurt am Eingang des Gemeindezentrums zuerst eine Polizeistreife, um dann durch eine Sicherheitszone ihr Reich voller Spielsachen, mit liebevoll dekorierten Wänden zu betreten. Bei den Besuchern erzeugen diese notwendigen Sicherheitsmaßnahmen ein bedrückendes Gefühl, für die Kinder gehören sie zum Alltag. Aber auch bei ihnen werden sie einen bleibenden Eindruck hinterlassen.

Die heutigen Besucher, darunter zwei evangelische Diakonissen, sind gekommen, um an der Pessachfeier, dem Erinnerungsfest an die Befreiung des jüdischen Volkes, teilzunehmen. Kurz vor Pessach wurde der Kindergarten gründlich gereinigt. Alle Brotkrümel, auch die versteckten in den Ecken des Brot-

Ungesäuertes Brot zu Pessach

korbes, unter Tischen und Schränken, wurden aufgesaugt und weggewischt.

Die kleinen Tische im Essraum sind in Hufeisenform aufgestellt worden. Auf jedem Tisch stehen Vasen mit blühenden Zweigen, Kerzen und ein großer Teller, der Sederteller.

Seder heißt Regel oder Ordnung, denn das achttägige Pessach-Fest verläuft nach einer genau festgelegten Ordnung, die für die Kindergartenfeier gekürzt wurde. Auf dem Sederteller liegen ein Ei, Radieschen, Petersilie, Hühnerklein und eine Süßspeise aus geriebenen Äpfeln mit Zimt; diese sind Symbole, die während der Feier erklärt werden.

Endlich ist es so weit. Die Kinder kommen mit ihren Erzieherinnen in den Essraum und setzen sich vor ihre Teller, auf denen schon einige Speisen, die auch auf dem Sederteller

Jüdisches Pessach-Fest in Frankurt am Main   © Avinash Pandey

zu sehen sind, ausgeteilt wurden. Die Kindergartenleiterin eröffnet die Feier mit einem Lied. Alle singen und klatschen zum Klavierspiel. Die Leiterin zündet die Kerzen an und spricht den Segen über den Wein. In den Bechern der Kinder ist Traubensaft.

Jetzt dürfen die Kinder aufstehen und sich die Hände waschen. Es ist ein Ritual, bei dem die kleinen Kinderhände mit Wasser aus einer Kanne übergossen werden. Die Kinder quietschen vor Vergnügen. Die ganz Kleinen verstehen das Händewaschen als Startzeichen und beginnen mit dem Essen. Die Erzieherin muss sie noch mehrmals zur Geduld

auffordern, denn alles hat seinen festen Ablauf.

Als nächstes erklärt die Leiterin all die Gaben, die auf dem Sederteller liegen. Sie nimmt die Petersilie und taucht sie in ein Schälchen mit Salzwasser. Alle Kinder machen es ihr nach, nur essen mögen sie das salzige Kraut dann doch nicht. Das Salzwasser ist ein Symbol für die Tränen, die die Juden während ihrer langen Sklavenzeit in Ägypten vergossen haben.

Nach der Überlieferung waren sie freiwillig nach Ägypten eingewandert. Aber dann kam ein neuer Pharao an die Macht und machte ihnen das Leben unerträglich. Sie mussten als Sklaven Städte, Tempel und Pyramiden bauen. An diese harte Arbeit erinnert die Süßspeise (Charosset) aus geriebenen Äpfeln, Zimt und Zucker. Sie hat die gleiche rötlichbraune Farbe wie der Mörtel und die Lehmziegel. Auch der Meerrettich, der in einem Schälchen beim Sederteller steht, soll an die bittere Sklavenzeit erinnern. Das Ei auf dem Sederteller ist ein Zeichen der Trauer. Der Knochen (das Hühnerklein) stellt das Pessachlamm dar, das die Juden kurz vor ihrer Befreiung aus ägyptischer Sklaverei als Mahl vor der langen Reise gebraten hatten. Das Gemüse (beim Kindergartenfest ein Radieschen) ist ein Hoffnungszeichen. Es besagt, dass immer wieder etwas Neues wachsen wird.

Die Kindergartenleiterin nimmt die drei Matzen, Brotfladen aus ungesäuertem Teig, die nur auf ihrem Sederteller liegen, bricht sie auseinander und legt eine Matze, in eine Serviette eingeschlagen, als Nachtisch zurück. Auch die Matzen sind ein Symbol; sie erinnern an die Eile des Aufbruchs. Als die Juden aus Ägypten flohen, blieb ihnen keine Zeit mehr, Sauerteig anzusetzen und Brot zu backen. Und so essen die gläubigen Juden jedes Jahr zu Pessach eine Woche lang – so lange dauert das Fest – als Erinnerung nur Ungesäuertes.

Einst lebten die Juden als freie Menschen in Ägypten. Als aber ein neuer Pharao an die Macht kam, ließ er die Juden zu Sklaven machen. Ihr Leid und ihre Unterdrückung waren groß, so dass Gott den Juden Moses als Befreier erwählte.

Immer wieder trat Moses vor den Pharao, tat Wunder und verhieß ihm zehn Plagen, die Gott über Ägypten verhängen würde, wenn er sein Volk nicht ziehen ließe. Aber der Pharao gab nicht nach. Das Wasser der Flüsse wurde zu Blut, es kamen eine Frosch- und eine Heuschreckenplage und vieles mehr. Die zehnte Plage aber war die schlimmste: Gott tötete alle Erstgeborenen des Landes.

„Bevor er dies tat, befahl er seinem Volk, die Türpfosten mit dem Blut eines Lammes zu bestreichen, damit der Todesengel an diesen Häusern vorbeischreite. Auch wies er sie an, das Lamm zu braten und in fertiger Reisekleidung zu verzehren. Sie sollten dazu ungesäuertes Brot und Bitterkräuter essen. Noch in derselben Nacht ließ der Pharao die Israeliten ziehen." (Frei nach 2. Mose 1-15.)

Für jede vorgelesene Plage dürfen die Kinder nun ihren Finger in den Becher mit Traubensaft tunken und einen Tropfen auf die Tischdecke stippen. Da sind auch die unruhig gewordenen wieder mit ganzer Konzentration dabei. Wann sonst ist es erlaubt, die Tischdecke zu bekleckern?

Nun singen die Kinder noch ein paar Lieder von Moses, der als Baby in einem Körbchen auf dem Nil schwamm, und von der Froschplage, bei der die Frösche auch in des Pharaos Bett hüpften. Dann werden die Matzen an die Kinder, Erzieherinnen und Gäste verteilt, um anschließend mit dem ersehnten Mittagessen zu beginnen.

Einige Tage später, am 15. Nissan (nach dem jüdischen Kalender), das ist im Jahr 2012 der 7. April, feiern die Kinder zu Hause oder in der Gemeinde gemeinsam mit den Erwachsenen den Sederabend. Vieles ist ihnen vertraut, denn sie sind im Kindergarten auf das Fest gut vorbereitet worden. Die Gruppenleiterinnen haben ihnen die Geschichte erzählt, die Bedeutung der Symbole erklärt, sie haben gemeinsam gefeiert, Lieder gesungen und Bilder gemalt. Zu Hause darf das jüngste Kind am Tisch fragen, warum an diesem Abend vieles ganz anders ist als sonst.

Und der Hausherr wird die Pessachgeschichte erzählen.

Nach Stunden, angefüllt mit symbolischen Handlungen, endet der Sederabend, den die Kinder zusammen mit den Erwachsenen feierten, mit einem Essen. Jetzt gibt ein Kind bekannt, dass es die Matze, die für den Nachtisch zurückgelegt worden war, versteckt hat. Der Hausherr muss sie gegen Geschenke eintauschen. Es hat sich für die Kinder gelohnt, die lange Feier über wachzubleiben.

Pessach-Fest, Jüdischer Kindergarten im Frankfurter Westend   © Ferhat Bouda

An Sukkot wird eine Laubhütte gebaut

Sukkot, so heißt das Laubhüttenfest auf hebräisch, ist neben Pessach und Schawuoth eines der drei großen jüdischen Wallfahrtsfeste. Sukkot dauert insgesamt acht Tage. Aber nur der erste Tag, im Ausland die ersten beiden, sind richtige Feiertage.

Es ist ein Fest der Freude und des Dankes, das von der ganzen Familie gemeinsam gefeiert wird. Anlass zur Freude ist die Erinnerung an die Befreiung aus ägyptischer Gefangenschaft. In den Büchern des Propheten Moses wird davon berichtet, wie die Israeliten nach der Befreiung 40 Jahre in der Wüste umherzogen und dabei in leichten, selbstgebauten Hütten wohnten.

Alle Israeliten im Lande müssen diese 7 Tage in Laubhütten wohnen. Denn so hat der Herr gesagt: Eure Nachkommen in künftigen Generationen sollen daran erinnert werden, dass ich die Israeliten einst auf dem Weg von Ägypten in ihr Land in Laubhütten wohnen ließ. (3. Mose 23; 42, 43)

Um an dieses Ereignis zu erinnern, beginnen fromme Familien gleich am Tag nach Jom Kippur mit dem Bau einer Laubhütte. Die Sukka, so der hebräische Name für diese Hütte, baut die Familie nach genauen Regeln auf. Auf einem freien Platz, das kann auch eine Terrasse sein, errichten Eltern und Kinder gemeinsam mindestens drei Wände. Das Dach decken sie mit Zweigen, Getreidehalmen und anderen Pflanzen. Sie legen so lange Material nach, bis das Dach genug Schatten spendet, aber der Himmel dennoch durchscheint.

Zusammen mit den Kindern wird dann der Innenraum mit Früchten, Bildern und Blumen ausgeschmückt. Während dieser gemeinsamen Arbeiten erzählen die Erwachsenen den Kindern die alten religiösen Geschichten.

Vor dem Zweiten Weltkrieg konnte man auch in Deutschland viele solcher Laubhütten sehen. Dies änderte sich völlig nach der Verfolgung und Vernichtung der deutschen Juden unter den Nationalsozialisten. Da es heute in Deutschland im Vergleich zu 1932 nur noch wenige jüdische Familien, Gemeinden und Altenheime gibt, ist auch der Anblick einer Laubhütte zu einer Seltenheit geworden.

Während des Laubhüttenfestes verlegen die Familien ihren Tagesablauf in die Laubhütte. Wenn das Wetter es zulässt, empfangen sie dort Gäste und essen gemeinsam. Vor den Mahlzeiten spricht einer der anwesenden Männer einen Segen, bei dem er einen Feststrauß (Lulav) und eine Zitrusfrucht (Etrog) in der Hand hält.

Der Strauß und die Frucht erinnern an die zweite Wurzel des Festes: Sukkot als Erntefest. Sie stellen die Vielfalt dessen dar, was die Erde hervorbringt.

Der Feststrauß besteht aus einem Palmwedel, zwei Bachweidenzweigen und drei Myrtenzweigen, die zusammengebunden werden.

Lulav und Etrog werden mit Sorgfalt ausgewählt. Der makellose Etrog wird sehr oft sogar in einer speziellen, kunstvoll gearbeiteten Dose aufbewahrt.

Die Gäubigen nehmen Lulav und Etrog auch in die Gottesdienste mit und zeigen damit in sechs Richtungen (nach N, S, O, W sowie nach oben und unten). Deutlich gemacht wird damit die Allgegenwart Gottes, der aus allen Richtungen seinen Segen schickt.

Am Ende des Gottesdienstes umschreitet die Gemeinde, mit Etrog und Lulav in den Händen, den Altar und bittet um eine gute Ernte und um Winterregen.

© Ferhat Bouda

Das jüdische Sukkot-Fest in Frankfurt am Main

177

Islamische Feste

15

Warum es Sunniten und Schiiten gibt: das Aschura–Fest

Das Aschura- oder Aşure-Fest wird ganz unterschiedlich gefeiert.

Wir möchten mit dem nachfolgenden Text eine häufig bestehende Wissenslücke schließen. Er schildert die Enstehung zweier Gruppen im Islam, die in weitere Untergruppen untergliedert sind. Aschura ist das Fest, an dem sich das trennende Element zwischen Sunniten und Schiiten deutlich zeigt.

Obwohl dieser Vergleich hinkt, könnte man sagen: So wie es im Christentum Protestanten und Katholiken gibt, gibt es im Islam Sunniten und Schiiten.

Der islamische Prophet Mohammad hatte vor seinem Tod im Jahr 632 n. Chr. keinen Nachfolger bestimmt. So kam es zum Streit über seine Nachfolge. Die Mehrheit der einflussreichen Muslime der damaligen Zeit entschied, einen Nachfolger (Kalif) zu *bestimmen*, der als religiöser Anführer geeignet sei. Eine Minderheit lehnte diese Entscheidung ab. Sie waren überzeugt, dass Mohammads Nachfolger (Imam) ein *Blutsverwandter* sein müsse. Die erste Gruppe wählte Abu Bakr, den Schwiegervater Mohammads, zum ersten Kalifen, während die zweite Gruppe in Ali, dem Neffen und Schwiegersohn Mohammads, den auserwählten Nachfolger sah. Diese Anhängerschaft nannte sich Schi'at Ali, Partei Alis. Ihr heutiger Name ist Schiiten. Die Mehrheit, Sunniten genannt, wählte nach Abu Bakrs Tod Omar und danach Osman. Erst dann ernannten sie Ali, den Schwiegersohn und Neffen Mohammads, zum vierten Kalifen. Er war also der erste Imam der Schiiten, aber erst der vierte Kalif der Sunniten. So spalteten sich schon damals die Muslime in Sunniten und Schiiten.

Später kam es sogar dazu, dass der sechste Kalif der Sunniten, Yazid, den dritten Imam

Die Nachfolger des Propheten Mohammad

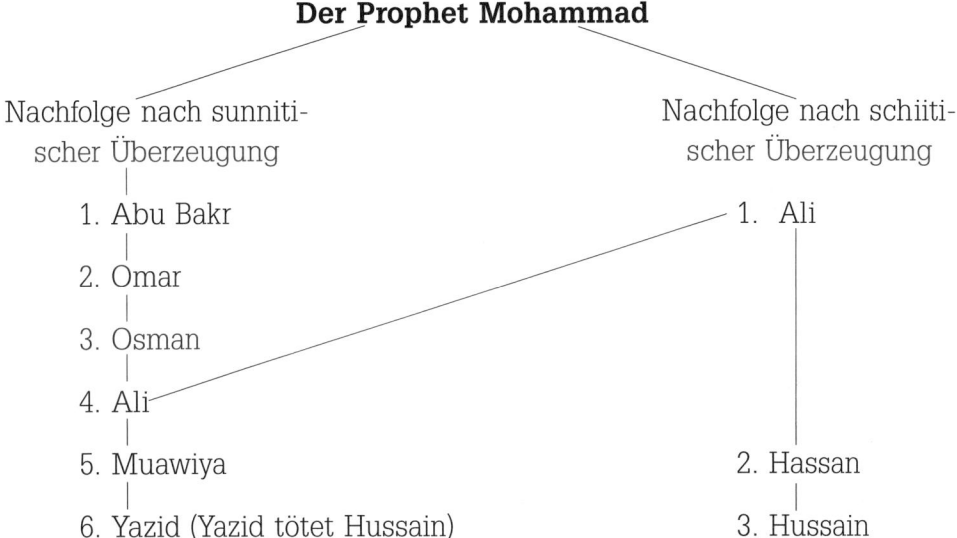

der Schiiten, Hussain, den Sohn Alis, töten ließ. Dieses Ereignisses der Trauer gedenkt die kleinere Gruppe der Schiiten, die z.B. im Iran, Irak, in Syrien, im Libanon und auf dem indischen Subkontinent leben. Sie trauern noch heute, am zehnten Tag des Monats Muharram, während der Aschura-Feierlichkeiten um den Prophetennachfolger.

Dies ist die Geschichte Hussains:

Fatima, die Tochter des Propheten Mo- *hammad, hatte mit ihrem Mann Ali zwei Söh-* *ne: Hassan und Hussain. Nach Mohammads* *Tod gab es immer wieder Konflikte um sei-* *ne Nachfolge. Hussain, der Enkel des Prophe-* *ten, versuchte, die Herrschaft für die Imame* *wiederzugewinnen. Und so kämpfte er ge-* *gen den seiner Meinung nach ungerechtfer-* *tigt herrschenden Yazid.*

Von Anhängern wurde Hussain eines Ta- *ges nach Basra (im heutigen Irak) eingela-*

den, um mit ihnen den Kampf gegen Yazid aufzunehmen. Er nahm die Einladung an und machte sich mit einem kleinen Heer auf den Weg. Aber schon in Kerbala (Irak) erkannte er, dass er von seinen Feinden in einen Hinterhalt gelockt worden war. Am Abend des 9. Muharram (Tasu'a) verkündete Hussain seinen Leuten, dass ihm Gott etwas offenbart habe. Er sei im Recht und solle kämpfen, aber bei diesem Kampf würden er und alle seine Männer sterben, um am nächsten Morgen ins Paradies einzugehen. Und so geschah es, dass Hussain und seine Getreuen in heldenhaften Einzelkämpfen der Übermacht der Gegner unterlagen.

Während die Schiiten trauern, feiern die Sunniten, zu denen die Mehrheit der Muslime zählt, ein eher fröhliches Fest. In der Türkei nennt man das Fest Aşure. Die Sunniten gedenken des Endes der Sintflut und der Rettung der Arche Noah. Nach der Überlieferung sollen Noah (Nuh) und seine Familie mit der Arche und all den Tieren an Bord am 10. Muharram am Berg Ararat gelandet sein.

Die Geschichte Noahs frei nach dem Koran:

Wahrlich, wir entsandten Noah zu seinem Volk, und er sprach: ,Oh mein Volk dienet Allah; ihr habt keinen anderen Gott; siehe, ich fürchte für euch die Strafe eines gewaltigen Tages.' (Sure 7, Vers 59)

Doch während Noah versuchte, die Menschen zu warnen und zur Umkehr zu rufen, klagten sie ihn der Falschheit an. So befolgte Noah Allahs Anweisungen: ,Und baue dir die Arche vor unseren Augen und nach un-

serer Offenbarung, und sprich mir nicht weiter von den Ungerechten; siehe, sie sollen ertrinken.' (Sure 11, 37)

Eines Tages war es so weit, ein heftiger Regen setzte ein und Noah holte auf Allahs Geheiß von jedem Tier ein Pärchen in die Arche und den Teil seiner Familie, der nicht vom Glauben abgefallen war. Die Arche fuhr auf hohen Wogen. Und es ward gesprochen: ,Oh Erde, verschlinge dein Wasser, und oh Himmel, halt ein (zu regnen)!' Und es nahm ab das Wasser und vollzogen ward der Befehl, und sie (die Arche) hielt an auf (dem Berg) El Dschûdî. ... (Sure 11, 44)

Mit dem Segen Allahs ging Noah an Land.

Zum Dank dafür, dass Noah und seine Familie die große Sintflutkatastrophe überlebten, kochten sie aus allen Lebensmittelresten, die noch auf der Arche zu finden waren, eine Festspeise. Die Aşure-Speise ziert auch heute noch die Festtagstafel.

Das islamische Opferfest: eine gemeinsame Geschichte in Bibel und Koran

Kurban Bayrami heißt übersetzt Opferfest. Es wird nicht nur in der Türkei, sondern von Muslimen in aller Welt gefeiert. Ein anderer Name für Kurban Bayrami ist „Großes Fest". Er zeigt, dass es eines der beiden wichtigsten islamischen Feste ist.

Es erinnert die Muslime an die Geschichte von Ibrahim (Abraham), der Gott ein Opfer brachte.

Eines Nachts träumte Ibrahim, dass er nach Gottes Willen seinen erstgeborenen Sohn Ismael opfern sollte. Er erzählte es seinem Sohn und Ismael antwortete, er solle tun, was ihm befohlen wurde.

„Als Ibrahim alles vorbereitet hatte, um seinen Sohn zu töten, gebot ihm Gott, einzuhalten und stattdessen einen Widder zu schlachten. Denn er hatte die Bereitschaft gezeigt, Gott sein Liebstes zu geben. Für seinen Gehorsam wurde Ibrahim reichlich gesegnet." (Frei nach dem Koran, Sure 37, Verse 99–110.)

Eine ähnliche Geschichte ist auch den Christen und Juden aus dem Alten Testament bekannt.

In der Türkei dauert Kurban Bayrami vier Tage lang. Den ersten Tag feiern die engeren Familienmitglieder zusammen. Er beginnt mit einer gründlichen Waschung des Körpers. Alt und Jung legen besonderen Wert auf ihr Äußeres und ziehen neue Kleider an. 45 Minuten vor Sonnenaufgang gehen die Gläubigen zur Festpredigt und zum Festgebet in die Moschee. Anschließend, wieder zurück im Kreise der Familie, umarmt und gratuliert man sich gegenseitig. Als Zeichen des Respektes küssen die Jüngeren den Älteren die Hände und die Kinder erhalten Geschenke.

Nun ist es Zeit, das zuvor ausgesuchte Opfertier, dabei handelt es sich meist um ein Schaf oder eine Ziege, in Erinnerung an Ibrahim zu schlachten. Dazu spricht derjenige, der Gott dieses Opfer bringt, oder ein Stellvertreter ein Gebet wie dieses:

„Im Namen Allahs! Gott ist groß! Mein Gott, (dieses Opfer) ist von dir, durch dich und für

Islamisches Opferfest in Frankurt am Main © Ferhat Bouda

dich; nimm es an von mir, wie du das Opfer deines Freundes Ibrahim entgegengenommen hast."

Dann wendet er oder ein beauftragter Metzger den Kopf des makellosen Tieres in Richtung Mekka. Er trennt mit einem kurzen Schnitt dessen Kehle durch, so dass es sofort tot ist und der Körper vollkommen ausbluten kann.

Wer es sich leisten kann, lässt einen Hammel schlachten, den die Frauen anschließend, zusammen mit anderen Köstlichkeiten, zubereiten. Etwas später sitzt die Familie beim gemeinsamen Festessen. Ein Teil des Hammels wird gleich gegessen, der Rest nicht selten an Bekannte und arme Leute verteilt. Denn nicht jede Familie kann sich ein Opfertier leisten. Während der nächsten drei Tage besuchen sich die Verwandten und Freunde gegenseitig, tauschen Neuigkeiten aus und essen gemeinsam.

Das Opferfest ist außerdem der Höhepunkt und Abschluss der Pilgerfahrt (Hadsch) nach Mekka. Gemeinsam führen die Gläubigen auch dort das rituelle Opfer durch, wie es vor langer Zeit Ibrahim, der Vater der Propheten, getan hat. Die Feiernden fühlen sich während des Opferfestes mit den gläubigen Muslimen in aller Welt verbunden.

Im deutschen Kalender gibt es dieses Fest nicht. Deshalb müssen sich die gläubigen Muslime hier Urlaub oder schulfrei nehmen, um feiern zu können. Ansonsten trifft man sich ebenso wie in der Türkei zum Festgebet, beschenkt sich, kocht ein Festessen und feiert zusammen diesen Tag. Manche türkische Familien schicken auch Geld in die Türkei, damit andere, stellvertretend für sie, ein Tier schlachten.

Moulid, ein Geburtstagsfest für den Propheten Mohammad

In vielen islamischen Ländern wird der Geburtstag des Propheten Mohammad gefeiert. Das Fest fällt alljährlich auf den zwölften Tag des dritten Monats des islamischen Mondkalenders. Da der Mondkalender elf Tage kürzer ist als der gregorianische Sonnenkalender, wandert der Zeitpunkt des Festes durch die Jahreszeiten.

Mohammads Geburtstag wird kurz Moulid (arabisch) oder Mevlid (türkisch) genannt. Dieses Wort kann Zeit, Ort und Gedächtnisfeier der Geburt bedeuten. Auch die Gedichte und Lieder zu Ehren Mohammads werden auf Türkisch Mevlids genannt.

Die Feier zu Mohammads Geburtstag ist im Islam keine Vorschrift; sie hat sich im Laufe der Zeit aus dem sogenannten Volksislam herausgebildet. Für manche orthodoxe Sunniten steht Mevlid im Widerspruch zum ursprünglichen Koran, der keine Menschenverehrung zulässt. Sie feiern das Fest deshalb nicht. Andere gläubige Sunniten feiern das Fest in der Moschee.

Bei der Ausgestaltung des Festes spielen der Volksglaube und die Traditionen des jeweiligen Volkes und Landes eine große Rolle. In Algerien erhellen die Menschen ihre Häuser und Wohnungen mit vielen brennenden Kerzen. In der Kabylei ziehen in einigen Berberdörfern die Kinder mit Kerzen in der Hand von Haus zu Haus und singen Lieder. Manchmal kommt es zu einem spontanen, kurzen Fest, bei dem die Frauen trommeln, tanzen, klatschen und singen. In der marokkanischen Stadt Salé gibt es einen Umzug mit kunstvoll gestalteten Wachsskulpturen, Fahnenträgern und Musikanten.

Moulid, der Geburtstag des Propheten Mohammad in Ägypten   © Robert Binson

Wie in den meisten Moscheen dieser Welt kommen zu Moulid auch in den Frankfurter Moscheen Gläubige zusammen. Im Gotteshaus der Marokkaner erzählt der Imam während des Gottesdienstes von der Geburt des Propheten, seinen Lehrreden, seiner Flucht von Mekka nach Medina und anderen Begebenheiten seines Lebens. Nach dem Gottesdienst erhalten die Kinder kleine Geschenke und man erklärt ihnen noch einmal den Anlass des Festes. Männer und Frauen essen in getrennten Räumen die mitgebrachten Speisen: Couscous, Fleisch, Gemüse und Obst. Mit angeregten Unterhaltungen endet das Fest.

Viele Mevlid-Feierlichkeiten, die in Moscheen in der Türkei organisiert werden, überträgt das türkische Fernsehen live. Während des Gottesdienstes spielen zu Mevlid Kandil, wie der Name des Festes vollständig heißt, die Mevlids, also die Lieder und Gedichte, eine große Rolle. Schon zu Mohammads Lebzeiten wurden ihm zu Ehren Gedichte geschrieben, die seine Geburt, sein Leben und seine Tugenden priesen. Eines der berühmtesten Mevlids in türkischer Sprache stammt von Süleyman Celebi aus dem 15. Jahrhundert. Nach der Koranlesung und der Predigt rezitiert der türkische Imam zu diesem Festtag das von Celebi komponierte Mevlid:

Âmine Hâtun Muhammed ânesi –
Ol sadeften doğdu ol dür dânesi

Hem Muhammed gelmesi oldu Yakîn –
Çok Alâmetler belürdü gelmeden

Ol gece kim doğdu ol Hayr-ül-Beşer –
Anasi ande neler gördü neler.

Nach dem Gottesdienst gibt es auch bei den türkischen Familien in Deutschland ein kleines oder auch ein großes Essen mit Freunden. Auf jeden Fall werden Süßigkeiten angeboten. Süßigkeiten und kleine Geschenke spielen zu Moulid auch in der ägyptischen Hauptstadt Kairo eine große Rolle. Bereits einige Tage vor dem Fest türmen sich auf den Ladentischen der Süßwarenhändler gebrannte Nüsse, kandierte Früchte, türkischer Honig und anderes Zuckerwerk. Die Händler machen einen guten Umsatz, da die Erwachsenen ihren Kindern, Nichten und Neffen zu Moulid gewöhnlich eine Packung „Naschsachen" schenken. Besonders beliebt bei den Kindern sind Ritter und Pferd aus Zucker oder „Aroussa", die Brautpuppe (Edelfrau) aus Zucker.

Diese reichverzierten Zuckerpuppen gab es bereits im 10. Jahrhundert, zur Zeit der ersten bekannten Moulid-Feierlichkeiten. Durch ihre Kleider zeigten die Puppen den Lebensstil am Hof der Fatimiden-Herrscher (968–1171). Heutzutage sind die Puppen häufig aus Plastik und tragen prunkvolle Stoffkleider. Die Zuckerpuppen haben jedoch den Vorteil, dass die Kinder sie vernaschen können.

Moulid ist in Kairo der große Tag der Sufi-Orden, deren Prozession auf dem Platz vor der Moschee endet. Sufi-Orden sind islamische, mystische Bruderschaften, die hierarchisch strukturiert sind und deren Oberhaupt Scheich genannt wird.

Da der neue Tag bei den Muslimen schon nach Sonnenuntergang beginnt, fangen auch die Feste am Abend an. In der Dämmerung strömen immer mehr Menschen durch die Straßen Kairos zur Hussein-Moschee. Dort stehen auf drei Seiten des Platzes fünfzehn bis zwanzig große, quadratische Zelte, deren Trennwände und Decken aus buntbedruckten, roten Stoffbahnen bestehen. Auf dem Boden sind die Zelte mit Teppichen ausgelegt, und an der Rückwand stehen mit Samt überzogene Sessel und Stühle für die Würdenträger. Diese Zelte gehören verschiedenen Sufi-Orden.

In der Altstadt drängen sich viele Menschen an den Süßwarenständen vorbei. Eltern führen ihre Kinder an der Hand, damit sie nicht verloren gehen. Endlich ist es so weit: Der Umzug der Sufi-Orden, der etwa eine Stunde lang durch die Straßen gezogen ist, hat den Platz erreicht. Zuerst sind Polizisten auf tänzelnden Araberhengsten zu sehen, danach folgt die Polizeikapelle und mit etwas Abstand ein Sufi-Orden nach dem anderen. Die ersten Sufis oder Derwische, wie man die Mitglieder der Orden auch nennt, tragen grüne Transparente und grüne Schärpen, auf denen der Name des Ordens zu lesen ist. Meist sind es Korantexte oder der Name des Scheichs oder Gründers.

Wenn die nacheinander eintreffenden Sufi-Orden das größte Zelt vor der Hussein-Moschee erreicht haben, werden ihre Scheichs oder führenden Vertreter von den im Zelt sitzenden Honoratioren, das sind Vertreter der Regierung und der Universität, sowie anderen Scheichs begrüßt. Die restlichen Mitglieder des Ordens rollen ihre Transparente ein und begeben sich zu ihrem eigenen Zelt.

Jeder der eintreffenden Orden drückt durch Transparente, Kleidung, Tanz, Musik und Worte – ob über Lautsprecher oder leise gesprochen bzw. gesungen – seinen Charakter, seinen eigenen Weg zu Gott aus.

Ein Orden zieht die Aufmerksamkeit der Betrachter durch die rhythmischen Bewegungen seiner Mitglieder auf sich. Unter roten Transparenten bewegen sich die Derwische zum Schlag einer großen Trommel. Sie beugen immer wieder ihre Oberkörper nach vorne und rufen „Allah, Allah, Allah". So versetzen sich die Derwische in den langen, weißen Gewändern und den weißen Turbanen in Trance, durch die sie versuchen, eins zu werden mit Gott.

Erst wenn über Lautsprecher der Ruf zum Abendgebet ertönt, hat der letzte Sufi-Orden das Hauptzelt erreicht. Viele Derwische gehen zum Abendgebet in die Hussein-Moschee oder begeben sich in ihr Ordenszelt, wo sie anschließend ihre Veranstaltungen feiern.

Wer sind die Aleviten?

16

Der 12. Juni ist für die Aleviten in der Türkei der Gedenktag für Pir Sultan Abdal, einen Volkssänger aus dem 16. Jahrhundert. Das Gedenken an ihn wurde in den Siebzigerjahren wiederbelebt, und seitdem findet ein zentrales Kulturfestival auf einer Hochebene in der Nähe des Dorfes Banaz in Zentralanatolien statt.

Hier lebte einst Pir Sultan Abdal. Vor dem Haus, in dem er gewohnt haben soll, steht eine Weide und darunter liegt ein großer Mühlstein, den er – so erzählt die Legende – an seinem Gehstock aus seiner ursprünglichen Heimat mitbrachte.

Auf einem Hügel oberhalb des Dorfes sieht man ein markantes Denkmal des Volkssängers, der seine Saz (Saiteninstrument) mit beiden Händen hoch in die Luft streckt. Un-

Das Kulturfest für Pir Sultan Abdal

mittelbar in der Nähe finden die Kulturtage für Pir Sultan Abdal statt.

Das Kulturfestival wird von dem Präsentations- und Kulturverein Pir Sultan Abdal organisiert. Die Gäste kommen aus allen Teilen des Landes. Nach den offiziellen Eröffnungsreden beginnt das Festival unter der glühenden Sonne mit einem traditionellen Semah-Tanz. Frauen und Männer führen, genau wie im alevitischen Gottesdienst, einen langsamen Kreistanz auf einer Bühne vor. Die Männer tragen ebenso wie die Frauen weite Pumphosen und rote Stirnbänder, zudem haben sie bunte Schärpen um den Bauch geschlungen. Über den Pumphosen haben die Frauen bunte, lange Kleider mit tiefen Seitenschlitzen angezogen. Auffallend an dem Tanz der Gruppe sind die Arm- und Handbewegungen, die eine symbolisch-religiöse Bedeutung haben.

Berufs- und Laiensänger, Alte, Junge, Männer wie Frauen tragen bekannte, aber auch neue Lieder vor. Es finden Lesungen und Diskussionen mit Dichtern, Schrifstellern und Künstlern statt. Vor den Bücherständen herrscht ein großer Andrang, vor allem dann, wenn es Autogramme gibt.

Mittags werden Opferlämmer geschlachtet und in großen Kesseln wird Reis gekocht. Dann geht es weiter mit einem Theaterstück und Liedern über das Leben von Pir Sultan Abdal.

Mehr als 300 Lieder sind überliefert, die ihm selbst zugeschrieben werden. Viele von ihnen sind Bestandteil sowohl der alevitischen Gottesdienste als auch der Kulturveranstaltungen der Gewerkschaften oder Jugendtreffs geworden.

Eines davon lautet:

Wir schliefen, wurden geweckt
und galten als die Wachen.
Wir waren Schafe, merkten den Ruf
und galten als die Herde.

Der Text lässt sich aus religiöser Sicht auf die Erkenntnis der alevitischen Lehre beziehen, kann aber auch als Ausdruck politischer Gedanken interpretiert werden.

Immer wieder wird das Programm unterbrochen, wenn ältere, in prächtige Farben gekleidete Einwohnerinnen und Einwohner Semah-Tänze aufführen. In kleinen Gruppen finden Diskussionen über das Festival statt. Ein Hauptpunkt ist, wie mehr Menschen nichtalevitischen Glaubens einbezogen werden

können. Denn alle Religionen haben nach alevitischer Lehre den gleichen Rang.

Je nach Länge der Diskussionen und Darbietungen dauert das Fest zwei oder drei Tage. Viele Menschen haben sich kennengelernt und freuen sich auf ein Wiedersehen beim nächsten Festival des Dichters Pir Sultan Abdal.

Pir Sultan Abdal stammte aus einem turkmenischen Stamm, der aus Chorassan, östlich des Iran, über Aserbaidschan nach Anatolien einwanderte. Der Dichter lebte in einer Zeit, in der eine große Hungersnot in der Region herrschte. Alevitische Bauernaufstände waren die Gegenreaktion.

Pir Sultan Abdal wurde von einem bekannten Meister in die alevitische Lehre eingeführt und ergriff auf seinen Wanderungen durch das Land mit seinen Liedern für die Armen und Hungernden Partei. Deli (der Wilde) Hizir Pascha, Gouverneur von Sivas, berüchtigt durch die grausame Unterdrückung der Aufstände, verfolgte ihn. Pir Sultan Abdal unterwarf sich ihm nicht, wurde ergriffen und erhängt.

Das Festival zum Gedenken an Pir Sultan Abdal muss auch in der Gegenwart mit Schwierigkeiten kämpfen. Nach dem zweiten zentralen Fest 1979 wurden die Kulturtage verboten und konnten erst 1992 wieder durchgeführt werden. Das vierte Fest wurde am Vorabend durch einen Brandanschlag auf ein Hotel in Sivas verhindert, bei dem 33 vorwiegend junge Gäste des Festivals einen tragischen Tod fanden.

Rund ein Drittel der türkischen Bevölkerung sind Aleviten. Darüber hinaus ist ihr

Glaube und ihre Kultur in Nordsyrien und auf dem Balkan verbreitet.

Die alevitische Kultur ist geprägt von vielen vorislamischen Elementen aus der Kulturvielfalt Anatoliens und Mittelasiens. Der alevitische Glaube behielt in Anatolien, wo er sich durch die Einwanderung der Türken seit dem 11. Jahrhundert verbreitete, stets den Charakter eines Volksglaubens. Vom höfischen sunnitischen Islam ausgegrenzt,

bildete er auf dem Lande immer wieder die geistige Substanz von Volksaufständen gegen den Sultan oder seine regionalen Statthalter. Eine weitere Quelle für das alevitische Denken ist der Sufismus, die islamische Mystik. Ihr zentrales Element ist die Einheit von Gott, Universum und Mensch.

Die Aleviten gehören nicht der sunnitischen Glaubensrichtung innerhalb des Islam an. Sie betrachten sich als Anhänger von Ali (dem Schwiegersohn des Propheten), den sie als den engsten Weggefährten des Propheten Mohammed und als Träger göttlicher Substanz verehren.

Jedoch unterscheidet sich der Alevitismus in der Form des Gottesdienstes vom Schiismus. Der Ritus der Zusammenkunft der Gemeinde (cem) und die Institutionen der Verbrüderung (musahiplik), des Eintritts (ikrar) und der Befragung (görgü) sind wesentliche Bestandteile des alevitischen Glaubens. Tanz und Gesang von Männern und Frauen in Begleitung des Saiteninstruments „saz" sind in den rituellen Ablauf des Gottesdienstes integriert. Deshalb haben Musik und Dichtung auch während der Kulturtage einen hohen Stellenwert.

Das alevitische Kulturfest
für Pir Sultan Abdal in der Türkei   © Cevat Üstün

Am 5. Mai feiern viele türkische Familien Hıdırellez, das Fest von Hızır und Ilyas (Elias).

Nach islamischer Über-

Am Hıdırellez–Fest treffen sich Hızır und Elias am Sternenhimmel

im babylonischen Gilga-meschepos (2000 v.u.Z.), im syrischen Alexander-lied (200 n.u.Z.) und in ei-ner jüdischen Legende über Rabbi Joshua ben Levi.

lieferung sind Hızır und Ilyas zwei Propheten, die zu verschiedenen Zeiten lebten, nach ih-rem Tod unsterblich wurden und sich von Zeit zu Zeit auf Erden treffen. Gemäß dem türkischen Volksglauben begegnen sich Hızır und Ilyas nur einmal im Jahr, an Hıdırellez. Man glaubt, dass sie über die Naturelemente herrschen, doch gibt es keine Übereinstim-mung darüber, wer die Erde und wer das Wasser beherrscht.

Im Koran wird folgende Geschichte erzählt:

Als Moses mit seinem Jünger den Zusam-menfluss der beiden Meere erreicht hatte, machten sie eine kurze Rast und gingen dann weiter. An diesem Rastplatz vergaß der Jünger den Fisch, den sie als Reiseproviant mitge-nommen hatten ... und auf wunderbare Wei-se nahm er seinen Weg ins Meer. Als Moses nach dem Mittagessen verlangte, gestand der Jünger sein Versäumnis. Da sagte Moses: ‚Dort ist somit die Stelle, die wir suchen.' Sie kehr-ten zurück und fanden einen Diener Gottes (Ilyas oder al Khadir genannt), dem Moses folgte. Von dem Diener Gottes wollte Moses mehr über den ‚rechten Weg' lernen. Unter der Bedingung, dass Moses ihn über nichts, was er tat, befragen dürfe, bis er ihm selbst die Erklärung gebe, durfte Moses dem Diener Gottes folgen. (Frei nach Sure 18, Verse 60-71.)

Die Erzählung aus dem Koran ist in ähnli-cher Weise in drei älteren Quellen zu finden:

Im türkischen Volksglauben wird die Ge-schichte aus dem Koran in vielen regional unterschiedlichen Varianten erzählt. Bei ei-nem Grillfest des alevitischen Kulturvereins bitte ich einen älteren, türkischen Migranten aus Anatolien, mir etwas über Hızır und Ilyas zu erzählen. Bei meinem Tischnachbarn glei-tet ein Lächeln übers Gesicht, und er berich-tet eine Geschichte über das Zusammentref-fen der beiden, wie man sie in seinem Dorf erzählt. Sie ähnelt der oben beschriebenen Geschichte aus dem Koran, allerdings sind die Namen verändert.

Ilyas, der ein weiser Mann war, bat einst Gott um einen Freund, der gleichzeitig sein Lehrmeister sein sollte. Gott wies Ilyas an, am Mittelmeer entlang zu laufen, in der Tasche einen toten Fisch. Irgendwo auf der Strecke würde der Fisch lebendig werden und ins Wasser springen. „Dort", meinte Gott, „wirst du deinen Lehrer treffen." Ilyas machte sich zusammen mit einem Freund auf den Weg. Während einer Rast schlief er ein, und sein Freund beobachtete, wie der Fisch aus der Tasche ins Wasser sprang. Als Ilyas aufge-wacht war, gingen die beiden weiter. Bei der nächsten Ruhepause schaute Ilyas nach dem Fisch und entdeckte, dass er verschwunden war. Sein Freund erzählte, was passiert war, dass er Ilyas aber nicht hatte wecken wollen.

Das türkische Fest Hıdırellez   © H. Brößler

Die beiden trennten sich, und Ilyas ging zurück zu der Stelle, an der der Fisch lebendig geworden war. Dort traf er Hızır, seinen Lehrmeister.

Obwohl der Erzähler die Geschichte auf türkisch schilderte, wurde ich schon vor der Übersetzung ins Deutsche durch seine Gesten, die ausdrucksstarke Mimik und den ständig wechselnden Tonfall mitgerissen. Er entpuppte sich als ein wunderbarer Geschichtenerzähler, dem auch die anderen Zuhörer gebannt lauschten.

Über die Herkunft und Bedeutung Hızırs gibt es eine Fülle von Theorien. Im Volksglauben sind es zwei Eigenschaften Hızırs, die das Fest Hıdırellez beeinflussen: Hızır kann gerufen werden, er hilft in großer Not, und er hat die Macht, den Menschen Reichtum und der Natur neues Leben zu schenken.

Früher gingen die jungen Leute aus den Dörfern am Festtag in den Wald, entfachten ein Lagerfeuer, sangen und tanzten. Die Älteren blieben im Dorf, beteten und veranstalteten ein gemeinsames Essen, zu dem jede

Familie ihren Beitrag leistete. Wer es sich leisten konnte, schlachtete einen Hammel oder ein Huhn, andere brachten Teigwaren wie Cörek, Kömmbe, Gözleme oder Salate, Joghurt, Süßspeisen wie Halva oder Serbet, einen Fruchtsirup.

Die Bräuche und Spiele zu Hıdırellez unterscheiden sich von Gegend zu Gegend und so berichten auch meine Gesprächspartner von unterschiedlichen Traditionen. Viele Spiele dienten der Vorhersage, besonders in Liebesdingen.

Eine ältere Frau erinnert sich daran, dass die jungen Frauen im Laufe des Festtages ein Stück selbstgebackenes Brot auf einen Baum legten. Dann beobachteten alle, ob ein Vogel käme, das Stück mitnähme, und vor allem, auf welchem Hausdach dieser Vogel landen würde. Denn das Mädchen oder die junge Frau würde einen Mann dieses Hauses heiraten. Bei diesen Bräuchen hatten sie natürlich viel Spaß.

Die Frauen schrieben auch gern Zwei- oder Vierzeiler auf kleine Zettel und sammelten diese in einem Korb. In einen anderen gaben sie Schmuckstücke von sich, einen Ring oder eine Armkette. Ein Mädchen holte dann ein Schmuckstück aus dem Korb, und eine Frau las einen der Verse vor. Der Besitzerin des Schmuckstücks teilten die Verse etwas über ihr Liebesglück oder ihre Charaktereigenschaften mit – was je nach Spruch zu viel Gelächter führen konnte.

In der Nacht vom 5. auf den 6. Mai, so eine andere Tradition, beobachten die Menschen in manchen Gegenden den Himmel. Sie warten auf den Moment, an dem sich

Hızır und Ilyas als Sterne begegnen, um zu einem intensiv leuchtenden Stern zu verschmelzen. Die Beobachterinnen und Beobachter versammeln sich auf Dächern, Minaretten, Hügeln, in Gärten oder auf dem Feld , um einen Blick auf die sich vereinigenden Sterne zu werfen. Wer die Verschmelzung sieht, darf sich in diesem Augenblick etwas wünschen, das in Erfüllung gehen wird, was immer es sei.

Eine der vielen Legenden, wie sie von dem bekannten türkischen Dichter Yaşar Kemal erzählt wird, berichtet Folgendes:

Sollte es den Sternen Hızır und Elias einmal misslingen, sich zu treffen, wären Meere nicht mehr Meere und das Land nicht mehr Land. Die Meere wären ohne Wellen, ohne Licht, ohne Fische, ohne Farben und würden austrocknen. Auf dem Land würden keine Blumen blühen, keine Vögel und keine Bienen flögen mehr, der Weizen würde nicht sprießen, die Bäche nicht mehr fließen, Regen nicht fallen, und Frauen, Stuten, Wölfinnen, Insekten, alles was da fleucht und kreucht, Vögel, alle Geschöpfe würden unfruchtbar. Wenn sie sich nicht treffen, die beiden ... dann werden Hızır und Elias zu Vorboten des Jüngsten Gerichts.

Das Holi-Fest: Buntes Farbpulver flimmert in der Luft

Holi wird in ganz Indien gefeiert und ist eines der freudigsten, buntesten und ausgelassensten hinduistischen Feste. Es fällt in den indischen Monat Phalgun und richtet sich nach dem Vollmond. Der Phalgun ist der letzte Monat im hinduistischen Kalender. Er entspricht dem Februar/März des gregorianischen Kalenders. Die Dauer des Festes ist je nach Gegend unterschiedlich, aber zwei bis drei Tage wird mindestens gefeiert. In Mathura, einem Ort in Nordindien, wo der Gott Krishna der Legende nach geboren wurde, zieht sich das Fest über mehrere Wochen hin und Pilger kommen aus ganz Indien. Die Hauptfestlichkeiten um die Zeit des Vollmondes dauern drei Tage.

Viele verschiedene Legenden liegen dem Fest zugrunde. Der Ablauf und die Gestaltung des Festes sind je nach Landesteil und Schwerpunkt der Erzählungen unterschiedlich.

In Nordindien werden in den Holitagen zwei Legenden über den Gott Krishna erzählt und vorgespielt.

Einst lebte ein König mit Namen Kansa. Er gab den Befehl, alle Säuglinge seines Reiches zu töten, damit keiner ihn vom Thron jagen könne. Er beauftragte damit die Dämonin Putana, die auch Holika genannt wird. Sie nahm menschliche Form an und vergiftete als Amme mit ihrer Milch alle Säuglinge, die an ihrer Brust tranken. Aber Krishna, das Götterbaby, erkannte die Gefahr, biß ihre Brustwarze ab und trank das schwarze Blut aus ihrem Leib, so dass sie starb.

Die zweite Legende ist eine Fortsetzung der Lebensgeschichte Krishnas:

Als Krishna älter geworden war, kam er auf der Flucht vor der Rache des Königs in das Dorf Barsana. Dort traf er auf eine Gruppe junger Kuhhirtinnen. Er bezauberte die Hirtinnen mit seiner Schönheit und der lieblichen Flötenmusik, mit der er den Reigen der Hirtinnen anführte. Radha, eine der jungen Frauen, wurde seine Geliebte. Eine zärtliche, verspielte Liebe begann. In den geruhsamen Mittagsstunden, wenn das Vieh graste, spielten die Verliebten „Blinde Kuh", fochten Scheinkämpfe mit Stöcken und lieferten sich zusammen mit den anderen Hirtinnen „Farbenschlachten" mit gefärbtem Wasser.

Noch heute sind Krishna und Radha die Vorbilder vieler Liebenden in Indien. Krishnas Geschichte ist niedergeschrieben in der Bhagavad-Purana, einem der wesentlichsten Epen Indiens. Viele der Erzählmotive finden sich im Fest wieder.

Am ersten Tag der Hauptfestlichkeiten strömt eine große Menschenmenge in den Radha-Tempel von Barsana, dem Ort, an dem Krishna einst seine Geliebte traf. Die Priester verteilen ein leicht berauschendes Getränk. Für Sekunden ziehen sie dann die Vorhänge zurück, hinter denen die Götterstatuen verborgen sind. Der Blick auf prächtige glanzvolle Statuen ist frei, und die Menschen stoßen Freudenschreie aus.

Anschließend kaufen die meisten eine große Portion Farbpulver bei den Händlern am Straßenrand. Tonnenweise wird dieses rote, violette, gelbe, grüne und blaue Pulver zu Holi verkauft. Besonders beliebt ist Rot. Es ist die Farbe der Wärme, Intensität und Erotik.

Am Morgen des nächsten Tages gehen viele Inder paarweise den Weg, den auch Krishna und Radha zu gehen pflegten. Viele von ihnen, ob alt oder jung, sind als Radha und Krishna verkleidet, halten Händchen und singen Lieder über das Liebespaar.

Nachmittags begeben sich alle in die Gassen und Straßen, das normale Leben in der Stadt pausiert. Jetzt kommt das Farbpulver zum Einsatz. Während man früher Duftwasser versprühte und nur ein wenig Pulver verstreute, findet heute eine wahre Farb- und Wasserschlacht statt. Viele Festteilnehmer haben eine Luftpumpe oder Spritze in der Hand und manche sogar einen Kanister mit gefärbtem Wasser auf dem Rücken. Die Menschen tanzen, verstreuen Farbpulver und spritzen mit buntem Wasser. Niemand kann der Farbe entkommen. Die Luft ist erfüllt von glitzernd bunten Pulverschwaden, die auf die Menschen niederrieseln. Am Ende sind Menschen, Tiere, Autos und Häuser scheckig bunt und triefend nass. Eine kollektive Ausgelassenheit überkommt die Masse, selbst die Kastenschranken finden keine Beachtung mehr.

Am Abend beginnt dann im Tempelhof das Stockhauen, allerdings etwas heftiger als zu Krishnas Zeiten. Die Frauen aus Barsana schlagen mit Bambusstöcken auf die Männer des Nachbardorfes Nandagaon. Die

Männer stellen Krishna dar, die Frauen Radha. Hier entlädt sich so manche Aggression, die sich zwischen den Geschlechtern angestaut hat. Obwohl sich die Männer mit Schilden schützen, tragen viele blaue Flecken zur Schau. Auf einer Bühne im Tempelhof sitzen zwei Kinder, verkleidet als Radha und Krishna, ihre Gesichter sind geschminkt. Sie tragen goldenen Arm- und Kopfschmuck, prächtige Gewänder und Blumengirlanden um den Hals. Hin und wieder spielt der kleine Krishna auf der Flöte oder die beiden tändeln mit den Fingerspitzen und schauen auf das heftige Treiben der Festteilnehmer herab.

In der Vollmondnacht entzünden die Menschen gegen Mitternacht auf den Straßen und Plätzen große Feuer und feiern den Tod der bösen Dämonin Holika, der Krishna die Brustwarze abbiss. In Form einer Stroh- oder Holzpuppe wird Holika verbrannt. Fröhlich feiern die Inder den Sieg des Guten. Gleichzeitig verbrennen sie mit Holika auch das alte Jahr und den Winter. Die Ernte ist eingebracht, bald beginnt ein neues indisches Jahr und der Frühling wird begrüßt.

Das indische Fest Holi   © Xavier Zimbardo

Dashara und Durga Puja

Eines der ausdrucksvollsten Feste in Indien ist das Dashara-Fest, das am 10. Tag des Monats Ashvina gefeiert wird. In ganz Indien nehmen Angehörige aller Religionen und Kasten daran teil.

Je nach Region hat das Fest verschiedene Namen, wie Ramlila (Spiel Ramas), Durga Puja (Fest der Göttin Durga) oder Vijayadashami (Sieg). Diese Namen zeigen schon, dass es auch unterschiedliche Legenden sind, die die Inder beim Dashara-Fest feiern.

In Nordindien liegt der Schwerpunkt des Festes auf dem Kampf Ramas gegen den zehnköpfigen Dämon. Seine Geschichte wird in dem Epos Ramayana erzählt, dessen älteste Teile schon im 4. Jh. v. Chr. von dem Dichter Valmiki geschrieben wurden.

König Dasharatha wollte die Herrschaft an seinen ältesten Sohn Rama abgeben. Seine Lieblingsfrau hatte aber noch zwei Wünsche bei ihm frei. Sie wünschte sich, dass ihr eigener Sohn Bharata König werde. Deshalb wollte sie, dass der König seinen anderen Sohn Rama 14 Jahre in die Wildnis verbannen solle.

Rama drängte seinen Vater, das Versprechen zu halten, und ging zusammen mit seiner Frau Sita und seinem Bruder Lakshamana in die Verbannung. Nachdem der König vor Gram gestorben war, wollte Bharata seinen Halbbruder Rama zurückholen. Dieser hielt sich aber an das Wort seines Vaters und blieb am Ort der Verbannung.

Bald darauf entführte Ravana, der zehnköpfige dämonische Herrscher des ozeanischen Reiches Lanka, Ramas Frau Sita. Auf der Suche nach ihr gewann Rama den Affenkönig Sugriva und dessen Ratgeber Hanuman als Bundesgenossen. Im Duell gelang es Rama, das Herz des Dämons zu durchbohren. Und das Gute siegte über das Böse.

In langen Prozessionen werden die überlebensgroßen Figuren dieser Legende durch die Straßen getragen. Den Kampf und Sieg Ramas über den Dämon spielen kostümierte Darsteller in mitreißenden Schaustücken nach.

Am Ende der Prozession treffen Feuerpfeile auf die Darstellung der Dämonen. Mit ohrenbetäubendem Lärm explodieren die mit Knallkörpern gefüllten Figuren. Die Dämonen, Symbole des Bösen, werden zerstört. Und die Menschenmenge ruft: „Sieg des Fürsten Rama". Die Herrschaft Ramas gilt auch im heutigen Indien als Symbol für ein utopisches Friedensreich. Vishnu (der Welterhalter) nahm die Gestalt Ramas an, um die kosmische Ordnung wiederherzustellen und dem Recht zum Sieg zu verhelfen. Im Süden Indiens, besonders in Mysore, ist es der Kampf der Göttin Durga gegen den Büffeldämon, der den Schwerpunkt des Festes bildet.

Dashara fällt hier mit dem letzten Tag des Durga-Puja-Festes zusammen und ist das wichtigste religiöse Fest der Hindus in Bengalen.

Im Laufe dieses Tages finden auf größeren Plätzen immer wieder Anbetungen, Pujas, statt. Dabei setzt sich ein Priester vor der Statue der Göttin nieder, spricht Gebete und verstreut leuchtende Blütenblätter. Mancherorts opfern die Menschen auch einen Büffel- bzw. Ziegenkopf oder eine grüne Kokosnuss.

Vor einer großen Volksmenge tragen Einzelne Gedichte vor. An anderen Plätzen werden Konzerte gegeben oder Dramen aufgeführt. Im Mittelpunkt steht überall das Drama von dem Kampf der schönen und gleichzeitig furchterregenden Göttin Durga gegen den Büffeldämon Mahishasura.

Einst wollte Mahishasura, der Dämon, den Göttern die Macht entreißen. In ihrer Bedrängnis baten die Götter Brahma, Vishnu und Shiva um Hilfe. Diese erzürnten sich sehr über Mahishasuras Übermut und stießen ihre Energien in Form von Feuerströmen aus. Dadurch schufen sie die Göttin Durga. Zusätzlich gaben ihr die Götter noch einige von ihren eigenen Waffen. Ausgestattet mit dieser Kraft tötete Durga den Dämon, der sich in einem Büffel versteckt hatte. Sie befreite die Welt von seiner Herrschaft; Ordnung und Frieden wurden wieder hergestellt.

Vier Nächte lang wird Durga, die Göttin der Kraft und Gemahlin des Gottes Shiva, angebetet. Große Baldachine mit Bildern der zehnarmigen Durga, die auf einem Löwen reitet, haben die Festteilnehmer aufgebaut.

Nun, am Abend des fünften Tages, dem Tag des Durga-Puja-Festes, tragen die Menschen alle Götterbilder zusammen, zünden sie an und versenken sie unter Zeremonien in einem Fluss oder Tempelbassin.

Auch in Deutschland wird dieses Fest von den hier lebenden Indern gefeiert. In Frankfurt lädt der Bengalische Kulturverein alljährlich zur Feier des Durga-Puja-Festes in einen großen Festsaal ein. Jeder ist willkommen, um die Tänze anzuschauen, der indischen Musik zu lauschen und mit Gebeten und gemeinsamem Essen die Göttin Durga zu verehren. Wenn auch die Form hier eine andere ist, so bleibt der Inhalt dennoch gleich: Die Götter, ob in Gestalt von Durga oder Rama, werden Sorge tragen, dass das Unrecht letztlich nicht triumphiert.

Durga-Puja-Fest in Frankfurt am Main   © Ferhat Bouda

Ullambana, das buddhistische Fest des Dankes gegenüber Eltern und Vorfahren

„Wenn ihr eure Pflicht als Kinder erfüllen wollt, dann gedenkt allzeit, und besonders am 15. des siebten Monats, eurer Eltern und Vorfahren bis zur siebten Generation und feiert das Ullambanafest": So sprach Buddha einst zu einem seiner größten Schüler. Maudgalyayana, so hieß dieser, hatte seine Mutter gesehen, die aufgrund ihrer schlechten Taten und Gedanken als Hungergeist wiedergeboren worden war. Er sah, wie sie essen wollte und alle Speisen sich in glühende Kohle verwandelten. Es war ihm ein großes Bedürfnis, seiner Mutter zu helfen. Aber all seine Fähigkeiten und Kräfte, die er durch Meditation erworben hatte, reichten dafür nicht aus. Da richtete Buddha das Ullambanafest ein, an dem noch intensiver als sonst der Eltern und insbesondere der lebenden und verstorbenen Mütter gedacht wird, denen zu einer guten Wiedergeburt verholfen werden soll.

Ullambana ist ein Fest, das von Buddhisten der Mahayana-Richtung gefeiert wird. In den asiatischen Ländern markiert es auch das Ende der Regenzeit, während der sich viele Mönche für drei Monate zur Meditation zurückziehen. In Deutschland fällt es in die Zeit des Spätsommers oder Frühherbstes. Hier feiern nicht alle Pagoden am selben Tag und auch nicht unbedingt, wie in der Tradition üblich, am Halbmond- oder Vollmondtag. Da es für die Gläubigen nicht

Buddhistisches Ullambana in Frankfurt am Main   © C.E-B

schul- oder arbeitsfrei gibt, wird das Fest meist auf einen Samstag gelegt. Andererseits können auch nicht alle am gleichen Samstag feiern, sonst müssten sich die Mönche und Nonnen aufteilen und könnten nicht von Fest zu Fest ziehen. Dadurch verschiebt sich der Festtermin von Stadt zu Stadt.

Am ersten Samstag im September füllt sich die große Buddhahalle der Frankfurter Pagode Pat Hue (was so viel heißt wie „die Weisheit Buddhas") mit vietnamesischen und deutschen Festbesuchern. Mehr als 500 sollen es an diesem Tag werden. Sie alle lassen ihre Schuhe im Flur stehen, wo sich ein großer Schuhberg bildet, und setzen sich

rechts und links eines 15 Meter langen roten Teppichs auf dem Boden nieder. Dieser rote Teppich führt direkt zu einem sechs Meter breiten Tischaltar, der über und über mit Blumengestecken und Kerzen in goldenen Haltern geschmückt ist, in deren Zentrum eine Buddhastatue thront. Dahinter gibt es eine Art Hochaltar mit bis zu zwei Meter hohen goldenen Buddha- und Boddhisattvafiguren. Darunter ist auch Avalokiteshvara zu sehen, ein Bodhisattva in seiner weiblichen Darstellung, auf vietnamesisch auch Quan Âm genannt. Zwischen den beiden Altären ist ein offener Raum, ein Gebetsbereich, in dem später Mönche und Nonnen sitzen werden, um die

Lehre Buddhas zu rezitieren. Sie sind für die Gäste nicht sichtbar, da der prächtig geschmückte Tischaltar sie verdeckt. Die Neuankömmlinge treten zuerst vor den großen Altar und machen dem Brauch gemäß eine buddhistische Verbeugung, d.h. sie falten die Hände, führen sie über das Haupt oder auf Stirnhöhe, dann weiter abwärts auf Kehlkopfhöhe und schließlich zum Herzen, oft folgt noch die tiefere Verbeugung mit der Berührung des Bodens mit Knien, Händen und Stirn. Erst danach stecken sie die mitgebrachten Räucherstäbchen in die große Schale vor dem Altar. Viele legen auch einen Teller mit Opfergaben für Buddha oder die Verstorbenen auf den Altar. Im Laufe der Zeit häufen sich auf und vor dem Altar bunte, schön arrangierte Obstschalen, neben Pralinen und Tellern mit traditionellen, in Bananenblätter verpackten Speisen. Auch die vielen Kinder wollen Räucherstäbchen opfern, was dazu führt, dass immer wieder jemand vom Festteam nach vorne geht, um die Räucherstäbchen herauszunehmen und zu löschen, sonst würde selbst dieser große Saal zu sehr verräuchert. Die Mönche und Nonnen haben bei ihrer Vorbereitung eben an alles gedacht.

Die Helferinnen und Helfer, die heute eine Aufgabe übernommen haben, sind an ihren grauen Gewändern zu erkennen. Die Laienanhänger demonstrieren damit: „Mögen wir uns auch durch Familie, Besitz und Beruf unterscheiden, hier in der Pagode sind wir alle gleich."

Das graue Gewand wird auch bei der Zeremonie der Zufluchtnahme von jenen getragen, die sich an diesem Festtag zu den ethischen Grundregeln des Buddhismus bekennen wollen. Und ebenso tragen alle dieses Gewand, wenn sie den Mönchen und Nonnen zu Mittag im Speisesaal Geschenke überreichen. Die Gemeindemitglieder haben dafür eine Vielzahl von Geschenken abgegeben, die dann völlig identisch verpackt auf einem Tablett überreicht werden. Diese Geschenke symbolisieren die Bereitschaft der Laien, die buddhistischen Mönche zu unterstützen. Die Gläubigen können so auch Verdienste für ein besseres Leben sammeln.

Um 10.30 Uhr beginnt das Fest offiziell mit der Eröffnungszeremonie. Etwa 20 Mönche und Nonnen in ihren im Mahayana-Buddhismus üblichen orangen, gelben und curryfarbenen Zeremoniengewändern rezitieren im Altarraum Sutren in Pali, einer alten Sprache. Die vielen Besucher knien. Vor sich haben sie ein Minitischchen, auf dem ein Rezitationsbuch liegt. Laut lesen sie die Texte mit, an manchen Stellen stehen sie auf und machen eine buddhistische Verbeugung, wobei sie mit Kopf, Knien und Händen den Boden berühren, um sich dann erneut hinzusetzen und zu rezitieren. Diese langen Rezitationen haben durch ihren Rhythmus und die Tonsprache Vietnamesisch etwas sehr Meditatives, das durch das Schlagen einer riesigen Glocke noch verstärkt wird.

Nach der Eröffnungszeremonie und dem Gebet für Weltfrieden folgt die Opfergabe für Buddha und die Verstorbenen. Schnell bilden sich lange Schlangen vor einem Seitenaltar, an dessen Holzaufsatz Fotos von Verstorbenen zu sehen sind. Es ist der Toten- oder

Buddhistisches Ullambana in Frankfurt am Main

Ahnenaltar. Auch dieser Altar ist voller Blumen und Gabenteller, die jede Familie für ihren Verstorbenen mitbringt. Rechts und links neben dem Altar steht ein Mönch. Zwei modern gestylte Jugendliche sind an der Reihe und geben dem rechten Mönch einen Zettel mit dem Namen ihres Familienmitgliedes. Sie knien, verneigen sich und stellen Essen auf den Altar. Die Mönche bauen den Namen in ihre Rezitation ein. Dann gießen die beiden Jungs noch etwas Tee in eine Tasse auf dem Altar, ebenfalls für den Toten. Durch die Opfergaben an die Verstorbenen möchten die Hinterbliebenen deren Leiden in einer anderen Welt erleichtern. Die „Gebete" all der Männer, Frauen und Kinder, die zum heutigen Ullambanafest gekommen sind, bestehen darin, dass sie ihre positiven Kräfte und Gedanken an die Toten senden, um deren

Leiden zu verringern und ihnen zu einer guten Wiedergeburt zu verhelfen. Im Buddhismus glaubt man, dass es sechs Welten gibt, in denen man wiedergeboren werden kann: in der Hölle, dem Raum der Hungergeister (wie die Mutter Maudgalyayanas), als Tiere, Menschen, als Halbgötter oder Gottheiten.

Zum Höhepunkt des Festes, der Ullambanazeremonie, drängen sich die Gäste immer dichter auf dem Boden. Immer mehr Menschen stellen noch schnell ihre Opfergaben vor den bereits überfüllten Altären ab. Die kleineren Kinder, die schon seit Stunden dabei sind, kuscheln sich an ihre Mütter und einige sind sogar schon auf den Kissen am Boden eingeschlafen. Selbst als die riesige Trommel mit dumpfen, schnellen Schlägen den Beginn der Hauptzeremonie einleitet, wachen sie nicht auf. Mehr als 40 Mönche und Nonnen, Vollordinierte und Novizen, schreiten in Zweierreihen den roten Teppich entlang. Ganz am Anfang geht der jüngste Mönch des Klosters , ein 9-jähriger Junge, dessen Kopf nicht ganz geschoren ist, sondern von einem langen seitlichen Zopf geziert wird. Er besucht neben seiner Mönchsausbildung in der Pagode eine Frankfurter Waldorfschule. Dem Jüngsten, der ein Glöckchen schlägt, folgen alle anderen Mönche und Nonnen, darunter auch der Abt und viele religiöse Würdenträger, die zum Fest angereist sind. Die ehrwürdigsten nehmen auf Stühlen vor dem Tischaltar Platz. Etwa 30 Minuten dauert die Rezitation des Ullambana-Sutra, in der die Geschichte von Buddhas Schüler und seiner Mutter, dem Hungergeist, erzählt wird. Alle Gäste, die ein Rezitationsbuch haben, „singen" mit.

Als nächstes hält ein hoher Mönch die Ullambanarede, die ins Deutsche übersetzt wird. Sie steht unter dem Motto: „Mutterliebe ist so tief wie der Ozean und so weit wie der Himmel." Und sie endet damit, dass wir immer in Verbindung stehen zu unseren Eltern, besonders zu unserer Mutter, auch wenn sie gestorben ist oder wir uns von ihr abgewendet haben, denn sie ist ein Teil von uns; ohne unsere Eltern würden wir nicht existieren.

Unter den Besuchern erhebt sich eine ältere Frau, die ihrer Mutter spontan am Mikro zwei Lieder singt. Die Mönche sind offen für Ungeplantes und trotz der Heiligkeit der Zeremonie lockern sie ihre Reden auch mal mit einem Witz auf. Nach der Songeinlage wird für die deutschen Gäste die nachfolgende Zeremonie erklärt. Und schon kommen Kinder mit Körben voller Stoffrosen herein. Wessen Eltern noch leben, der steckt sich eine rote Rose an, wenn nur ein Elternteil noch lebt, eine rosa

Ullambana in Frankfurt am Main

Rose oder eine weiße, wenn beide Eltern tot sind. Die Kinder gehen durch die Reihen und jeder nimmt sich eine Rose und schickt positive Gedanken und Kräfte an die Mutter oder Eltern.

In seiner Ansprache erklärt einer der hohen Mönche anschließend, dass es schon vor dem Buddhismus im heutigen Vietnam einen Ahnenkult gab, in dem die Vorfahren verehrt wurden. Er ruft alle Anwesenden dazu auf, die alt gewordenen Eltern auch zu pflegen.

Am späten Nachmittag, wenn der religiöse Teil des Festes vorüber ist, holen viele ihre Opfergaben, um sie zu essen. Für das Kloster und die Mönche wären es einfach zu viele. Nun füllt sich der Vorplatz, auf dem Mönche, Nonnen und Laien leckere vietnamesische Spezialitäten verkaufen. Auffallend sind die vielen gestylten Jugendlichen, die dieses Fest nutzen, um neue Kontakte zu knüpfen und sich zu zeigen. Alle freuen sich auf das Abendprogramm im Zelt, das mit einem Drachentanz eröffnet wird. Ein großer Stand mit den neuesten vietnamesischen CDs stimmt schon mal auf die Sängerinnen und Sänger der Abendveranstaltung ein.

Wenn der Fluss voller Krabben ist: Ngondo in Kamerun

Als die Portugiesen 1472 das heutige Land Kamerun für sich entdeckten, fuhren sie zuerst den Wouri-Fluss hinauf. Im Fluss gab es zu dieser Zeit so viele Krabben, dass die Portugiesen ihn Rio de Camarões (Krabbenfluss) nannten. Im Laufe der Zeit wandelte sich die Bezeichnung und es entstand daraus der Landesname Kamerun.

Während der alljährlichen Regenzeit, die im Juli ihren Höhepunkt hat, steigt die Anzahl der Krabben beträchtlich. Das Volk der Douala mit seinen Clans feiert in dieser Zeit, vom 30. Juli bis zum 2. August, das Fest Ngondo.

Es ist ein guter Zeitpunkt, um die Geister des Elementes Wasser anzurufen, die sich zu diesem Anlass in einer Krabbe vereinen.

Früher war Ngondo ein geheimes Fest. Priester, Weissager, Heiler und Clanchefs führten im Verborgenen Rituale durch. Einige davon finden noch heute statt und sind niemandem, außer den dafür Initiierten (das sind durch spezielle Zeremonien Eingeweihte), bekannt.

In der Stadt Douala standen drei große Clans des gleichnamigen Volkes in Feindschaft zueinander. Die Clanchefs aller Clans entschlossen sich daraufhin im Rahmen des Festes, ein Forum zu gründen, in dem die Konflikte und Probleme gemeinsam debattiert und gelöst werden konnten. Ein wichtiges Ziel war es auch, einen gemeinsamen Weg zu gehen, um gegenüber den Kolonialherren (zu dieser Zeit waren das die Deutschen) einstimmig sprechen zu können. Vor etwa hundert Jahren wurde Ngondo auch zu

Das Fest Ngondo in Kamerun   © Edimo Mongory

einem öffentlichen Fest, wobei die geheimen Rituale immer noch vor der Öffentlichkeit verborgen stattfinden. Ngondo ist auch heute noch ein religiöses und politisches Fest zugleich.

Jedes Jahr übernimmt ein Mann aus einem anderen Clan der Douala die Leitung des Festes. Er wurde für diese Aufgabe über Jahre hinweg vorbereitet (initiiert). Am frühen Morgen des 30. Juli versammeln sich Tausende von Menschen am Ufer des Wouri-Flusses in Douala. Der Sango'a Ngondo, so wird der Leiter der Zeremonie genannt, fährt zusammen mit einigen Clanchefs und zwei

Ruderern mit einem Boot in die Mitte des Flusses. Er trägt ein schwarzes Hüfttuch, viele Armreife und einen Korb in der Hand. Vom Boot aus springt er ins Wasser und taucht, um mit den Kräften des Wassers, die sich in einer Krabbe manifestiert haben, Kontakt aufzunehmen. Manche Festteilnehmer erzählen, dass er zwanzig bis dreißig Minuten unter Wasser bleibe, je nachdem, wie lange er brauche, um den Kontakt herzustellen. Anschließend, so berichten sie, komme er ganz trocken wieder ins Boot zurück. In der Hand hält er den Korb, gefüllt mit Sand, Wasser, Wasserpflanzen und einer großen heiligen Krabbe.

All das, vor allem aber die Krabbe, dient ihm als Orakel. Der Taucher steht nun im Boot, wirft Wasser in alle vier Himmelsrichtungen und verkündet, was ihm die Kräfte des Wassers für die Öffentlichkeit mitgeteilt haben und was er aus dem Orakel – der Bewegung der Krabbe und der Lage der Wasserpflanzen und Steine – erkennen kann. Die Leute am Ufer lauschen seinen Vorhersagen über das Wetter, über Wohlstand und den Umgang miteinander. Besonders interessiert sind sie daran, etwas über Rituale zu hören, die der Vermeidung von Katastrophen und Konflikten dienen. Die Rede kann auch sehr politisch sein, so dass die Regierung Ngondo 1991 vorbeugend sogar verbot.

Nach der öffentlichen Verkündigung trifft sich der Sango'a Ngondo mit zehn bis zwanzig Clanchefs am Strand und übermittelt ihnen Botschaften, die nur für sie bestimmt sind. Gemeinsam versuchen sie, Konflikte zu bereinigen und eine politische Übereinstimmung herzustellen.

Nach der Besprechung mit den Clanchefs trägt der diesjährige Sango'a Ngondo den Korb mit der Krabbe zur Siedlung des Clans der Douala, der nächstes Jahr die Leitung übernehmen wird. Hinter ihm folgen der Leiter von Ngondo des kommenden Jahres, dann die Clanchefs und Priester. Sie alle halten Zeremonienstäbe in den Händen, die aus Holz geschnitzt und voller Symbole sind; manche sind hundert Jahre alt, niemand sonst darf sie berühren. Die Würdenträger werden begleitet von einem Zug fröhlicher, buntgekleideter Menschen.

Die Musiker spielen temperamentvolle Rhythmen mit den typischen Musikinstrumenten dieser Gegend, dem Ballaphon (einer Art Xylophon aus Holz mit Kürbishälften als Klangkörper), dem Tam-Tam und anderen Trommeln, die die Umstehenden zum Tanzen einladen. Mit der Schlitztrommel „sprechen" die Trommler sogar miteinander in einer Trommelsprache, die allerdings nur ein Teil der Einheimischen versteht.

Im Prozessionszug ist jeder Clan der Douala mit einer Frauentanzgruppe vertreten. Die Frauen haben sich mit Ohrringen und Ketten geschmückt und sind jeweils mit den gleichen bunten Stoffen gekleidet, die sie auch als Kopfschmuck tragen. Am Ziel der Prozession führen Kindergruppen Spiele vor und ein Kampfwettbewerb, der von jubelnden Zurufen begleitet wird, findet statt. Zu diesen Kämpfen schickt jeder Clan einen Vertreter. Die Kämpfer messen ihre Kräfte in einer Art „Ringkampf". Wer zuerst fällt, hat verloren. Das Ansehen des Siegers ist hoch und sein Clan wertet den Sieg als gutes Zeichen für das kommende Jahr.

An diesem Tag und auch an den folgenden tanzen die Leute bis in die Nacht hinein. Es sind Maskentänzer mit großen Holzmasken zu sehen, Tänzer mit bemalten Körpern oder prächtigen Federkleidern. Überall bewegen sich die Menschen im Rhythmus der Musik. Man kann während des Festes auch spezielle Gerichte kaufen: in Blätter gehüllten Maniok mit Erdnusssoße, Yams in Tomatensoße mit Gemüse, Fisch und Krabben, die es zu dieser Zeit in Hülle und Fülle gibt.

Das ghanaische Odwira-Fest, eine Präsentation der Königinnen und Könige

Das Odwira-Fest ist eines der wichtigsten Feste der Akan, der größten Volksgruppe Ghanas. Dieses Fest wird nach dem traditionellen Kalender errechnet und findet meist in der zweiten Septemberhälfte, in manchen Jahren auch Anfang Oktober, statt. Es dauert fünf Tage. Besonders großartig ist es in Akropom, der traditionellen Hauptstadt der Region Akuapem.

Den offiziellen Höhepunkt des Odwira-Festes bildet der fünfte Tag. Schon in der Nacht zuvor erklingen große Gongs und kündigen ein Ausgehverbot an. Draußen findet unter Ausschluss der Öffentlichkeit eine Prozession statt, an der nur durch Geburt oder Amt ausgewählte Personen teilnehmen dürfen.

Sie tragen die Heiligen Stühle aus dem Stuhlhaus zu ihrer alljährlichen zeremoniellen Reinigung. Die Heiligen Stühle, auf denen nur bei besonderen Riten jemand sitzt, werden als Schreine betrachtet, als Orte, an denen sich die Seelen oder Geister der Vorfahren aufhalten und angesprochen werden können. Die Menschen fordern die Ahnengeister auf, sich niederzulassen und zum Vorteil ihrer Nachfahren in das Leben einzugreifen.

Während dieser Zeremonie herrscht Totenstille, die nur durch Trommelschläge, Lieder und Pfeiftöne unterbrochen wird. Das Ende der Zeremonie gibt eine abgefeuerte Muskete bekannt. Dieses Ritual der Reinigung der Heiligen Stühle gab dem Fest seinen Namen: „Odwira", heißt Heiligung oder Weihe.

Im Laufe des Vormittages des fünften Tages kommen alle Könige und Königinnen der großen und kleinen Distrikte der Region Akuapem in die traditionelle Hauptstadt Akropom. Sie haben unterschiedliche Machtbefugnisse und sind gekommen, um sich in einer Parade dem Volk zu zeigen. Sie alle sind Stammesoberhäupter bestimmter Distrikte und unterstehen dem König der gesamten Region Akuapem, dem Okuapehene.

Einer der Könige lässt den Gottheiten und Ahnen Speiseopfer bringen. Mit Geschenken in Form von Schafen, Rum und Geld bittet er sie, die Menschen auch im kommenden Jahr zu behüten.

Ab zwölf Uhr mittags beginnen die Umzüge der einzelnen Königinnen und Könige, ihrer Familien und ihres Gefolges. Die Parade beginnt am Haus des Königs von Akropom, des Okuapehene, führt durch die Straßen der Stadt und endet wieder auf dem Platz vor dem Königshaus. Dort setzen sich die Könige, die geladenen Gäste, die Repräsentanten des Staates sowie die Zuschauer gemäß ihrem Rang und warten, bis alle Majestäten mit ihrem Gefolge angekommen sind. Bei diesen Umzügen sind die Straßen Akropoms voller Menschen. Alle wollen die Königinnen und Könige sehen.

Besonders würdevoll und prächtig ist der Okuapehene, der in einer Sänfte liegt, die von einem doppelten Schirm überdacht wird. Neben ihm sitzt ein kleiner Junge, der einen

Das Odwira-Fest in Ghana   © Ute Zink

großen, goldverzierten Kopfschmuck trägt. Es ist der Okra, die unbefleckte Seele des Königs, ein zukünftiger Anwärter für ein Königsamt.

Die Königinnen und Könige tragen kostbare, bunte Kleider, Kronen, goldene Armbänder und Halsketten sowie ein Schwert. Jede Farbe, jedes Ornament auf ihrer Kleidung oder den Gegenständen, die sie umgeben, ist von Bedeutung.

Während die Majestäten durch die Straßen ziehen, erzählen sie durch Gesten, mit ihren Händen und dem Schwert Geschichten. Diese handeln von den Überlieferungen der Volksgrupppe der Akan, von den Ahnen und Göttern. Über den Kopf jedes Königs werden große, reichverzierte Schirme gehalten. Hinter den Herrschern gehen die Frauen, Männer und Kinder der königlichen Familie, die Sprecher, zu erkennen an ihren vergoldeten Zeremonienstäben, und der restliche Hofstaat. Dazwischen wird das Herrschaftssymbol, der Heilige Stuhl, jedes Königs getragen. Diese Heiligen Stühle sind jedoch nicht identisch mit den Heiligen Stühlen (Ahnenplätze) aus dem Stuhlhaus. Dahinter folgen die Priesterinnen und Priester.

Jedes Königshaus hat seine Trommler, in deren Rhythmus sich die bunten, übergroßen Herrscherschirme auf und ab bewegen. Manchmal hält der Zug und die Trommler spielen ihre Rhythmen, zu denen die Teilnehmer und Zuschauer spontan tanzen.

Wenn alle Königinnen und Könige wieder auf dem Platz vor dem Haus des Okuapehene angekommen sind, beginnt der nächste Teil der Zeremonie. Tanz und Musik werden beendet und einige Priester treten in die Mitte des Platzes, um den Ahnen ein Trankopfer darzubringen. Mit einer Kalebasse gießt einer von ihnen mehrmals Wasser auf die Erde und betet.

Anschließend beginnt eine Reihe offizieller Reden und Danksagungen. Politiker, Ehrengäste und Könige kommen zu Wort. Nur der Okuapehene selbst spricht nicht. Er lässt alles durch seinen Sprecher verkünden.

Auf diesem Fest zeigen die Königinnen und Könige ihre Loyalität besonders gegenüber dem mächtigsten anwesenden König, dem Okuapehene. Dadurch festigen sie die Hierarchie untereinander.

Dazwischen wird das Programm immer wieder von traditionellen Theater- und Musikgruppen sowie Tänzern unterbrochen. Nach Abschluss des offiziellen Teils tanzen die Menschen noch bis tief in die Nacht hinein.

Niman–Kachina, ein Fest der Hopi-Indianer zur Sommersonnenwende

Niman-Kachina ist ein Fest der Hopi-Indianer, die in einem Reservat in Arizona im Südwesten der USA leben. Das Fest beginnt um die Sommersonnenwende und dauert 16 Tage. Auf Deutsch bedeutet „Niman-Kachina" Heimtanz der Kachinas.

Kachinas sind im Glauben der Hopi Geistwesen von Mineralien, Wolken, Planeten, Pflanzen, Tieren und Menschen, die im Einklang mit ihrem Schöpfer lebten. Sie sind Vermittlerinnen und Vermittler zwischen Menschen und Gottheiten und sorgen für Regen, eine reiche Ernte sowie die Fortdauer des Lebens. Es gibt mehrere hundert Kachinas, die sich in Form von maskierten Männern und Frauen zeigen. Jeder Kachina hat seine eigene Maske, Kleidung und Verhaltensweise.

Die Hopi feiern die Niman-Zeremonie zwei Monate vor der eigentlichen Ernte. Sie danken damit für das Erscheinen der Mächte der Keimkraft, der Wärme, der Feuchtigkeit und der magnetischen Kräfte der Luft, ohne die eine gute Ernte unmöglich wäre. Gleichzeitig verabschieden die Hopi mit dieser Zeremonie die Kachinas, die sie seit der Wintersonnenwende begleitet und für die Voraussetzungen zu einer reichlichen Ernte gesorgt haben.

Während Niman-Kachina finden jeden Tag geheime Zeremonien in einem unterirdischen, heiligen Raum, der Kiva, unter dem zentralen Dorfplatz statt. Einige Männer halten Rauchzeremonien ab, beten, singen Lieder, die sie für das Fest gedichtet haben, und reinigen sich von allem Schlechten. Am dreizehnten Tag stellen sie männlich-weibliche Gebetsstäbe, Pahos, her und holen aus einem entfernten Canyon eine weibliche und eine männliche Fichte sowie Fichtenzweige. Ohne die Fichtenzweige kann keine Niman-Zeremonie stattfinden, denn sie gehören zum Kostüm der Kachinas und besitzen nach Meinung der Hopi die Kraft, Wolken und Feuchtigkeit anzuziehen. Die Fichten werden auf dem zentralen Dorfplatz eingepflanzt. An ihren Wurzeln steckt man die Pahos in den

Boden, um Vater Sonne zu begrüßen, wenn er am nächsten Morgen zur öffentlichen Niman-Zeremonie aufgeht und das Dorf segnet.

Bei Sonnenaufgang des fünfzehnten Tages kommen in einer langen Reihe 30 Männer in den Masken des Hemis-Kachina, des typischen Kachinas für diese Zeremonie, dessen Kostüm abstrakte Darstellungen von Regen, Wolken, Samen und Mais zeigt, sowie Kachinmanas (weibliche Kachinas) auf den Dorfplatz. Viele Erwachsene und Kinder haben sich einen guten Platz auf den flachen Dächern gesichert. Manche von ihnen tragen die traditionelle Kleidung und bei eini-

Niman-Kachina, ein Fest der Hopi–Indianer

gen Mädchen kann man die traditionelle Frisur der unverheirateten Frauen (die Haare sind in die Form zweier Achten gelegt) bewundern. Sie alle wollen den feierlichen Heimtanz der Kachinas miterleben.

Die Hemis-Kachina-Tänzer tragen hohe, mehrstufige Masken, die am Ende mit Federn und Ähren geschmückt und mit Phallussymbolen, Regenbögen und Emblemen für Maiskörner bemalt sind. Jede Farbe und jedes Muster hat seine Bedeutung. Um den Hals und am Gürtel tragen die Tänzer Fichtenzweige. Der Oberkörper ist nackt, nur am Oberarm mit einer Armbinde geschmückt. In der rechten Hand halten die Hemis-Kachina eine Kürbisrassel. Die Kachinmanas tragen schwarze Kleider, weiße Lederstiefel und sind in gewebte, weiß-rote Decken gehüllt. Ihre Zöpfe haben sie in Form einer Acht hochgesteckt. Die Kachina-Tänzer bringen Geschenke mit: Mais, Kürbisse, rotes, blaues und weißes Waffelbrot, Pfeile und Bögen, Kachina-Puppen sowie geflochtene Teller, die sie auf dem Platz ablegen.

Zwei Männer stellen sich der Reihe der Tänzer gegenüber. Einer bestäubt sie mit Maismehl und ein anderer, der Kachina-Vater, ermutigt sie. Plötzlich schüttelt ein Kachina-Tänzer seine Rassel und beginnt mit dem Tanz, den die Tänzer mit eigenen Liedern begleiten. Hemis-Kachinas und Kachinmanas umrunden den Platz in entgegengesetzer Richtung. Sie gehen in einer Reihe, heben den rechten Fuß im Rhythmus der Rasseln und stoßen ihn wieder zurück. Dann folgen schnellere Schritte und Kehrtwendungen in alle Himmelsrichtungen. Sie stellen in ihren Tänzen die drei Welten dar, in denen die Hopi bereits lebten und die zerstört wurden. Der Kachina-Vater feuert die Tänzer an, lauter zu singen und noch kraftvoller zu tanzen, damit die vierte, jetzige Welt im Gleichgewicht bleibe und nicht auch zerstört werden müsse. Einzelne Zuschauer treten vor und segnen die Kachinas mit Maismehl, damit diese zur rechten Zeit die völlige Einheit mit dem Schöpfer erleben. Die Kachina-Tänzer schweigen die ganze Zeit, sie sind von dem Geist des Hemis-Kachina, den sie darstellen, erfüllt.

Mit kurzen Unterbrechungen und einer Mittagspause dauert der Tanz bis zum Sonnenuntergang. Am Nachmittag verteilen die Hemis-Kachinas die mitgebrachten Geschenke an die Kinder. Die Kleinen sind sehr ängstlich, da sie noch nicht wissen, dass unter den Masken Menschen verborgen sind.

Kurz vor Sonnenuntergang beginnen die Hemis-Kachina-Tänzer den Lebewohltanz. „Hemis" bedeutet „weit entfernt" und bezieht sich auf die fernen Welten, von denen die Kachinas gekommen sind und wohin sie bald zurückkehren werden. Das Dorf ist zu diesem Anlass mit Menschen überfüllt. Die Kachinmanas knien nieder und machen mit ihren Kürbisschalen Musik. Rasseln und Gesang der Hemis-Kachinas erklingen und der Tanz beginnt mit neuer Kraft. Anschließend verabschiedet sich der Kachina-Vater von den Kachinas:

Es ist nun Zeit für euch, nach Hause zu gehen. Nehmt unsere demütigen Gebete mit euch, die nicht nur für unser Volk und die Menschen überall gelten sollen, sondern auch für das Tierreich, die Vögel und Insekten und für die wachsenden Wesen, die den grünen Teppich unserer Erde bilden. ... Ich bin glücklich, dass ich heute ein wenig für euch sorgen konnte. Macht euch mit dankbarem Herzen und glücklichen Gedanken auf den Weg.

Ein Tänzer schüttelt seine Rassel und zeigt, dass er die Botschaft vernommen hat und sie erfüllen wird. Die Zuschauer kommen nun zu den Kachina-Tänzern und zupfen die Fichtenzweige aus deren Tracht, um sie auf ihren Feldern einzupflanzen. Die Kachina-Tänzer verlassen das Dorf und gehen der untergehenden Sonne entgegen. Außerhalb des Ortes legen sie ihre Masken ab und kehren in Alltagskleidung zurück, während die Geistwesen (Kachinas) zu ihren Winterheimen in eine andere Welt reisen.

Die Sternenprinzessin: Tanabata–Matsuri in Japan

Es war einmal eine Weberprinzessin, Tochter eines himmlischen Königs (Gottes), die bekannt war für ihre wunderschönen Webarbeiten. Als die Prinzessin wieder einmal neue königliche Kleider wob, fiel ihr Blick auf einen vorüberziehenden Kuhhirten. Sie ging zu ihm, beide verliebten sich ineinander und entschlossen sich zu heiraten. Der König hatte nichts dagegen einzuwenden.

Aber bald schon vernachlässigte die Prinzessin das Weben und der Hirte seine Herde. Dies verärgerte den König so sehr, dass er das Paar durch die Milchstraße voneinander trennte. Nur eine Nacht im Jahr sollten sie sich treffen können.

Eine Elster, der die weinende Prinzessin leid tat, versprach ihr, zum gegebenen Zeitpunkt mit anderen Elstern eine Flügelbrücke über die trennende Milchstraße zu bilden.

Ein einziges Mal im Jahr, so erzählt man sich, ist am Himmel zu beobachten, wie Altair (Stern des Kuhhirten) und Vega (Stern der Weberprinzessin) ihre durch die Milchstraße getrennten Plätze verlassen und sich treffen. Wenn dieses Ereignis am Sternenhimmel sichtbar ist, feiern die Japaner Tanabata-Matsuri.

Tanabata-Matsuri heißt übersetzt Verehrung des Webstuhls (Tanabata). Das Fest wird auch Hoshi-Matsuri genannt, was Verehrung der Sterne (Hoshi) bedeutet. Sein Ursprung liegt in China zur Zeit der T'ang Dynastie (618–906). Damals übernahmen es der japanische Kaiserhof und die Adeligen von den Chinesen.

Die Verehrung der beiden Sterne feiern die Menschen in den Städten und Dörfern Japans auf unterschiedliche Weise. Aber überall lassen sich die Familien viel Zeit für das fröhliche Beisammensein, während sie den Festschmuck herstellen.

Vor der Haustür oder im Garten stellen sie Bambuszweige auf. Je nach Tradition, eigener Fertigkeit und Phantasie dekorieren sie

Tanabata-Matsuri in Japan   © Japanisches Fremdenverkehrsbüro Frankfurt

die Zweige mit kunstvoll hergestellten Lampions und Sternen.

Die Bambuszweige und bunten Scherenschnitte kann man manchmal sogar in Deutschland sehen. Auf einem Spielplatz standen die Kinderwagen dreier Familien, dekoriert mit dem typischen Tanabata-Schmuck. Die kleinen Mädchen schaukelten festlich gekleidet im Kimono und zogen alle Blicke auf sich. Sie waren nach dem Basteln zum Weiterfeiern einfach auf den Spielplatz gegangen. Auch im japanischen Kindergarten in Frankfurt steht das Basteln fürs Tanabatafest fest im Jahresprogramm.

Viele Japaner stellen sich vor, dass sich in den dekorierten Bambuszweigen ihre Ahnengeister aufhalten. Einige lassen in den Zweigen einen aus Papier ausgeschnittenen

Kimono als Geschenk für die Prinzessin im Wind wehen. Manchmal hängen sie auch fünf verschiedenfarbige Fäden oder bunte Papierstreifen für den Kuhhirten an den Bambuszweig. Diejenigen, die die Papierstreifen als Dekorationsschmuck für die Bambuszweige herstellen, schreiben meist auf eine Seite ein romantisches Gedicht. Sie hoffen darauf, dass ihre Wünsche in Erfüllung gehen. Selbst in den Schulen bemühen sich die Kinder an diesen Tagen, in Schönschrift auf Papierstreifen zu schreiben. Sie wollen dadurch ihre Fähigkeiten verbessern.

Neben den geschmückten Bambuszweigen bietet man den Sterngottheiten auch andere Geschenke an. Auf kleine Schreine legt, wer will, Pfirsiche, Süßigkeiten und Kuchen

211

als Gabe für die Weberprinzessin und den Kuhhirten nieder.

Am Ende des Festes bringen die Familien die geschmückten Bambuszweige zu einem nahegelegenen Gewässer. Sie legen sie aufs Wasser und lassen sie davontreiben. Der Weg für eine positive Zukunft ist frei, denn mit dem Festschmuck wird das Unglück weggeschwemmt.

Besonders bekannt für Tanabata-Matsuri ist Sendai, eine Stadt im nördlichen Japan. Vor jedem Haus stehen dort die prachtvoll geschmückten Bambuszweige. Die Hauptstraßen sind über und über behängt mit pompösen Girlanden und anderen Straßendekorationen.

Aus der ganzen Umgebung kommen die Menschen hierher, um sich diese Pracht anzuschauen.

Auch Tokio ist an diesem Tag ein Anziehungspunkt. Allerdings wird dort auf eine neuzeitliche Art gefeiert. Es findet eine Miss-Tokio-Parade mit Musik- und Ballettgruppen statt.

Tanabata-Matsuri in Frankfurt am Main   © Ferhat Bouda

212

Radralley der italienischen Eiskonditoren in Deutschland, Frankfurt am Main   © Avinash Pandey

Radralley der italienischen Eisverkäufer Deutschlands

Seit vielen Jahren treffen sich Anfang Oktober die Gelatieri, so heißen die Eisverkäufer auf Italienisch, in Frankfurt am Main, zum Start der Internationalen Deutsch-Italienischen Radmeisterschaft für Eiskonditoren. Auf dem Römerberg vor dem historischen Rathaus haben sich etwa 50 Teilnehmer und eine Teilnehmerin, begleitet von ihren Familien und Freunden, versammelt. Sie sind ausgerüstet mit Fahrradtrikots, Helmen, Radrennschuhen und allem, was zum Radrennsport gehört. Die radelnden Gelatieri fahren nicht nur Rennräder aus Stahl, sondern auch Aluräder und High-Tech-Räder aus Kohlefaser.

Sie sind hierhergekommen, um gemeinsam die 1100 km lange Strecke nach Conegliano zu radeln. Conegliano liegt in der norditalienischen Region Veneto, in den Dolomiten. 80% der etwa 3200 italienischen Eiskonditoren in Deutschland kommen aus dieser Gegend.

Die meisten der Gelatieri schließen Anfang Oktober ihre Eisdielen und fahren in

213

ihre Herkunftsdörfer, wo sie bis März bleiben. Zwei Eiskonditoren aus Hanau und Schwanheim hatten vor einigen Jahren die Idee, die alljährliche Fahrt in die Dolomiten gemeinsam mit dem Rad zu unternehmen und daraus noch ein kleines Spektakel zu machen. Die Idee fand Anklang und wurde unterstützt vom italienischen Radfahrerverband, dem Bund Deutscher Radfahrer, der Region Veneto, einem italienischen Geldinstitut und UNITEIS, dem Verband der italienischen Eishersteller in Deutschland.

Viele Passanten bleiben auf dem Frankfurter Römerberg stehen und bestaunen die Rennräder und Fahrer, die in neun Tagesetappen mit Streckenlängen zwischen 90 und 172 Kilometern nach Conegliano fahren wollen. Ziel der Tagesetappen ist jeweils eine italienische Eisdiele vor Ort. Um fit für die Fahrt zu sein, mussten viele das Jahr über – trotz der langen Arbeitszeiten – wenigstens ein bisschen trainieren. Den Eisdielenbesitzern aus Bruchsal, Stuttgart, Bad Tölz, Neumünster, Arnsberg, Bad Rothenfelde, Hanau, Bremen – und woher sie sonst noch alle kommen – geht es nicht so sehr darum, den Pokal in Conegliano zu gewinnen, sie wollen gemeinsam mit viel Spaß und einigen Strapazen am Ziel ankommen. Es gibt keine Altersbegrenzung; der Jüngste, Gionbeppe Fanella, ist 17 und der Älteste, Giovanni Colle, 62. Letzterer fährt schon zum zweiten Mal mit. Der „beste Athlet", so versichern mir die Gelatieri, sei Herr da Rios, ein Eisdielenbesitzer aus Wiesbaden. Er ist im letzten Jahr immer als Erster auf den Pässen oben angekommen. Den Zielort Conegliano erreichten alle Teilnehmer, wenn auch mehr oder weniger erschöpft.

Kurz vor dem Startzeichen bekommt die einzige Eisverkäuferin noch weibliche Unterstützung durch fünf Mädchen aus der deutschen Radsport-Jugendmannschaft. Obwohl sie nur die erste Etappe bis zur Eisdiele nach Marktheidenfeld mitfahren, werden sie mit einem besonderen Applaus begrüßt.

Alle Radlerinnen und Radler stellen sich zu dem obligaten Gruppenfoto auf. Die Ehrengäste, Vertreter der Sponsoren, der Vizepräsident des italienischen Radsportvereins, der Präsident des hessischen Radfahrerbundes, der italienische Konsul und der Präsident von UNITEIS gesellen sich dazu.

Nun kommt Spannung auf, denn alle machen sich fertig, warten auf den Startschuss – und los geht's. Begleitet von Bus und Mannschaftswagen mit Arzt, Masseur, Mechaniker und Pressereferenten (ganz wie bei den Profis) werden die radelnden Gelatieri neun Tage lang unterwegs sein, bis sie in Conegliano an der Alpenjägertreppe pünktlich zum Abschluss des dortigen Herbstfestes von einer Musikkapelle, vielen Freunden und Verwandten begrüßt werden. Auf den letzten 20 Kilometern gibt es ein Zeitrennen, um einen Sieger zu ermitteln. Aber der Applaus der Menschen am Straßenrand, wenn die Radler durch ihre Herkunftsdörfer fahren, ist ihnen viel mehr wert.

Trotzdem sind die italienischen Eisverkäufer auch flexibel und nutzen in manchen Jahren eher das Flugzeug als das Fahrrad.

„Kleine Eisgeschichte"

Einen Sommer ohne die italienischen Eiscafés können wir uns kaum mehr vorstellen. Das köstlich-kühle Speiseeis mit seiner Geschmacksvielfalt will niemand mehr missen. Wie und wann aber kamen die italienischen Eisverkäufer nach Deutschland, und was machen sie im Winter, wenn ihre Eiscafés geschlossen sind? Und seit wann gibt es eigentlich Speiseeis?

Gefrorenes, wie Speiseeis bis zum Anfang dieses Jahrhunderts genannt wurde, war bereits im Altertum bekannt. Hippokrates (um 460–370 v. Chr.) empfahl seinen Patienten Gefrorenes, da es die Säfte belebe und das Wohlbefinden hebe. Alexander der Große (356–323 v. Chr.) ließ für seine Offiziere Schnee mit Wein, Milch oder mit Fruchtsaft und Honig bereithalten. Der römische Kaiser Nero (37–68 n. Chr.) verzehrte Schnee mit Rosenwasser, Honig, Früchten und Baumharz. Der Kalif Al Mahdi ließ um 780 n. Chr. ganze Kamelladungen Schnee vom Libanon nach Mekka bringen.

In der Neuzeit taucht Gefrorenes zuerst in Italien auf. Es ist unklar, ob es durch die Araber nach Sizilien oder aus dem Orient nach Venedig gelangte, dem Umschlagplatz für Waren aus aller Welt.

In der zweiten Hälfte des 19. Jahrhunderts kamen die ersten Eiskonditoren aus den Dolomiten (Cadore-Tal und Zoldo-Tal) nach Deutschland. Sie waren Saisonarbeiter, die aufgrund der schlechten Wirtschaftslage in ihren Dörfern neue Verdienstmöglichkeiten finden mussten.

In Darmstadt, Hannover, Köln und verschiedenen Kurbädern gehörten die „Eismänner" Ende des 19. Jahrhunderts mit ihren typischen Handkarren, in denen sie das Speiseeis aufbewahrten, zur Sommersaison und bereicherten die deutsche Esskultur. Die wahrscheinlich älteste von einem Italiener betriebene Eisdiele in Deutschland ist das „Zandonella" in Landau (1895 bis heute).

Bei Familie Bortolot, die schon seit zwei Generationen eine Eisdiele in Cochem betreibt, arbeitete bereits der Urgroßvater als „Zuckerbäcker" in Wien; ein Onkel ist Eiskonditor in Argentinien und ein anderer in den Niederlanden.

1890 erfand der in die USA emigrierte Italiener Italo Marchioni die Hörnchenwaffel. Diese Erfindung war seinen Landsleuten in Longarone ein Denkmal wert. Nach und nach wurden verbesserte Gefrier- und Eismaschinen erfunden. 1923 ließ sich ein US-Amerikaner seine Idee „Eis am Stiel" patentieren, ein

Eis: immer ein Genuss   © Markus Wiegner

215

Jahr später war es schon in Deutschland zu kaufen. Seit 1930 wird Speiseeis in Deutschland industriell hergestellt.

Vieles hat sich durch die moderne Technik in der Eisherstellung verändert. Nichts geändert hat sich aber an der Tradition der Gelatieri, dieses köstliche Produkt täglich frisch herzustellen und das eigene Rezept geheimzuhalten. Die Unterschiede können wir schmecken, und so hat jeder von uns seine Lieblingseisdiele.

Gleich geblieben ist auch die Tatsache, dass die Gelatieri im Winter in ihre Herkunftsdörfer zurückkehren. Während der Winterzeit erholen sich die meisten Gelatieri von den anstrengenden Sommermonaten, an denen sie oft keinen einzigen Tag frei hatten und 14 bis 16 Stunden täglich arbeiteten. Einige verdienen sich etwas Geld als Skilehrer. Andere machen in den Dolomiten, in Longarone, in Zusammenarbeit mit der Handwerkskammer Rhein-Main zwei Winter lang eine Fortbildung zum geprüften Speiseeishersteller und besuchen im gleichen Ort die größte Eismesse Europas, zu der auch deutsche Konditoren kommen.

Loi Krathong, ein thailändisches Fest zu Ehren der Mutter des Wassers

In die Zeit zwischen dem Reispflanzen und der Ernteperiode fällt das thailändische Fest Loi Krathong. In den Städten und auf dem Land feiern die Thailänder dieses Fest in der Vollmondnacht des zwölften Mondmonats, der meist in den November fällt. Die Regenzeit neigt sich ihrem Ende zu; noch sind große Teile des Landes mit Wasser überschwemmt. Loi Krathong ist ein Fest zu Ehren von Menam, der Mutter des Wassers, die nach Meinung einiger das Wasser selbst ist oder im Wasser lebt, aber niemals zu sehen ist.

Schon am Morgen beginnen Erwachsene und Kinder mit den Vorbereitungen für das Fest. In der Schule oder zuhause basteln sie Krathongs. Das sind kleine Boote aus Bananenblättern, Holz, Plastik oder buntem Papier. Ursprünglich hatten die Boote die Form einer Lotosblüte, heute sind der Phantasie keine Grenzen gesetzt.

Die Bürger eines jeden Stadtteils bauen einen besonders großen Krathong; schon Tage zuvor wurde dafür Geld gesammelt. Der Krathong ist ihr Beitrag zu dem großen Umzug am späten Nachmittag. Kunstvoll fertigen sie riesige, bunte Blüten, Paläste und manchmal sogar einen Affenkopf aus Papier, in denen die ausgewählte Stadtteilkönigin thronen wird. Diese Krathongs haben einen Durchmesser von zwei Metern und werden zusammen mit der Königin auf einem Lastkraftwagen transportiert.

Jeder Stadtteil bestreitet einen eigenen Abschnitt des Umzugs, der durch die Straßen der Stadt zieht und an einem Gewässer en-

Loi Krathong, das thailändische Fest der Wassergöttin   © John Everingham

det. Angeführt werden die einzelnen Gruppen von jungen Mädchen, die ein Schild mit einer Nummer tragen. Dahinter folgt jeweils ein LKW mit dem kunstvoll gefertigten Krathong und der Stadtteilkönigin. Während des Umzugs wählt ein Komitee die Schönste unter ihnen zur diesjährigen Loi-Krathong-Königin. Auf den Lastkraftwagen stehen auch große Lautsprecheranlagen, aus denen dröhnend laut traditionelle Lieder sowie das Loi-Krathong-Lied ertönen. Wenn die Anlage schweigt, spielen die Musikgruppen Lieder auf thailändischen Instrumenten, wie der Flöte (Kaen), der großen, umgehängten Bongo-Trommel (Gon Jao) und anderen Instrumenten.

Hinter den Musikern folgen die personenstarken Tanzgruppen, deren Mitglieder sich der Größe nach aufgestellt haben. Zuerst kommen die Kinder, dann die Erwachsenen. Sie tragen alle die gleiche prächtige, bunt glitzernde Kleidung. Besonders grazil sehen die Mädchen und Frauen in ihren schmalen Wickelröcken aus. Im Laufe des Zuges tanzt jede Gruppe einen für ihre Region typischen Tanz. Im Nordosten Thailands, in der Stadt Buriram, tanzen sie, begleitet von den Musikern, den Issantanz. Speziell für diesen Tanz tragen alle Tänzerinnen quer über die Schulter gehängt ein kleines Täschchen mit Reis. Beim Issantanz zeigen sie, wie Reis gepflanzt wird, wie er wächst, geerntet wird und wie die Leute die schweren Reissäcke schleppen. Die Zuschauer am Straßenrand klatschen begeistert Beifall, denn sie können die Bedeutung der getanzten Figuren und Handbewegungen sofort verstehen. Jeder Stadtteil möchte im Umzug natürlich den schönsten und künstlerisch besten Beitrag leisten.

Wenn der Zug dann an seinem Ziel, dem größten Gewässer der Stadt, angekommen ist, setzen die einzelnen Gruppen ihren großen Krathong mit der Königin aufs Wasser. Nun können die Preisrichter den schönsten Krathong wählen. Die Festteilnehmer sowie die Zuschauer, die bisher die Straßen säumten, bringen jetzt ihre eigenen kleinen Krathongs ans Ufer. In die meist tellergroßen korb- oder blütenähnlichen Boote haben sie ein glimmendes Räucherstäbchen, eine brennende Kerze, eine Lotosblüte und eine kleine Münze gelegt. Im Schein des Vollmondes setzen sie ihre Krathongs aufs Wasser und nennen der Wassergöttin Menam dabei leise ihre Sünden des vergangenen Jahres, ihre Krankheiten und Probleme. Diese sollen mit dem Krathong davontreiben. Anschließend vertrauen sie der Göttin ihre Zukunftswünsche an. Verliebte setzen ihre Krathongs gleichzeitig aufs Wasser. Bleiben sie zusammen und treiben gemeinsam weg, verheißt das eine lange, gute Beziehung. Kippt ein Krathong oder fängt er gar an zu brennen, ist das kein gutes Zeichen.

Der Fluss ist in wenigen Minuten von bunten, leuchtenden Krathongs zu Ehren der Wassergöttin bedeckt. In jedem dieser Krathongs liegt eine kleine Münze, die die Kinder oder die Ärmeren gerne haben möchten. Es wird toleriert, wenn sie ins Wasser steigen und die Münzen einsammeln; allerdings erst, wenn der Absender es nicht mehr sehen kann.

Die Menschen bitten mit diesen Geschenken, den Krathongs, die Göttin des Wassers um Vergebung für den Gebrauch und die Verschmutzung ihrer kostbaren Gabe, ohne die kein Leben, kein Anbau möglich wäre. Menam kühlt die Menschen und reinigt sie äußerlich wie auch innerlich.

Auch in Frankfurt wird dieses Jahr Loi-Krathong gefeiert. Da es den Teilnehmern am Mainufer zu dieser Jahreszeit zu kalt ist, feiern sie es als großes Familienfest mit asiatischen Köstlichkeiten, Volkstänzen und einer Modenschau in einem Gemeindesaal.

A penny for the guy: Guy Fawkes Night in Großbritannien

Für die Kinder in Großbritannien ist schon der Vorabend von Guy Fawkes Day, also der 4. November, sehr aufregend. Auf Englisch heißt diese Nacht „Mischief Night", Nacht des Unheils oder Nacht des Schadens. Die Kinder und Jugendlichen in ganz Großbritannien wissen, dass in dieser „gesetzlosen Nacht" ihre Streiche und Späße unbestraft bleiben – vorausgesetzt, sie übertreiben es nicht. Ähnlich wie zu Halloween oder am Rosenmontag (Shrove Monday) können sie alle Streiche auf die unheilsamen Geister schieben, die man in früheren Zeiten tatsächlich dafür verantwortlich machte.

Mein aus Yorkshire stammender Gesprächspartner erzählt mir, was er als Kind mit Vorliebe angestelllt hat:

Meistens waren wir eine kleine Gruppe von Kindern, die abends, wenn es schon dunkel war, an den Häusern klingelte und wegrannte. Etwas verwegener, aber auch unfreundlicher war es, wenn wir kleine Feuerwerkskörper durch die Briefkastenschlitze in der Haustür steckten, die dann im Flur explodierten. Manche von uns banden den Deckel der Mülltonne an einer Haustürklinke fest. Wenn dann die Bewohner die Tür öffneten, fiel ihnen der Inhalt der Mülltonne entgegen. Bei solchen Untaten konnten wir allerdings nicht sicher sein, ohne Bestrafung davonzukommen. Dafür waren sie aufregender – für beide Seiten.

Heutzutage hängen die Jugendlichen auch Gartentüren aus und verstecken sie oder bestreichen Fensterscheiben mit weißer Farbe. Wenn sie nicht in Vandalismus ausarten, tolerieren die Nachbarn die Späße; schließlich ist „Mischief Night".

An Guy Fawkes Day, aber auch schon in der Woche davor, basteln viele Kinder und Jugendliche eine große Puppe, den „Guy", aus Stroh oder Stoffresten. Sie ziehen mit ihm in einer Schubkarre durch den Stadtteil. Sie sprechen die Passanten an und bitten sie um Geld, indem sie sagen „A penny for the guy" (einen Cent für den Kerl, den Guy). Oder sie zitieren den bekannten Reim, der auf das historische Ereignis mit Guy Fawkes verweist:

Remember, remember the fifth of November/Gunpowder treason and plot/I see no reason why gunpowder treason/Should ever be forgot.

Sinngemäß heißt das im Deutschen, dass man sich an den Verrat, die Verschwörung und das Dynamit vom fünften November erinnern soll und dass es keinen Grund gibt, dieses Ereignis zu vergessen.

Am 5. November 1605 versuchte ein Mann namens Guy Fawkes, das Parlamentsgebäude mit allen Abgeordneten und König James I. mit Hilfe von 36 Fässern Dynamit in die Luft zu sprengen. Aber er wurde entdeckt und in den Kerker geworfen. Einige Monate später verbrannte man ihn auf dem Scheiterhaufen. Die einen sagen, dass Guy Fawkes durch den Anschlag den Weg für einen katholischen Umsturzversuch freimachen wollte, denn das Parlament setzte sich aus protestantischen

Landlords (Großgrundbesitzern) zusammen. Andere meinen, das alles sei vom Staat inszeniert worden, um das Volk gegen die Katholiken aufzubringen.

Aber diese Geschichte, die sich im frühen 17. Jahrhundert ereignete, kennen heutzutage die wenigsten Kinder. Sie spielt keine große Rolle mehr. So ziehen auch katholische Kinder mit ihrer Guy-Puppe durch die Straßen und sammeln Geld für Feuerwerkskörper und Süßigkeiten. Die Feuerwerkskörper entzünden sie dann am Abend des 5. November an den großen Feuern (Bonfire) im Freien.

In den letzten 20 Jahren organisieren immer mehr Vereine, Kirchen oder Städte das Feuerwerk und die mehrere Meter hohen Feuerholzhaufen. Früher wurden die Bonfires von Familien im Garten oder von Anwohnern einer Straße auf Bauplätzen veranstaltet. Das war gefährlicher, förderte aber das Gemeinschaftsgefühl. Freunde und Verwandte luden sich ein, und gemeinsam mussten sie das viele Holz besorgen. Die Kinder machten einen Sport daraus, sich gegenseitig von den Bonfires Holz zu stehlen, falls diese nicht gut genug bewacht wurden. Die Polizei drückt noch heute bei den Veranstaltungen beide Augen zu, und die Feuerwehren sind immer einsatzbereit.

Wenn das Holz hoch genug aufgestapelt ist, wird es angezündet. Nachbarn, Bekannte, Familien mit kleinen und großen Kindern stehen um das Feuer und lassen sich von den hohen Flammen faszinieren. Nur einmal im Jahr sind so große Feuer erlaubt. In der Nähe eines solchen Feuers muss niemand frieren, und so können die Versammelten in Ruhe ein kleines Novemberpicknick machen. Sie grillen Würstchen und legen Kartoffeln ins Feuer. Für die Erwachsenen gibt es Glühwein, und nicht nur die Kinder verzehren mit Genuss die selbstgemachten Treacle Toffees, dunkelbraune Karamelbonbons, und den süßen Bonfire Parkin, einen Haferkuchen mit Ingwer. Im Laufe des Abends enden die vielen selbstgebastelten Guy-Puppen auf dem Scheiterhaufen, und die Kinder dürfen unter Aufsicht ihre Feuerwerkskörper knallen lassen. Vor manchen Bonfires finden richtige

Guy Fawkes Night in Großbritannien

© Britische Zentrale für Fremdenverkehr, Frankfurt

Partys statt, die erst kurz vor Mitternacht enden. Diese lange, vom Schein der Flammen erhellte Nacht ist ein beeindruckendes Erlebnis für Kinder und Erwachsene.

Mancherorts gibt es zur Guy Fawkes Night auch regionale Besonderheiten. Eine der größten Bonfire Night Partys findet in Lewes, Sussex statt. Und in Ottery St. Mary, Devon, tragen die Männer schwere, mit Pech bestrichene, brennende Fässer auf den Schultern. Sie laufen so lange damit die Straßen entlang, bis es ihnen auf der Schulter zu heiß wird, dann geben sie das brennende Fass an den Nächsten weiter.

Tod der Erde, ein Fest der Masiren (Berber) in Marokko

Der 17. Mai gilt bei manchen Masirengruppen in Marokko als erster Sommertag. Er trägt den Namen „Tod der Erde", denn jetzt beginnt die Erntezeit, die den Tod für die Früchte des Feldes bedeutet.

Die Erde ließ ihre Früchte wachsen. Nun werden sie ihr genommen; sie werden geerntet als Nahrung für die Menschen.

Mit den Feldfrüchten stirbt auch ein Teil der Erde selbst. Deshalb heißt der heutige Festtag in Vorausschau auf die kommende Ernte „Tod der Erde".

Während der Ernte lassen die Bauern einen kleinen Teil jedes Feldes ungeerntet stehen. Dieses Stück heißt „Braut des Feldes" oder „Rand des Feldes". Hier weiden die Tiere die Ähren ab, oder die Frauen pflücken sie mit der Hand. Das Pflücken mit der Hand ist für das Getreide eine sanftere Ernte als mit der Sichel.

Der Besitzer will seine Schuld am Tod des Getreides vermindern, indem er anderen die Ernte auf dem Reststück überlässt.

In dem „Rand des Feldes" konzentriert sich in der Vorstellung der Masiren die Fruchtbarkeit des ganzen Feldes, die sich über die Erde auf das Getreide des nächsten Jahres übertragen soll.

Die Masiren machen sich ihre Mitschuld am Tod des Getreides heute besonders bewusst und sie ergreifen vielerlei Maßnahmen, um sich gegen dadurch entstehende negative Einflüsse zu schützen. Am heutigen Tag gilt es, die eigenen positiven Kräfte zu stärken.

So beginnt zum Beispiel der Tag bei den Tsul, einer Masirengruppe in Nord-Marokko, mit einem Bad, das sie gleich bei Tagesanbruch nehmen. Solch ein Bad in klarem Wasser kräftigt Körper und Seele.

Außerdem bereiten die Masiren ein spezielles Getränk aus Gerste zu, dem sie eine besondere Segenskraft zuschreiben.

Die Frauen pflücken die Gerste und stellen sie für längere Zeit in einem Topf aufs Feuer. Dann lässt man das Ganze in der Sonne trocknen. Anschließend wird die Gerste in einer irdenen Pfanne geröstet, zerstoßen und zum Schluss mit frischer Milch oder Buttermilch und der Wurzel einer Pflanze (Buzeffur) vermischt.

Die Familien treffen sich und trinken gemeinsam das Gerstengetränk. Dabei tragen sie ihre Festgewänder, die nur für besondere Gelegenheiten bestimmt sind. Bei den Frauen aus Andjra besagt ein Sprichwort, dass die Zuneigung des Ehemanns heute leicht verloren gehen kann. So machen sie sich am 17. Mai besonders schön zurecht.

© Dr. Akli Kebaili

222

Ein internationales ökumenisches Pfingstfest in Frankfurt am Main

In den vergangenen Jahren veranstaltete der Evangelische Regionalverband Frankfurt am Main in Zusammenarbeit mit dem Amt für Mission und Ökumene mehrmals gemeinsam mit wechselnden Migrantengemeinden am Pfingstmontag ein internationales ökumenisches Fest. Dieses Pfingstfest beinhaltet mehr als gemeinsames Essen und Trinken oder folkloristische Darbietungen, denn es endet mit einem Gotteslob, das sechzehn verschiedene Gemeinden in der Kirche des Dominikanerklosters zusammen gestalten. Auf dem Römerberg beginnt das Pfingstfest alljährlich mit einem Open-Air-Gottesdienst, an dem mehrere hundert Menschen teilnehmen. In einem Jahr trug das Fest das Motto: „Viele Schritte – ein Ziel: Gerechtigkeit". Die evangelische Pröpstin sprach in ihrer Predigt über die zweigeteilte Welt, in der Arm und Reich immer weiter auseinanderdriften, und der Chor der Koreanischen Gemeinde hatte die musikalische Gestaltung des Gottesdienstes übernommen. Nach dem Gottesdienst machte sich ein Großteil der Besucher gemeinsam mit den Geistlichen auf den Weg zum Dominikanerkloster, wo die ausländischen Gemeinden schon auf die Gäste warteten.

Sechzehn Religionsgemeinschaften, darunter fünf afrikanische, sechs asiatische, drei europäische und zwei aus Nordamerika, hatten ihre Stände aufgebaut, an denen sie mit Infomaterial und Bildern ihre Gemeinden vorstellten und Essen anboten. In anderen Jahren wird das ökumenische Pfingstfest von der katholischen und evangelischen Kirche ausgerichtet. Um die Mittagszeit stand das Essen im Mittelpunkt. Das Angebot war so groß, dass es schwerfiel, zu wählen zwischen afrikanischen Donuts, Himbascha (eritreischem Brot), japanischer „Pizza", schwedischer Lachssuppe, indonesischem Sate Ayam (Hähnchenspieße, Reis, Krabbenchips und Erdnusssoße), und vielem mehr. Die Zeit des Mittagessens war auch eine Zeit der Begegnung, bei der die Gespräche weit über den Austausch von Rezepten hinausgingen. Die angeregten Tischgespräche wurden am Nachmittag durch ein vielfältiges Programm unterbrochen. Die Mädchentanzgruppe der armenischen Gemeinde machte in ihren Trachten den Anfang mit einigen traditionellen Tänzen und die Tanzgruppe des Vereines der Kreter aus Knossos bildete den Abschluss mit mehreren Volkstänzen, die akrobatische Kunststücke beinhalteten. Dazwischen gab es ein buntes Programm für die zahlreichen Kinder, die längst schon direkt vor der Bühne saßen und sich u. a. vom Mitmachzirkus begeistern ließen.

Ein weiterer Höhepunkt des Programms war der Chor der eritreisch-orthodoxen Gemeinde. Acht junge Frauen und vier junge Männer in langen, lila-weißen Gewändern wiederholten rhythmisch klatschend Liedverse, die von einem Trommler und drei älteren Männern begleitet wurden. Die Gruppe begeisterte die Zuschauer so sehr, dass einige ältere Eritreerinnen spontan auf die Bühne kamen und mitsangen, während andere Frauen aus dem Publikum mit hohen trillernden Rufen ihren Beifall bekundeten. Der eritreische Chor sang Lieder über das Pfingstwunder, obwohl die christlich-orthodoxen Kirchen zu diesem Zeitpunkt das Pfingstfest noch gar nicht feierten. Sie berechnen die Festdaten nach dem julianischen Kalender und nicht nach dem gregorianischen, wie z. B. die evangelische Kirche. Alle Gemeinden nutzen an diesem Tag die Gelegenheit, öffentlich aufzutreten und sich darzustellen. Eine Möglichkeit, die sich im Alltag der Gemeinden nicht oft bietet.

Im anschließenden Gotteslob in der Klosterkirche, mit dem das Fest seinen Abschluss fand, wurde Ökumene nochmals für alle Teilnehmer erfahrbar. Der koptische und der armenische Priester, beide in langen, reichbestickten Gewändern und Kopfbedeckung, der finnische, der deutsche und der niederländische Pfarrer, die Pfarrer der unabhängigen afrikanischen Kirche „Celestial Church of Christ" und der christlich-pfingstlichen „Church of the Lord" sowie eine Vertreterin der koreanischen und indonesischen Gemeinde, letztere in einen farbenfrohen Sarong gekleidet, zogen gemeinsam in die Klosterkirche ein. Nacheinander betraten sie die Kanzel, lasen in ihrer Muttersprache aus der Bibel und hielten Fürbitten. Es war ein bewegendes Erlebnis, wie sich Vertreter unterschiedlichster Kirchen gemeinsam in eine Kirche begaben und miteinander einen Gottesdienst gestalteten, ohne ihre Vielfalt aufzugeben. Niemand von ihnen möchte seine Tradition verlieren und sicherlich gibt es viele Bedenken bezüglich der Richtigkeit der religiösen Deutung und Praxis der anderen Glaubensgemeinschaften. Aber all diese Punkte konnten sie nicht davon abhalten, zusammen ein Gotteslob zu feiern. Für die Besucher war es eine seltene Gelegenheit, einen liturgischen Text, gelesen von einem koptisch-orthodoxen Priester und zwei Diakonen in rhythmischem Sprechgesang, zu hören und gleich darauf von den swingenden Martin-Luther-King-Singers 2020, einem Gospel-Chor, zum Mitklatschen aufgefordert zu werden. Klassische Orgelmusik wechselte sich ab mit einem Schlagzeug, das den afrikanischen Chor begleitete, dessen Lieder gemäß einer für deutsche Ohren ganz ungewohnten Harmonielehre gesungen wurden. Jeder der Besucher erfuhr in diesem Gottesdienst Neues und damit mehr von den anderen. Die Ägypter und Eritreer waren sicherlich ebenso erstaunt, dass der deutsche Pfarrer Grimm in der Kirche einen Diavortrag hielt, wie die Deutschen und anderen Europäer fasziniert waren von den Liedern und Lesungen in Yoruba (einer westafrikanischen Sprache) oder dem Gesang der Armenier.

Im Kennenlernen der anderen Traditionen, weit über exotisches Essen hinaus, lag der eigentliche Wert dieses Festes. Das Gotteslob in der Heilig-Geist-Kirche veranlasste manchen Besucher dazu, sich über andere zu wundern und über die eigenen Traditionen nachzudenken. Bei diesem interkulturellen und interreligiösen Fest wurde der Schwerpunkt auf Gemeinsamkeiten und nicht auf Andersartigkeit gelegt. Man feierte gemeinsam, ohne dass das Eigene dafür aufgegeben werden musste.

Danksagung

Um Feste aus so vielen verschiedenen Kulturen und Religionen nicht nur spannend, sondern auch fundiert beschreiben zu können, bedarf es der Zusammenarbeit mit vielen Fachleuten an Universitäten, Konsulaten, Klöstern usw. Viele der Feste hat die Autorin besucht. Migrantenvereine haben sie eingeladen, an dem jeweiligen Fest teilzunehmen, und unterstützten sie mit ihrer Gastfreundlichkeit, ihren Erfahrungen und ihrem Wissen. Eine reine Internetrecherche hätte das biografische Erzählen und die teilnehmende Beobachtung niemals ersetzen können.

In alphabetischer Reihenfolge sind hier die Kontaktpersonen und die Institutionen aufgelistet, die die Autorin in den letzten Jahren unterstützt haben. Wir hoffen sehr, dass wir niemanden vergessen haben.

Akuapem Traditional Administration, Okuapehene's Office, Akropong-Akuapem Ghana • Vereinigung der Aleviten-Gemeinden e.V., Gustavsburg • Alevitisches Kulturzentrum, Herr Nazenin, Frankfurt • Frau Dr. Amann, Institut für Übersetzen und Dolmetschen, Heidelberg • Amerika Haus, Frankfurt am Main • Frau Baumgart, San Salvador • Herr Bedu-Addo, Heidelberg • Herr Dr. Berkian, Wiesbaden • Herr Prof. W. Bollée, Südasieninstitut Heidelberg • British Council, Frau Brunn, Frankfurt am Main • Frau Coan, Köln • Buddhistisches Kloster, Dhammapala, Abt A. Tirandhammo, Kandersteg, Schweiz • Freie Universität Berlin, Prof. Friedemann Büttner, Berlin • Herr Childress, Deutsch-Amerikanisches Institut, Heidelberg • Herr Cobbinah, Schöneck • Paul Daniels, Heidelberg • Frau Khiet Hien Diec, Hamburg • Frau Dr. Amparo Estrada de Völk, Romanisches Institut, Heidelberg • Frau Galobard, Heidelberg • Botschaft von Ghana, Frankfurt am Main • Esther Gonzalez Higueras, Granada, Spanien • Griechisch-orthodoxe Kirchengemeinde zu Mannheim, Pfarrer Dr. Georgios Basiudis • Griechische Kirchengemeinde, Herr Kirialanis, Ludwigshafen • Griechisch-orthodoxer Pater Martinos Petzolt • Herr Prof. Heyer, Wiss.-Theologisches Seminar, Heidelberg • Frau Hocke, Heidelberg • Verein der Indochina-Flüchtlinge, Herr Lam, Frankfurt am Main • Arbeitsstelle für Interkulturelle Erziehung, Frau Ludwig, Ludwigshafen • Italienisches Fremdenverkehrsamt, Frankfurt am Main • Hochschule für Jüdische Studien, Frau Kaufmann, Heidelberg • Jüdischer Kindergarten, Frau Elrodt, Frankfurt am Main • Jüdisches Museum, Herr Dr. Wachten, Frankfurt am Main • Archimandrit Miron Kalaitsis, Mannheim • Keralaverein, Herr George John N., Frankfurt am Main • Kerschensteiner-Schule, Frau Gnädig, Mannheim • Kommision der Orthodoxen Kirchen in Deutschland, Herr Thon, Bochum • Koptisch-orthodoxes Patriarchat, Vater Michael Al-Baramousi, Waldsolms • Kroatische Kulturgesellschaft, Herr Šponar, Frankfurt am Main • Amt für Kultur, Herr Lorbecher, Weinheim • Herr Kurt, Frankfurt am Main • Frau Lenarz, Offenbach am

Main · Herr Leonardi, Heidelberg · Dirk Lundberg, Heidelberg · Marrokanische Moschee, Herr Khouja, Herr Essadik, Frankfurt am Main · Bürgermeister von Medellín, Kolumbien · Familie Mehmamsefat, Heidelberg · Herr Mongory, Douala, Kamerun · Herr Muños, Heidelberg · Herr Dr. M. Naficy, Heidelberg · Frau Nikolic, Frankfurt am Main · Office de Tourisme, Ribeauvillé · Herr Otman, Interkulturelles Büro der Stadt Darmstadt · Herr Dr. Pandey, Schwalbach/Ts. · Frau Peres-Herhut, Mannheim · Peru-Büro, Heidelberg · Pir Sultan Abdal Kultur- und Präsentationsverein, Ankara, Türkei · Frau Prieto Moreno, Heidelberg · Frau Razavi-Mogaddam, Heidelberg · Rhein-Main-Bengali Cultural Association, Herr Dey, Herr Dr. Roy, Frankfurt am Main · Frau Rohfleisch, Heidelberg · Prof. Roth, Institut für deutsche und vergleichende Volkskunde, München · Russisch-orthodoxe Kirche im Ausland, Priester Nikolai Artemoff, München · Saudi-Arabische Botschaft, Frau Djouchadar, Bonn · Deutsch-Schwedische Gesellschaft, Herr Prof Schmidt · Schweizer Verkehrsbüro, Herr Waser, Frankfurt am Main · Projekt Mannheim, Herr Silvestri, Mannheim · Frau Zlatanova, Slawisches Institut, Heidelberg · Spanisches Fremdenverkehrsamt, Frau Schleinitz, Frankfurt am Main · Tamil Movement, Herr Narendrasingan, Frankfurt am Main · Frau Tiemann, Heidelberg · Türkische Botschaft, Herr Aydin, Bonn · Türkisch-Islamische Union der Anstalt für Religion e.V. DITIB, Herr Terli, Köln · Kulturzentrum, Türkisches Volkshaus, Herr Altintas, Mannheim · Cívis Hotel es Gasztronómiai Rt., Frau Takács, Debrecen, Ungarn · UNITEIS, Herr Bertacco, Frankfurt am Main · Herr Urban, Offenbach am Main · Vietnamesisch-buddhistisches Kloster, Vien Giac, Hannover · Vietnamesisch-deutsche Gemeinde, Nonne Hue Nghiem u.a., Pagode Phat Hue, Frankfurt am Main · Pfarrer Walz, Leimen

Hinweise zu den Kapitelfotos

Kapitel 1, S. 17:
Vietnamesisches Herbst- oder Laternenfest (buddhistisch) © Ferhat Bouda

Kapitel 2, S. 23:
Silvester in Frankfurt am Main © Ferhat Bouda

Kapitel 3, S. 34:
Fastnacht in Frankfurt am Main © Ferhat Bouda

Kapitel 4, S. 45:
Umzug beim Sommergewinn in Eisenach © Rainer Beichler, EisenachOnline

Kapitel 5, S. 52:
Abendmahlzeit während des Ramadan in Frankfurt am Main © Ferhat Bouda

Kapitel 6, S. 60:
Ostern in Deutschland © Claudia Emmendörfer-Brößler

Kapitel 7, S. 76:
Mariä Himmelfahrt (kopt.-orth.) © Ferhat Bouda

Kapitel 8, S. 100:
Eine spanische Pfingstwallfahrt in El Rocio, Andalusien © Jürgen Richter/LOOK

Kapitel 9, S. 110:
Internationaler Kindertag in Frankfurt am Main © Ferhat Bouda

Kapitel 10, S. 117:
Halloween in Frankfurt am Main © Ferhat Bouda

Kapitel 11, S. 133:
Parade der Kulturen in Frankfurt am Main © Ferhat Bouda

Kapitel 12, S. 142:
Indisches Pongal-Fest in Frankfurt am Main © Avinash Pandey

Kapitel 13, S. 154:
Weihnachtsoratorium in der katholischen Friedenskirche in Frankfurt am Main
© Ferhat Bouda

Kapitel 14, S. 172:
Jüdisches Pessach-Fest in einem Kindergarten im Frankfurter Westend © Ferhat Bouda

Kapitel 15, S. 178:
Islamisches Opferfest © Ferhat Bouda

Kapitel 16, S. 186:
Das alevitische Kulturfest für Pir Sultan Abdal © Cevat Ustun

Kapitel 17, 192:
Durga Puja in Frankfurt am Main © Ferhat Bouda

Kapitel 18, S. 197:
Ullambanafest (buddhistisch), vietnamesische Pagode Phat Hue in Frankfurt am Main
© Ferhat Bouda

Feste der Welt – Welt der Feste

Amt für multikulturelle Angelegenheiten
der Stadt Frankfurt/Main (Hrsg.)
Autorin: Claudia Emmendörfer-Brößler
Fotograf: Ferhat Bouda

- **WANDKALENDER 2012**
  ISBN 978-3-88864-495-5 • (erscheint jährlich) • Format: 48,5 cm breit x 33,5 cm hoch • 13 Fotos • 9,80 €

- **Ein Pädagogischer Leitfaden**
  ISBN 978-3-88864-285-X • 225 Seiten • 15,00 €

Helga Nagel •
Mechtild M. Jansen u.a.

**Religion und Migration •
Band 1**

ISBN 978-3-88864-430-6 •
242 Seiten • 12,00 €

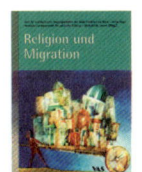

Helga Nagel •
Mechtild M. Jansen u.a.

**Religion, Migration und
Gesellschaft • Band 2**

ISBN 978-3-88864-465-8 •
198 Seiten • 12,00 €

Hilly van Swol-Ulbrich u.a.

**„Andere Länder,
andere Kinder" –**

Dein Auslandsumzug mit Ori

ISBN 3-88864-340-6 •
105 Seiten • mehrfarbig •
19,80 €

Monika Iatrou

Paligari • Band 1

**Die Suche nach der Seele
Eine neue Freundin**

ISBN 978-3-88864-496-2 •
36 Seiten • 4-farbig •
12 Abb. • 12,80 €

Jutta v.. Freyberg • Barbara Bromberger •
Hans Mausbach

„Wir hatten andere Träume"

**Kinder und Jugendliche
unter der NS-Diktatur**

ISBN 3-88864-076-8 •
220 Seiten • 262 Abb. •
24,50 €

VAS

Sie können unsere Bücher über jede gute Fachbuchhandlung beziehen
oder direkt bei uns:

VAS – WISSENSWERTES • BÜCHER MIT BISS
Ludwigstr. 12 d • 61348 Bad Homburg v.d.H.
Telefon (06172) 6811-656 • Fax (06172) 6811-657
E-Mail info@vas-verlag.de
Internet: www.vas-verlag.de

Verlagsauslieferung
Südost Verlags Service GmbH

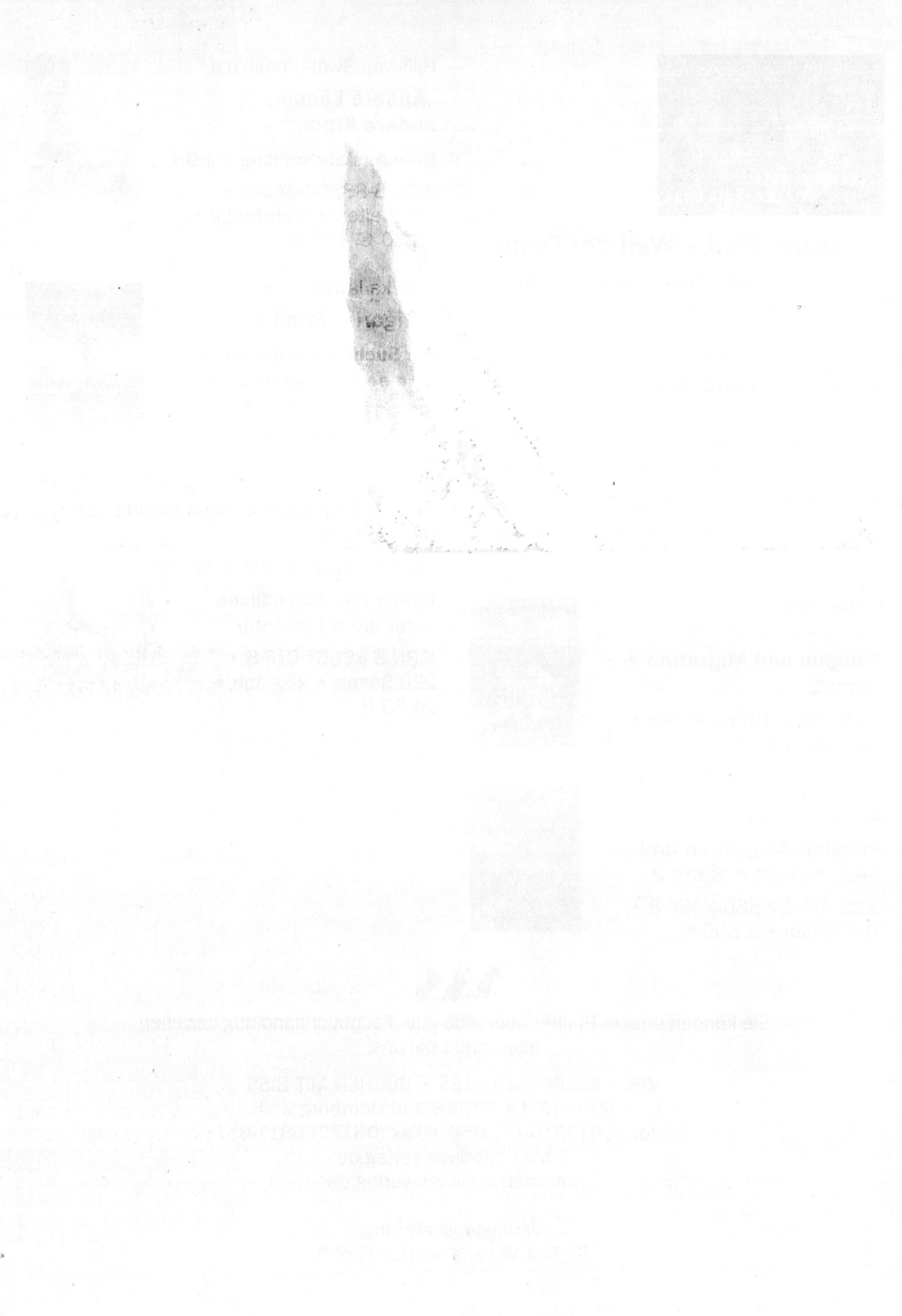